O MÉTODO

FAIR PLAY

PARA DIVISÃO DE TAREFAS DOMÉSTICAS

EVE RODSKY

O MÉTODO FAIR PLAY PARA DIVISÃO DE TAREFAS DOMÉSTICAS

Tradução
Patrícia Azeredo

1ª edição

BestSeller
Rio de Janeiro | 2020

CIP-BRASIL. CATALOGAÇÃO NA PUBLICAÇÃO
SINDICATO NACIONAL DOS EDITORES DE LIVROS, RJ

Rodsky, Eve
R619t O método fair play para divisão de tarefas domésticas / Eve Rodsky; tradução Patrícia Azeredo. – 1ª ed. – Rio de Janeiro: Best Seller, 2020.

Tradução de: Fair play
ISBN 978-85-465-0212-7

1. Economia doméstica. 2. Divisão do trabalho por sexo. 3. Trabalho e família. I. Azeredo, Patrícia. II. Título.

CDD: 646.7
19-62041 CDU: 64.047

Meri Gleice Rodrigues de Souza – Bibliotecária CRB-7/6439

Texto revisado segundo o novo Acordo Ortográfico da Língua Portuguesa.

Título original
Fair Play

Direitos exclusivos de publicação em língua portuguesa para o Brasil
adquiridos pela
EDITORA BEST SELLER LTDA.
Rua Argentina, 171, parte, São Cristóvão
Rio de Janeiro, RJ – 20921-380
que se reserva a propriedade literária desta tradução

Impresso no Brasil
ISBN 978-85-465-0212-7

Seja um leitor preferencial Record.
Cadastre-se e receba informações sobre nossos lançamentos e nossas promoções.
Atendimento e venda direta ao leitor
sac@record.com.br

Para Seth:

Não há ninguém nesta Terra com quem eu gostaria mais de jogar o jogo da vida do que você. Obrigada por permitir que eu contasse a nossa história. Você é minha alma gêmea, e tenho muito orgulho de podermos crescer juntos todo santo dia. Eu amo você.

Para Zach, Ben e Anna:

Escrevi este livro para vocês.

Para minha mãe, Terry:

Obrigada por cuidar de todas as cartas da nossa pequena família de três pessoas. Muita m*rda pode ter escapado, mas o seu amor nunca faltou. Também agradeço por ter me ensinado que tentar melhorar a vida dos outros faz tudo valer a pena.

SUMÁRIO

O MÉTODO FAIR PLAY PARA DIVISÃO DE TAREFAS DOMÉSTICAS

» PARTE I «

O PROBLEMA

O que é Fair Play?

1.

A MALDIÇÃO DA MÃE QUE FAZ TUDO

Eu estava à beira de um colapso.

PARA PENSAR:
O CASO DOS MIRTILOS PERDIDOS

» **Não entendi por que você não comprou os mirtilos.**

Olhei a mensagem do meu marido no celular e o imaginei dizendo aquilo no que chamo de "voz de pornô": ofegante, como ele fica quando está irritado ou sobrecarregado.

Imediatamente na defensiva, eu pensei: *Bom, por que você não pode comprar os mirtilos?*

Eu tinha tirado a tarde "de folga" para passar um tempo com o meu filho mais velho, que precisava desesperadamente se reconectar com a mãe após a recente chegada do irmão caçula. Depois de passar a longa lista de instruções para a babá (duas vezes), saí correndo de casa para pegar Zach na escola, tudo isso carregando os lanches que tinha acabado de preparar, uma bolsa esquecida pelo amiguinho que tinha ido brincar em nossa casa na noite anterior, um pacote a ser despachado via FedEx, um par novinho e pequeno demais de sapatinhos infantis para ser devolvido e um contrato de cliente que precisava ser revisado antes da reunião da manhã do dia seguinte. Eu mal estava dando conta de tudo quando recebi a mensagem do meu marido sobre os mirtilos e as lágrimas vieram tão velozes e furiosas que precisei parar no acostamento.

Como eu conseguia administrar um departamento inteiro no trabalho e era incapaz de lidar com uma lista de compras para a minha família? E que mulher que se preze chora por ter esquecido de comprar alguma coisa no supermercado? E o mais preocupante: seria um pacote de mirtilos fora de época o estopim do fim do meu casamento?

Limpei as manchas de rímel dos olhos e pensei: *Não foi assim que imaginei a minha vida: ser a provedora das necessidades de suco da família.*

Pausa. Vamos voltar um pouco no tempo.

COMO CHEGUEI ATÉ AQUI

Meus pais se divorciaram quando eu tinha 3 anos e minha mãe estava grávida do meu irmão. Ela decidiu abrir mão da pensão para evitar chateação e nos criou sozinha enquanto trabalhava em tempo integral como professora na cidade de Nova York. Não era um trabalho que pagava bem, mas ela conseguia sustentar nossa família. Ou pelo menos era o que eu pensava até o primeiro aviso de despejo ser colocado embaixo da nossa porta. Minha mãe dava aulas o dia inteiro, buscava meu irmão e eu na escola para levar ao dentista em outra parte da cidade, depois nos deixava em casa com uma babá do outro lado da cidade e depois... Voltava ao trabalho. Quando vi o envelope no chão, eu o abri, li a carta que estava nele e esperei até minha mãe voltar para casa, tarde da noite. Quando ela finalmente chegou, eu disse a ela que não teríamos mais onde morar. Eu tinha 8 anos. Minha mãe garantiu que tinha se esquecido de pagar o aluguel e resolveria aquilo assim que acordasse na manhã seguinte.

Ela cumpriu a promessa e não precisamos nos mudar, mas a partir daquele momento eu entendi o quanto a vida era difícil para minha mãe por carregar 100% do fardo em casa. Nos anos mais importantes da minha vida e em incontáveis outros momentos, eu me lembro de olhar para ela no fim de outro dia longo e exaustivo de trabalho — minha sobrecarregada supermãe que tentava fazer tudo — e pensar: "Eu nunca vou ser assim. Quando crescer, vou ter um parceiro de verdade na vida." Embora isso não tenha sido ensinado a mim diretamente, cresci determinada a construir e manter uma parceria do tipo 50/50 algum dia.

Após me esforçar muito para me formar em Direito, conheci o homem que se tornaria meu parceiro, apresentado por minha melhor amiga. Zoe disse o seguinte em relação a Seth: "Ele é judeu e obcecado por hip hop." Imediatamente me lembrei de quando surpreendi os convidados de meu *bat mitzvah* com uma coreografia ao som de "Children's Story", de Slick Rick. Eu precisava conhecer aquele cara.

Eu era advogada júnior em um escritório em Nova York, o que significava trabalhar *muitas* horas. Por isso, Seth e eu concordamos em nos encontrar pela primeira vez em um bar na Union Square que ficava aberto até bem tarde, mas às 21h30 recebi a ligação de um cliente que me deixou no telefone por quase duas horas. Quando cheguei ao bar era quase meia-noite, e Seth... ainda estava lá. Um amigo havia esperado com ele. Seth me contou depois o que o amigo disse quando eu entrei no bar: "Ela valeu a espera." E eu pensei o mesmo de Seth. Gostei dele logo de cara.

Havia apenas um obstáculo para o nosso romance embrionário: Seth morava em Los Angeles e eu tinha acabado de prestar o exame para exercer a profissão em Nova York. Namoramos à distância por um ano, e no aniversário de namoro eu o presenteei com *O melhor de*

2003, todas as mensagens de e-mail que trocamos desde a noite em que nos conhecemos. Eram mais de seiscentas páginas de e-mails que eu tinha imprimido no trabalho e encadernado em quatro volumes de capa vermelha. Seth ficou igualmente emocionado com o meu sentimentalismo e com a minha capacidade meticulosa de organização. Naquele momento, ambos provavelmente sabíamos que aquilo era *para valer*.

Em um ano, assumi a tarefa árdua de estudar e passar no exame para trabalhar como advogada na Califórnia e me mudar para Los Angeles. Depois, quando foi necessário que a empresa em expansão de Seth abrisse um escritório na Costa Leste, nós voltamos a morar em Nova York, já como recém-casados. (Trazê-lo de volta para casa era o meu plano secreto.)

Nosso primeiro apartamento, em frente ao túnel em Midtown, era pequeno e sempre barulhento, mas nós não ligávamos, porque estávamos apaixonados, éramos verdadeiros colaboradores no lar e apoiávamos a carreira um do outro. Como jovem casal, nossa dinâmica parecia uma parceria recíproca entre iguais. Nos intervalos das lavagens de roupa eu analisava os contratos de Seth com seus clientes à medida que a agência de entretenimento se expandia, e Seth me passava dicas profissionais enquanto guardava as compras do supermercado.

Ele foi o meu braço direito enquanto eu crescia na carreira até conseguir o emprego dos meus sonhos: usar meus conhecimentos em Direito, capacidade gerencial e experiência com mediação para trabalhar com pessoas e empresas a fim de estruturar organizações filantrópicas. Em resumo, eu ensinava aos ricos a melhor forma de doar rios de dinheiro para organizações sem fins lucrativos que serviam a um bem maior. Ambos estávamos fazendo trabalhos que nos davam orgulho e estávamos triturando todos os obstáculos pelo caminho.

Corta para o momento em que estamos casados e com filhos, quando tudo mudou.

A MÃE QUE FAZ TUDO

Eu me transformei na mãe padrão, isto é, a pessoa que faz tudo. Consequentemente, a única parte da vida que eu estava triturando eram as ervilhas para a papinha do bebê. Para ser justa, Seth se envolveu ativamente na troca de fraldas, em dar mamadeira e acordava no meio da noite para cuidar do primogênito. Contudo, além de formar esse laço inicial crucial com o filho, Seth frequentemente dizia em relação à nova dinâmica familiar: "Não há muito que eu possa fazer."

Embora meu marido não seja um Neandertal, ele estava repetindo o que algum desses homens das cavernas tinha dito a ele durante a minha gravidez: "Relaxa. Os pais não fazem nada nos primeiros seis meses. É mais um lance da mãe."

Como vários pais que sustentam a família, Seth voltou ao trabalho apenas uma semana depois que Zach nasceu. Tive três meses de licença-maternidade para "ficar em casa" (como se esse termo englobasse tudo o que os novos pais fazem todos os dias.) Naquela época eu não imaginava o tamanho do esforço físico, mental e emocional que a maternidade exigiria. Minha prima Jessica, que morava a uma breve corrida de táxi de mim e ficou grávida na mesma época, também não se sentia preparada para o que estava por vir. No terceiro trimestre, ela nos matriculou em uma aula de tricô porque "provavelmente vamos ficar entediadas durante a licença-maternidade". Entediada, sim. À toa, não. Eu tinha muitas formas de ocupar as mãos que não envolviam uma agulha de tricô ou um novelo de lã. Como Seth e eu não negociamos a divisão do trabalho doméstico antes de Zach nascer, ficou tudo para mim. Ele saía para trabalhar no escritório e eu passava as oito horas seguintes fervendo mamadeiras, lavando louça, dobrando roupas limpas, reabastecendo a despensa, correndo para o mercado, comprando remédios, preparando refeições, arrumando a casa e *também* entretendo e cuidando do meu pequeno. Em defesa de Seth, após voltar do escritório, ele perguntava: "Como posso ajudar?", mas eu não conseguia articular do que precisava. Eu geralmente respondia, esbravejando. "Sei lá, faça *alguma coisa*!"

Eu estava exausta e em pouco tempo fiquei sobrecarregada, além de me sentir isolada e solitária.

— Minha vida pública é muito particular agora — confidenciei a Jessica durante uma tarde no parquinho.

— Viramos "mães casadas solteiras" — comentou ela, citando um termo criado pela Dra. Sherry L. Blake para descrever as mulheres comprometidas que cuidam da maior parte das responsabilidades familiares. Seth percebia que eu estava com dificuldade para me adaptar à nova função, mas sentia que eu só ralhava com ele o tempo todo. Ele fazia um esforço para ajudar, mas acabava desistindo porque: "Não consigo fazer nada direito." As brigas viraram parte da nova rotina familiar e, quando pensei em voltar a trabalhar, a ideia de equilibrar os desafios profissionais com as demandas cada vez maiores da vida doméstica parecia impossível.

Uma tarde, após uma reunião para falar sobre meu retorno ao trabalho, fiz uma pausa de dez minutos na escadaria da empresa para bombear leite em sacos plásticos. Ali. com as costas na parede, eu pensei: "Isso realmente conta como espaço-para-lactação-que-não-seja-no-banheiro?" E o mais importante: "Como vou conseguir dar conta de tudo?" Propus trabalhar em tempo integral de casa uma vez por semana. A empresa recusou. Eu me ofereci para trabalhar quatro dias por semana ganhando menos. Também não foi aceito.

Acabei deixando o emprego dos sonhos para virar consultora independente e não me arrependo (mas ainda penso *muito* nessa mudança). Embora a empresa tivesse mantido o meu cargo durante a licença-maternidade, não havia iniciativas voltadas para a família de modo a ajudar os novos pais que precisassem de mais flexibilidade nos primeiros anos de vida dos filhos. No dia em que comuniquei o aviso prévio, uma colega mandou um SMS dizendo: "Não se culpe." E incluiu a seguinte estatística: *Comparados a outros países desenvolvidos, os Estados Unidos ficam em último lugar em termos de garantir horário flexível para novos pais.*

Amigas que também tinham diminuído a carga horária onde trabalhavam ou que tinham saído do mercado de trabalho tradicional entenderam perfeitamente o que eu estava passando. Tanya, amiga e ex-colega que já tinha saído da empresa para cuidar de dois filhos em casa, me alertou: "Equilibrar casa e trabalho é uma tarefa difícil, mas, se você pensa que vai ganhar *mais* tempo trabalhando em meio período, nem se engane. Mais tempo em casa se traduz em *menos* tempo." Como podia ser assim? Minhas novas amigas que também eram mães logo explicaram que o tempo que não seria mais gasto no escritório logo seria preenchido por trabalhos domésticos, incluindo tarefas que não estavam necessariamente relacionadas à criança.

Elas tinham toda a razão. Além das tarefas diárias inegociáveis (como garantir que hajam fraldas limpas), como eu não estava trabalhando fora de casa em tempo integral, também assumi várias tarefas que meu marido costumava fazer, como renovar o seguro da casa e do carro, pagar contas, guardar caixas na garagem, comprar pilhas extras para os detectores de fumaça e incontáveis outras porcarias domésticas adicionais que não são *realmente* adicionais. Afinal, elas também mantêm a vida doméstica em funcionamento. Sem qualquer negociação ou consentimento consciente, assumi o papel de CEO, gerente de projetos e abelha-operária das intermináveis tarefas familiares, cumprindo incontáveis horas de trabalho que passavam despercebidas e não eram reconhecidas pelo meu marido e às vezes nem mesmo por mim.

Em muitos dias, sentindo o peso da exaustão que me atingia quando o bebê pegava no sono e eu finalmente podia descansar, eu me perguntava: "Que raios eu fiz o dia inteiro?" Quando nem eu conseguia responder a essa pergunta, não havia dúvida alguma de que eu havia perdido totalmente o controle do meu tempo.

Soa familiar?

POR QUE A LISTA DE TAREFAS PARECE NUNCA TER FIM?

Quanto mais eu falava com minhas amigas que também viraram mães, mais eu percebia que todas nós tínhamos dificuldade de fazer tudo e, além disso, não conseguíamos identificar exatamente o que estávamos fazendo. Por que estávamos tão ocupadas?

Só que esse fenômeno tem nome. Muitos nomes, na verdade. Um dos mais populares é "trabalho invisível". *Invisível* porque pode não ser visto e reconhecido pelos nossos parceiros e também porque quem o faz pode não considerar ou reconhecê-lo como trabalho, embora exija tempo, além de esforço físico e mental significativo, sem licença médica ou outros benefícios. Certamente você já leu artigos sobre "carga mental", "dupla jornada" e "trabalho emocional" que caem desproporcionalmente sobre as mulheres, além do peso que o trabalho doméstico tem em nossa vida de modo mais amplo.

Do que realmente estamos falando, afinal? Nos anos 1980, as sociólogas Arlene Kaplan Daniels e Arlie Hochschild forneceram a linguagem para falar sobre essas desigualdades que sentimos profundamente (e quase nunca são mencionadas com clareza), e, desde então, várias mulheres inteligentes avançaram na conversa e no vocabulário.

Carga mental: é aquela lista de tarefas mental infinita onde você anota tudo o que precisa fazer para a família. Embora não pese como uma bolsa de pedras, os detalhes martelando na cabeça o tempo todo a oprimem. A sobrecarga mental causa estresse, fadiga e muitas vezes esquecimentos. *Onde* eu enfiei *a maldita chave do carro?*

Dupla jornada: é o serviço doméstico que você faz *logo antes* de ir trabalhar e muitas vezes *logo depois* de chegar da empresa. É um trabalho não remunerado que começa cedo, acaba tarde e você não pode se dar ao luxo de faltar. *Todo dia é dia de dupla jornada quando você tem o almoço de duas crianças para preparar!*

Trabalho emocional: esse termo evoluiu organicamente na cultura popular e agora engloba a "manutenção de relacionamentos" e o "gerenciamento de emoções", incluindo tarefas como ligar para os parentes, mandar cartões de agradecimento, comprar presentes para professores e lidar com a pirraça no supermercado. Esse trabalho pode ser um dos mais exaustivos (similar ao trabalho de parto), mas dar conforto no meio da noite é o que faz de você uma mãe maravilhosa e confiável. "Está tudo bem, a mamãe está aqui."

Trabalho invisível: as tarefas de bastidores que mantêm um lar e uma família funcionando sem problemas, embora dificilmente seja notado e valorizado. *A pasta de dentes nunca acaba. De nada.*

Em uma tentativa de "fiscalizar" o peso carregado por mulheres do passado e do presente, comecei a reunir todos os artigos que encontrava sobre desigualdade doméstica. Após juntar 250 artigos (e ainda não parei) de jornais, revistas e fontes na internet, foi perturbador reconhecer o fato de que, desde que as mulheres começaram a escrever sobre isso, na década de 1940, não houve progresso suficiente na divisão desse fardo com nossos parceiros, nem encontramos uma resposta para esse problema que os homens pudessem aceitar. Mudam as décadas, mas a m*rda permanece a mesma.

De acordo com as pesquisas mais recentes, as mulheres *ainda* fazem a maior parte do trabalho doméstico e dos cuidados com os filhos, mesmo em famílias em que os dois trabalham em tempo integral, e às vezes até quando a mãe ganha mais que o pai. Como se estivesse diante de um espelho que refletia a minha vida, esbarrei em outro estudo com a seguinte revelação: os homens que faziam a sua parte no trabalho doméstico antes de ter filhos diminuem significativamente a contribuição em casa, para apenas cinco horas por semana, após o nascimento dos filhos.

Puxa, mas até os caras legais?

Enquanto analisava a gama de pesquisas e textos do passado e do presente que bravamente nomearam e articularam esse problema, eu pensei: "Certo, sabemos que há um desequilíbrio, mas onde está o manual com uma solução prática e sustentável?" Claro que entender a vastidão do problema e suas bases históricas ajuda, e foi gratificante saber que eu não era a única nessa situação e que muitas mulheres estavam fartas e escreviam sobre isso haviam décadas, mas o que podemos fazer para *mudar* isso? Fiquei determinada a descobrir.

VISIBILIDADE = VALOR

Logo após o nascimento do meu segundo bebê, nós nos mudamos para Los Angeles. Consegui respirar como mãe e voltei a trabalhar em tempo integral, abrindo a empresa de consultoria Philanthropy Advisory Group, para oferecer serviços a pessoas físicas e fundações familiares. Contudo, mesmo voltando a um emprego assalariado em um escritório, eu ainda fazia dois terços do trabalho necessário para manter a casa e a família, uma estatística sobre a qual não tinha conhecimento na época, mas que estava inegavelmente vivendo. Eu ainda era a pessoa responsável por tudo, desde comprar os mirtilos a planejar nosso dia a dia, enquanto meu marido (um cara legal e pai maravilhoso) apenas "ajudava" em vez de ser um verdadeiro parceiro, desses que planejam e participam de tudo o que acontece na família.

Uma noite, eu estava usando a lanterna do celular para achar a tomada e ligar a babá eletrônica. Seth estava dormindo e eu estava tomando cuidado para não acordá-lo, mas, quando acidentalmente bati na cabeceira da cama, derrubando uma pilha alta e precariamente arrumada de livros no chão, ele acordou, resmungando em tom acusatório e meio grogue:

— O que você está fazendo? Não pode deixar pra fazer isso amanhã?

Não, eu pensei, mas não disse. *Todo o planejamento e coordenação invisíveis que ocorrem quando você está dormindo precisam acontecer antes de amanhã cedo para que a casa funcione!* Subitamente, me lembrei de um vídeo do YouTube que uma amiga tinha me mandado há pouco tempo: a escritora Joyce Meyer lendo seu livro *A mulher confiante*, no qual detalhava o trabalho infinito feito pela mãe antes de dormir:

> Lavar a louça do jantar, preparar o cereal para a manhã seguinte, deixar a cafeteira pronta, tirar a carne do congelador, encher a tigela de água do cachorro, colocar o gato para fora, colocar as roupas molhadas na secadora, esvaziar o cesto de lixo, trancar as portas, olhar as crianças, escrever um bilhete rápido para a professora, separar as roupas do dia seguinte, lavar e hidratar o rosto e, por fim, acrescentar mais três itens à lista de tarefas para o dia seguinte. Enquanto isso, o marido desliga a TV e anuncia: "Vou dormir." *E ele vai mesmo, sem fazer mais nada.*

Frustrada e magoada, voltei para a cama. Com a mente ainda a mil por hora, fiquei lá pensando em tudo o que tinha feito ao longo da minha dupla jornada: mandar e-mail para a professora de Zach sobre a próxima excursão da escola, escolher os amiguinhos com quem ele ia brincar no fim de semana, acertar o horário com a babá, fazer a matrícula nas aulas de natação de mãe e filho e negociar a conta de celular com a operadora. Subitamente, a situação ficou bem clara. O que poderia ter sido batizado pelo Enciclopédia Brown (meu detetive favorito na infância) de "O mistério da madrugada" continuaria acontecendo na minha relação até que Seth e eu fizéssemos algumas mudanças drásticas. Naquela noite, as opções pareciam limitadas. Na verdade, a única ideia que tive foi me mudar para um país estrangeiro onde Seth falasse o idioma e eu, não (uma sugestão real que foi parar no *New York Times*). Nesse cenário, eu relaxaria nas praias de Ibiza enquanto Seth, o único falante de espanhol da família, seria obrigado a fazer mais tarefas domésticas e se comunicar mais com os filhos. *¡Qué bueno!*

Decidi pensar nisso depois. No dia seguinte, menos cansada e ranzinza, adiei a ideia anterior de me mudar com a família para outro continente e segui o planejamento que tinha feito com minhas amigas de ir a uma caminhada local de conscientização sobre o câncer de mama.

PARA PENSAR: O CASO DAS TRINTA LIGAÇÕES E 46 MENSAGENS

Algumas das minhas melhores amigas, junto com as respectivas mães, irmãs e sobrinhas, se encontraram no centro de Los Angeles para homenagear sobreviventes do câncer de mama, incluindo nossas amigas e parentes. Estávamos cobertas de glitter cor-de-rosa dos cartazes que nossos filhos ajudaram a fazer e, enquanto marchávamos pelas ruas usando leggings também cor-de-rosa e dizendo: "O problema não é só das mulheres", tudo parecia um verdadeiro paraíso. Nós falamos da ideia palpável de irmandade e força feminina no ar. Pelo menos até aparecer a primeira mensagem no celular, por volta de meio-dia: **"Quando você vai voltar para casa?"**

Era o marido de Jill, que tinha passado a manhã com as crianças e já estava "de saco cheio". Enquanto Jill escrevia uma resposta rápida, quase todas as mulheres do grupo sentiram o telefone vibrar ou tocar com uma mensagem parecida:

"Que horas a babá chega?"
"Onde você colocou a bolsa com as coisas de futebol do Josh?"
"Qual é o endereço da festa de aniversário?"
"As crianças precisam almoçar?"

A experiência mútua foi impressionante, e passamos a compartilhar cada mensagem quando chegava:

— Almoçar? O que *você* acha? — perguntou Suzy em voz alta, com uma surpresa que primeiro se transformou em descrença e depois em irritação.

Enquanto ríamos e reclamávamos na mesma medida, recebi minha primeira ligação:

— Onde está a roupa da Anna que você escolheu? Não encontrei a calça.

Era Seth, irritado e sem fôlego, falando com a voz de pornô. E continuou:

— Bom, acho que não vamos ao parque, já que *você* (ele fez questão de enfatizar) não deixou roupa para *mim*.

Sério? Eu tinha preparado tudo depois que ele foi dormir na noite anterior. O mais calmamente possível, sugeri:

— Tente procurar na cômoda e no cesto de roupa na área de serviço. Se mesmo assim não encontrar uma calça, coloque um short nela — respondi, tentando não brigar.

Após trinta ligações e 46 mensagens de texto dos nossos maridos e de substitutas, como babás, vizinhas e sogras, que tinham sido chamadas para fazer o serviço no lugar dos maridos, Charlotte foi a primeira a dizer o que todas estávamos pensando:

— Talvez seja melhor pular o almoço e ir direto para casa, não acham?

Amy comentou logo a seguir:

— Provavelmente eu deixei muitas tarefas para ele fazer.

Lisa deu de ombros e disse:

— Seria mais fácil se eu estivesse lá.

E foi assim que o grupo de mulheres que trinta minutos antes tinha marchado em conjunto no espírito da "coragem, força e poder" debandou e voltou para casa a fim de render babás, encontrar a bolsa com as coisas do futebol, embrulhar outro presente de aniversário de criança e preparar o almoço.

Enquanto dirigia para casa naquele dia, refleti sobre uma frase que tinha lido em algum lugar: o ressentimento vem da injustiça percebida. *Claro que não era justo!* Eu estava tão frustrada por mim, pelas minhas amigas e por todas as mães que recebem mensagens que nos levam a correr para casa ou retornar uma ligação para educar nossos maridos sobre assuntos básicos que eles deveriam saber ou ser capazes de descobrir sozinhos em relação a cuidar dos filhos e da casa. O maior problema conjugal de todas nós parecia ser os pequenos detalhes. Enquanto entrava na garagem, ainda espumando de raiva, algo novo me ocorreu: **visibilidade = valor.**

Em um momento de epifania, percebi que havia outra opção para resolver o desequilíbrio do trabalho em minha casa que não envolvia sair do país ou me juntar aos 50% de casamentos que acabam em divórcio (o que deixaria Seth com mais tarefas, mas eu não ficaria com menos). Se eu quisesse parar de contar quem faz o quê e levar Seth a assumir uma parte da responsabilidade por tudo o que é necessário para a casa funcionar, precisava parar de fazer tarefas furtivamente no meio da noite como um elfo doméstico, dando a impressão de que tudo acontece magicamente. Se eu esperava que Seth fosse um parceiro mais bem-informado e ativo, primeiro seria preciso tratá-lo como tal e deixar tudo o que eu fazia pela nossa família bem *visível.* Você não pode valorizar o que não vê, certo? Muito menos Seth. E minhas amigas também não podiam esperar que os homens valorizassem o trabalho delas. Contudo, se os nossos parceiros percebessem os pequenos e grandes detalhes necessários para manter a casa em ordem, talvez reconhecessem tudo o que fazemos. E talvez até se oferecessem para tirar algumas tarefas da nossa lista.

TUDO O QUE EU FAÇO

O momento de epifania se transformou em obsessão e me levou à jornada para criar um sistema capaz de reequilibrar o trabalho doméstico. Tudo começou com uma lista chamada "Tudo o que eu faço", que englobava desde fazer a lista de compras e ir à loja mais próxima buscar lâmpadas e sabão para lavar roupas até garantir que o banheiro tivesse pelo menos um rolo extra de papel higiênico. Comecei a anotar *tudo* o que fazia diariamente, com a quantidade de tempo necessária para completar a tarefa. Para as mulheres que já pensaram em descrever *cada uma* de suas responsabilidades domésticas, mas ainda não fizeram isso, deixe-me dizer: *eu entendo*. Realmente entendo por que você não foi além da ideia inspirada de informar seu parceiro sobre tudo o que faz: o simples fato de articular as centenas de pequenas e grandes tarefas diárias exige mais pensamento e tempo do que você tem em uma vida que já é corrida.

Então não pense nisso. **Porque eu fiz isso por você.**

Mais precisamente, minhas amigas e eu fizemos isso por você. Depois da marcha do câncer de mama, mandei a seguinte mensagem para Jill, Amy, Charlotte e Suzy: "Meninas, lembram de todas as tarefas para as quais os nossos maridos pediram ajuda naquele dia? Estou compilando uma lista de tudo o que fazemos nos bastidores e nossos parceiros não veem ou nem sabem. Vocês podem me ajudar?"

A resposta delas foi imediata e veemente. Meu telefone começou a vibrar com diversas mensagens. Em poucos minutos, Charlotte escreveu: "Isso veio na hora certa, porque estou aqui planejando a festa de aniversário do Jacob: fazer a lista de convidados, descobrir os e-mails dos pais dos coleguinhas de turma, mandar convite por e-mail, reservar o salão de festas, encomendar bolo, pizza, balões, decoração, comprar os doces, cartas de agradecimento. O que mais estou esquecendo???"

A próxima mensagem veio de Amy: "E o 'trabalho' na escola? Ser voluntária nos eventos e ir às reuniões de pais e mestres, comprar material para a escola, fazer cartazes para as festas, gerenciar as necessidades da volta às aulas, como uniformes e material escolar, além de fazer a matrícula, colocar a carteira de vacinação em dia, reservar datas para falar com os professores..."

Suzy acrescentou: "Não se esqueça da ajuda nas tarefas escolares, presentes de agradecimento, planejamento de fantasias para festinhas, agendar a creche ou babá para os dias sem aula e as férias!"

Jill foi a próxima: "Alguém mencionou 'Preparar o lanche da escola toda noite'? Além da escola, e das necessidades médicas? Check-ups, vacinas, ser a pessoa que fica em casa quando os filhos estão doentes..."

Charlotte emendou: "E tem mais uma: comprar presentes de Natal e aniversário para toda a família."

Amy acrescentou: "E entregar esses presentes a tempo!"

E isso continuou por um bom tempo. Meus olhos se arregalaram quando a lista duplicou e depois triplicou de tamanho à medida que minhas amigas contavam suas tarefas de casa e com os filhos. Lembro de encarar a lista aparentemente infinita e analisar a magnitude do trabalho feito pelas mães que não é visto, reconhecido, elogiado e muito menos remunerado. É tudo o que nos oprime, sobrecarrega a mente e toma o nosso tempo. Ao mostrar a lista ao meu marido, eu esperava que isso fosse melhorar o meu casamento, pois eu havia superado um grande obstáculo, que impedia quase todas as mulheres de avançar. **Eu tinha começado a criar uma lista abrangente que deixa o invisível visível e, portanto, quantificável.** (Detalharemos a evolução dessa lista mais adiante.)

UM NOVO SISTEMA

Mandei a lista chamada "Tudo o que eu faço" para o meu marido por e-mail em uma tarde triunfante, com o assunto: ESTOU LOUCA PARA CONVERSAR SOBRE ISSO!! Não sei o que eu estava esperando. Flores? Uma festa? Lágrimas de gratidão?

O que realmente aconteceu foi: meu marido ficou espantado ao perceber tudo o que eu fazia pela nossa família, mas não exatamente do jeito que eu esperava. A primeira resposta dele não foi "Nossa, você cuida de tantas tarefas. Como posso ajudar?" Ele respondeu com o emoji do macaquinho cobrindo os olhos.

Só um macaco, sabe? Ele nem teve a gentileza de mandar o trio completo.

Independentemente disso, eu entendi o recado: ele não queria ver, ouvir ou falar no assunto. Naquele momento eu percebi que, além de transformar o invisível em visível, se eu quisesse parar de ser a mãe que faz tudo (e principal chata da família) e equilibrar a nossa carga de trabalho doméstico, precisava *realmente* colocar todas as cartas na mesa. Eu precisava dar mais contexto ao meu marido, não apenas nomeando e contando, mas também definindo e atribuindo de modo explícito e específico cada uma das tarefas que beneficiam a nossa casa.

Isso ia ser mais difícil do que apenas encaminhar uma lista por e-mail.

Pensei bastante a respeito e logo me dei conta. A lista sozinha não funciona, um sistema funciona. Por mais de uma década, trabalhei como consultora, usando meus conhecimentos e estratégias de administração de empresas. E se eu aplicasse essas mesmas estratégias na esfera doméstica, criando um novo sistema com papéis definidos e expectativas bem claras, com responsabilidades devidamente atribuídas? Como disse Peter Drucker, guru da administração: "O que é medido é *administrado*." É isso! Comecei a canalizar Drucker e pensei: se tratássemos o lar como nossa empresa mais importante, a casa não seria administrada com mais tranquilidade? *E será que isso não funcionaria para todas as famílias?*

Comecei a fantasiar sobre como seria a minha vida e a de todas as minhas amigas se fizéssemos uma parceria com nossos maridos para sistematizar o que atualmente era um verdadeiro desastre. Imaginei que todos se beneficiariam de um plano de ação prático para aumentar a produtividade e a eficiência, além de oferecer conscientização e uma nova linguagem para pensar e falar sobre a vida doméstica.

A mudança sistemática é uma tarefa difícil para qualquer parceria, mas, considerando os meus conhecimentos profissionais, eu estava ansiosa para experimentar. E adivinhem só. Realmente *funcionou*. Uma bela tarde, enquanto tomávamos margaritas em nosso restaurante mexicano favorito, coloquei em prática uma parte do manual de todo grande CEO que procura inspirar mudanças em sua empresa. Deixei claro para Seth que venceríamos ao criar um sistema para economizar tempo e manter a sanidade na vida doméstica, diminuindo consideravelmente as explosões de raiva e reclamações, além do ressentimento e comportamento controlador. Menos esforços duplicados e tarefas que não são feitas. Mais confiança mútua, leveza e, provavelmente, mais sexo também.

Ele topou.

COMO DOMINAR O SISTEMA

Hoje, anos depois da mensagem sobre mirtilos que quase acabou com meu casamento, a lista de "Tudo o que eu faço" evoluiu para o Fair Play, um jogo a ser praticado com seu parceiro, incluindo quatro regras fáceis de seguir e aplicadas sequencialmente, junto com cem "cartas", que representam todas as tarefas invisíveis envolvidas na administração de uma casa. O objetivo? Reequilibrar o trabalho doméstico e recuperar o seu Espaço do Unicórnio (um espaço onde será possível desenvolver ou redescobrir as habilidades e paixões que definem você além do papel de parceiro ou parceira e mãe ou pai). As cartas com tarefas são distribuídas de modo estratégico entre os dois jogadores, de acordo com os valores compartilhados pelo casal. Nenhuma carta é atribuída a um determinado jogador por padrão; a responsabilidade de cada pessoa fica bem clara, as expectativas são explicitamente definidas e ambos os parceiros têm tudo para vencer.

Se até um jogo parece *mais* trabalho para você, relaxe. O Fair Play foi feito para ser fácil e divertido! E o mais importante: não importa se você aplicar o que está prestes a ler de modo parcial ou total, o Fair Play fornece **um novo modo de pensar** sobre a divisão do trabalho dentro da família, criando uma mudança definitiva baseada em soluções **na qual você não precisará mais pensar.**

Seth e eu fomos os primeiros a "jogar", e, acredite, cometemos vários erros pelo caminho, mas, dividindo mais igualitariamente o cuidado com os filhos e as tarefas domésticas, eliminamos as mensagens de texto ofegantes e as ligações do tipo "Que roupa eu visto nas crianças?". Isso revolucionou o nosso casamento. Vou contar tudo sobre a nossa jornada e dizer exatamente o que é o sistema Fair Play, e também vou contar histórias de homens e mulheres com diferentes estilos de vida, configurações familiares, rendas e etnias, muitos dos quais também testaram o Fair Play. Além de ouvir psicólogos clínicos, neurocientistas, economistas comportamentais, advogados, sacerdotes e sociólogos que se dedicam a pesquisar o trabalho invisível, eu testei o sistema Fair Play. Embora este livro seja escrito a partir da perspectiva das identidades sociais majoritárias em que a mulher faz mais tarefas em casa pelo fato de essa ser a dinâmica mais comum, as entrevistas e conversas com homens e mulheres que trabalham fora ou ficam em casa, que criam filhos juntos mesmo sem se relacionarem e casais homossexuais mostraram que o sistema Fair Play funciona em qualquer situação e pode reequilibrar todo tipo de parceria. Ouvi comentários como:

> "Minha mulher e eu somos supercompetentes no trabalho, mas éramos terríveis em casa. Agora quase nada escapa e, mesmo quando alguma coisa passa despercebida, não é uma grande catástrofe."
>
> — Mark, de Toledo, Ohio

•

"Antes do sistema, eu achava mais fácil quando o meu marido não estava em casa. Preferia fazer tudo sozinha. Aconteciam menos erros, eu não precisava lembrá-lo o tempo todo. Também havia menos decepção quando ele não 'ajudava'. Agora, quando ele não está, sinto falta dele como parceiro de um jeito que nunca imaginei. Ele é crucial para o sistema Fair Play."

— Melissa, de Phoenix, Arizona

•

"Eu achava que nosso trabalho doméstico era perfeitamente equilibrado até jogarmos e eu compreender tudo o que minha parceira faz pela nossa família."

— Ron, de Portland, Maine

•

"Finalmente recebi o empurrão necessário para conquistar o meu potencial além de ser esposa e mãe."

— Maria, de Hartford, Connecticut

•

"O sistema abriu meus olhos e mudou a minha vida. Somos um casal diferente agora. Nem a minha mãe me reconhece mais!"

— Tom, de Portland, Oregon

•

"A sua ginecologista só precisa fazer duas recomendações: ácido fólico e Fair Play."

— Jamie, de Los Angeles, Califórnia

•

Se você estiver pensando: *eu mal consigo fazer meu marido responder as mensagens no celular, você quer que eu o convença a discutir todos os detalhes da nossa vida doméstica?* Para você eu digo:

É exatamente isso.

Nas páginas a seguir, fornecerei o vocabulário adequado para convidar o seu parceiro a se sentar à mesa e começar a "jogar limpo". E pode ficar tranquila: vi o sistema Fair Play funcionar para casais de todos os tipos, até com os que estavam à beira do divórcio. Além disso, usar um sistema em vez de uma lista para convencer o parceiro é o único jeito de fazer o Fair Play funcionar. E será que você não merece um parceiro ou parceira que valorize você e seu relacionamento o suficiente para jogar com você?

O FAIR PLAY VAI AJUDAR VOCÊ A SE LIVRAR

Da montanha de ineficiência em casa.

Da mania de manter um placar, deixando de anotar quem fez o quê e de buscar a retribuição.

Do posto de mãe-que-faz-tudo em casa.

Daquela sensação de que é uma chata insuportável que só reclama.

Da decepção e o ressentimento de quando o parceiro a decepciona.

Da exaustão por fazer *tudo* sozinha.

O FAIR PLAY VAI AJUDAR VOCÊ A GANHAR

Um vocabulário que vai mudar sua forma de pensar a vida doméstica e conversar sobre ela.

Um sistema que prepara você e o seu parceiro para o sucesso no relacionamento e na criação dos filhos.

A sensação de ser valorizada por si mesma e pelo parceiro.

Mais confiança e senso de capacidade, para você e seu parceiro.

Mais tempo para cuidar de você, cultivando amizades e paixões que vão além de criar os filhos e trabalhar.

Reencontrar um pouco da pessoa que você era *antes* de ter filhos.

Mais humor e leveza.

O dom de servir de modelo de comportamento saudável para seus filhos.

2.

OS CUSTOS OCULTOS DE FAZER TUDO

Um jogo de cartas marcadas.

PARA PENSAR: O CASO DO HOMEM NO AVIÃO

Minha prima Jessica e eu estávamos na fila de embarque para fazer uma viagem cruzando o país, de Nova York a Los Angeles. Enquanto esperávamos no portão de embarque, contei a ela sobre a lista "Tudo o que eu faço" que estava compilando para deixar visível todo o trabalho invisível e não reconhecido feito pelas mães. Mostrei um estudo recente sobre novas mães:

— Elas esperam que os maridos façam mais e sejam mais "progressistas", mas a realidade é bem diferente.

— Em outras palavras — Jessica me cutucou — "Surpresa! Eu não troco fraldas."

Enquanto entrávamos no avião, Jessica se dedicava à própria lista. Eu a ouvi fazendo uma ligação apressada para a babá: "Esqueci de dizer que o Noah tem treino de futebol hoje. Se você puder levá-lo *agora*, eu ligo pra o técnico e digo que ele está a caminho." Enquanto Jessica apagava o incêndio em casa, eu também enfrentava um, porque tinha marcado a instalação da TV por assinatura havia seis meses e *hoje* era o dia. Eu tinha esquecido totalmente. Os técnicos da operadora estavam lá em casa e não sabiam onde instalar a antena, e eu tentava estar presente graças à tecnologia, dando instruções pelo FaceTime:

— Podem instalar em qualquer lugar, eu não ligo. Só não saiam da minha casa, por favor.

— Sinto muito, senhora. Mas só podemos fazer a instalação se a senhora digitar a senha no site da empresa para confirmar o serviço — disse o rapaz da TV por assinatura, em um tom sério.

Hein? Apesar do espanto, não discuti e apenas chamei a comissária de bordo mais próxima:

— Com licença, você pode me ajudar com o wi-fi a bordo? Preciso conectar meu computador *agora* — sussurrei com um tom de urgência na voz.

— Primeiro a senhora precisa encontrar o seu lugar — respondeu ela, com um leve sorriso.

Jessica indicou nossos assentos e eu me enfiei o mais rápido que consegui no assento 20C com a bagagem de mão, uma sacola de presentes para as crianças e wrap de frango caesar para viagem. Depois, disse aos técnicos da TV por assinatura:

— Só um minuto, por favor. Vocês ainda estão aí? — meu telefone estava piscando com um aviso de bateria fraca.

— Não desliguem — implorei, pressionando meu rosto na tela do celular. Enquanto procurava o notebook para digitar a minha senha, Jessica ficou pálida:

— Onde está a bolsa com o *meu* laptop?

Uma rápida análise do espaço entre nós confirmava que estava faltando uma bolsa.

— Devo ter deixado lá no portão. — Ela olhou para mim em pânico.

Sem dizer mais nada, nos levantamos dos assentos e fomos andando contra a maré de passageiros que entravam no avião, ambas gritando:

— Deixa a gente passar, por favor!

Quando conseguimos sair, Jessica disparou a correr. Eu fiquei esperando, como se pudesse impedir o avião de sair sem ela.

— Para onde ela vai? Vamos fechar as portas em cinco minutos — gritou a comissária que preparava bloody marys para a primeira classe.

— Vai logo! — gritei para Jessica, enquanto ela disparava pelo aeroporto. Em poucos minutos ela estava de volta com o laptop na mão, ofegante, mas aliviada. Quando embarcamos pela segunda vez, evitamos os olhares dos passageiros, que sem dúvida estavam pensando: *Senhoras, por favor, tomem vergonha.*

Não era nem hora do almoço em casa e, como tantas mulheres que aumentaram a carga de trabalho em 21 horas por semana após virarem mães, já estávamos exaustas. Claro que estávamos acostumadas a essa loucura todos os dias.

— Duvido que o Noah tenha chegado a tempo no treino de futebol — comentou Jessica, enquanto o avião seguia rumo às nuvens.

— Eu definitivamente perdi os caras da TV por assinatura.

Enquanto fiz uma anotação mental de acrescentar "marcar instalação da TV por assinatura" à lista cada vez maior de "Tudo o que eu faço", categoria Equipamentos Eletrônicos e Tecnologia em Geral, e transferi essa preocupação para outro dia, o homem na poltrona do outro lado do corredor me chamou a atenção e eu cutuquei Jessica. Vestindo um terno preto impecável e usando aliança de casamento, ele parecia viajar levando apenas o notebook. Enquanto estávamos espremidas com todos os nossos pertences, ele esticou as pernas com facilidade, colocou os fones de ouvido e abriu o computador. O protetor de tela mostrava uma morena bonita e três filhos sorrindo, e com um clique eles foram substituídos pelo PowerPoint. Nas duas horas seguintes, o homem trabalhou no que parecia ser uma apresentação de vendas, tirou um cochilo e viu um filme. Durante a última hora do voo ele parecia resolver problemas de matemática no computador. Por diversão, imaginei.

Eu estava xeretando a vida dele? Pode apostar que sim. Jessica e eu ficamos totalmente fascinadas pelo nosso vizinho. O estilo dele era tranquilo e competente, enquanto a cena do nosso lado do corredor definitivamente não era tranquila. Nós ainda estávamos abaladas pela luta com funcionários de TV por assinatura, babás e a agenda dos nossos filhos antes do voo, além de pensar na lista de tarefas a fazer quando voltássemos para casa, mas a carga mental daquele homem parecia bem mais leve. Ele estava relativamente *livre* e quase renovado, sem exibir os sinais externos de fadiga que tantas mulheres sentem ao planejar cinco passos, cinco horas e cinco dias à frente. Muito pelo contrário: ele parecia viver o momento e manter o foco em uma só tarefa. PowerPoint. Cochilo. Filme. Problemas de matemática.

Quando começamos a aterrissar, Jessica se inclinou na minha direção e sussurrou:

— Eu quero ser aquele cara.

Eu também. Toda mulher que trabalha, é mãe, faz listas e planeja tudo gostaria de ser aquele cara. Vendo do nosso lado do corredor, aquele homem parecia curtir um luxo inexistente para todas as mulheres que conhecíamos: **a liberdade de se concentrar em uma tarefa por vez.**

— Enquanto ele se diverte resolvendo problemas de matemática, o que você acha que a mulher dele está fazendo agora? — perguntei para Jessica em voz baixa.

— Resolvendo *todos os outros problemas* — respondeu ela.

Nós rimos porque era realmente engraçado, mas Jessica tinha acabado de dizer algo profundo: o homem do outro lado do corredor podia se concentrar em uma tarefa de cada vez porque a esposa provavelmente estava usando toda a sua capacidade cerebral para fazer várias tarefas ao mesmo tempo. Como o resto de nós, ela fazia todo o trabalho invisível dos bastidores, cuidando das crianças e administrando a casa para que ele pudesse esticar as pernas. *Que mulher!*

Isso me fez pensar: Qual é o valor de uma mente desocupada? Um teto *mental* todo seu, parafraseando Virginia Woolf? Um lugar para se livrar de todas as listas e recuperar o que a romancista contemporânea Claudia Dey batizou de "autonomia mental"? A liberdade na forma de ter mais espaço cerebral e tempo para se concentrar em uma só tarefa não deve ser reservada aos homens que trabalham fora, pais e maridos. Esse é o "privilégio paterno", como já vi descrito na internet. Eu me perguntava: *Por que as mulheres não têm essa vantagem?* Enquanto isso, continuamos no assento do meio metafórico, com uma criança de cada lado, ambas exigindo comida e um novo filme enquanto seguramos o xixi até o aviso de "apertar os cintos" se apagar e calculamos: *nesses dez minutos que tenho antes de levantar, o que mais eu posso fazer?*

OS PREJUÍZOS PARA *VOCÊ*

Pensei muito sobre o homem no avião nas semanas seguintes e no quanto a sobrecarga mental me prejudicava, afetando todos os aspectos da minha vida. Como eu queria levar a discussão para além da minha família e amigos, entrei em uma verdadeira cruzada, pedindo a mulheres em toda parte: aeroportos, cafés, filas de supermercado, playgrounds e competições esportivas das crianças, para pensar nos custos dessa carga mental em vários aspectos da vida delas. Começando pelo seguinte:

Pense no prejuízo para a sua parceria ou casamento na forma de exaustão, ressentimento e resignação ao sentimento de solidão e isolamento na relação. Publiquei a seguinte pergunta nas redes sociais:

Quando penso sobre quem faz a maioria do trabalho doméstico e cuida mais das crianças na minha casa, eu ______________.

Entre as 150 mulheres que encontrei em grupos ativos de mães, variações das três respostas a seguir foram as mais citadas:

"Tenho vontade de sair correndo para fugir da exaustão."

"Sinto raiva do meu marido."

"Sinto que esse sempre vai ser o meu papel."

Encontrei sentimentos parecidos no Twitter, nos chats do Facebook e nos memes que circulam pelas redes sociais. O crescimento rápido e espontâneo de mensagens do tipo "A carga de trabalho invisível está me matando e destruindo o meu casamento" aparecia em conversas e publicações em toda a parte. Nos artigos reveladores feitos pela revista *Glamour* sobre o divórcio moderno, a escritora Lyz Lenz conta: "Parei de cozinhar porque eu desejava me sentir tão tranquila quanto um homem que volta para casa com a expectativa de que algo (tudo) tenha sido feito para ele. Eu queria ser poupada de recortar cupons de desconto, fazer massa de pão e me preocupar com o horário do jantar e outras refeições. Eu queria descansar e ser exatamente como ele, sentar com as crianças e brincar."

Quando essa sensação de estar sobrecarregada, ressentida e resignada é vivenciada repetidamente, não é de espantar que um estudo recente tenha descoberto que as mulheres que faziam mais trabalho invisível que os maridos tinham maior probabilidade de estar insatisfeitas no casamento.

Pense no prejuízo para a sua identidade que pode se apresentar na forma de não saber mais como era a vida antes da maternidade e estar desconectada das paixões e dos objetivos que fazem você ser *única*. Quando tirar o bebê da cadeirinha no carro e colocar em segurança no carrinho, passar filtro solar nas bochechas sensíveis, colocar um copo com canudinho no colo dele e falar em sua melhor e mais reconfortante voz maternal para superar um ataque de birra ensurdecedor que veio do nada, apenas para conseguir sair do estacionamento e entrar na farmácia para comprar um hidratante de mamilos vestindo a mesma calça de pijama do dia anterior (e talvez do dia anterior a esse) parece a maior conquista do mundo, você pensa *No que foi que eu me transformei?*. Você não está sozinha.

"É realmente uma dança na qual você precisa se curvar para cuidar do seu bebê, mas também precisa se curvar para cuidar de si mesma", diz a psiquiatra reprodutiva Alexandra Sacks. "Como você ainda é um ser humano, precisa cuidar do corpo, das emoções, do relacionamento com o parceiro e com os amigos, além da vida intelectual, espiritual e dos seus hobbies [...] Todos esses aspectos formam a sua identidade e são necessidades básicas. Mesmo se você quiser apenas se dedicar incondicionalmente ao seu filho, não vai conseguir, porque somos humanos. Não somos robôs."

Pense no prejuízo para a sua carreira, que se apresenta na forma da diferença salarial entre *mães e mulheres sem filhos,* que é — VEJA SÓ — maior do que a diferença salarial entre homens e mulheres. "Não importa se a mulher trabalha no Walmart ou em Wall Street, a gravidez muitas vezes representa o momento a partir do qual ela não consegue mais subir na carreira", afirmou uma recente matéria investigativa do *New York Times*. Você sabia que tinha assumido um risco econômico ao virar mãe? Isso acontece porque, em nossa cultura, a "mãe" é considerada a pessoa que faz tudo, a real administradora da casa e cuidadora de todos. Se a escola liga, a mãe atende. Se uma criança está doente, a mãe fica em casa. Se alguém precisa ir à lavanderia, pagar o aluguel ou comprar algo na farmácia, a mãe trabalha até tarde, mesmo que o dia dela tenha começado muitas horas antes para tirar as crianças da cama, vesti-las, alimentá-las e deixá-las na creche.

E, quando ela chega ao trabalho, um e-mail enviado pelo marido faz seu estômago revirar:

Assunto: Lembrete de vistoria para o veículo de placa número GEG 8612.

Com um pedido curto e seco:

Isso é pra hoje e não posso sair do escritório. Você pode ver isso para mim?

Você respira fundo e pensa. *Claro, querido, vou sair do trabalho mais cedo DE NOVO e passar a tarde esperando na fila do Departamento de Trânsito.*

Imagine se você pudesse encaminhar alguns dos e-mails relacionados às tarefas domésticas e ao cuidado com os filhos para o seu marido ou parceiro "ver isso para você". Quanto alívio mental isso forneceria? Quando nossos maridos clicam em "Encaminhar" porque sabem que vamos resolver aquilo, eles mantêm o compromisso com o trabalho e recebem como recompensa um salário maior pela disponibilidade para trabalhar mais e em horários menos flexíveis. Pegar um avião até Las Vegas para uma conferência no meio da semana? Não é problema algum para vários maridos e pais. Enquanto isso, nós lutamos para continuar relevantes no escritório enquanto ficamos de plantão caso aconteça qualquer problema em casa. Chamo isso de comprometimento duplo. Sem dúvida é comprometimento demais.

Quando você pensa na "taxa da mamãe", que diminui o poder aquisitivo da mulher entre 5 e 10% a cada filho devido às oportunidades perdidas de promoções, cargos de prestígio, aumentos e bônus salariais, você entende o verdadeiro preço da maternidade. "Para a maioria das empresas, o trabalhador ideal é 'desocupado', isto é, livre de qualquer compromisso que não seja o trabalho. Quem não puder dedicar toda a energia ao trabalho remunerado será impedido de chegar aos melhores cargos e terá uma renda permanentemente mais baixa pelo resto da vida", escreve a autora Ann Crittenden. "Não é coincidência que praticamente todas as pessoas nessa categoria sejam mães."

"Elas não trabalham com tanto afinco", foi o que um médico de Plano, Texas, respondeu ao *Dallas Medical Journal* quando a ele foi perguntado por que o salário das médicas correspondia a cerca de dois terços da remuneração dos colegas do sexo masculino. "Na maior parte do tempo a prioridade delas está em outro lugar. Família, vida social, sei lá."

Você não amou isso? Certamente ele nunca teve que lidar com o "sei lá".

> Nós esperamos que as mulheres trabalhem como se não tivessem filhos e criem filhos como se não trabalhassem.
>
> — Amy Westervelt

Pense no prejuízo para o seu bem-estar, na forma de exaustão, estresse e capacidade mental prejudicada. Em uma pesquisa feita pelo jornal *Today*, que entrevistou mais de sete mil mães em todos os Estados Unidos, a maioria avaliou o nível de estresse como 8,5 em 10, resultado parecido com o de um relatório feito recentemente pela revista científica *Brain and Behavior*, mostrando que mulheres têm probabilidade duas vezes maior de sofrer transtornos de ansiedade do que homens. Conforme expandi meu grupo-alvo, fiz pesquisas mais rigorosas para explorar essa diferença nos níveis de estresse. Como não sou profissional de saúde mental e nem acadêmica, procurei especialistas no assunto. A primeira pessoa da minha lista foi Darby Saxbe, professora de psicologia da Universidade do Sul da Califórnia, que pesquisa a divisão de trabalho entre os gêneros. Saxbe também mora em Los Angeles, então decidimos nos encontrar no restaurante Din Tai Fung para dividir gyozas e trocar ideias sobre a indústria da saúde e do bem-estar.

Antes de começar a comer, ela disse:

— Vou contar um segredo. A indústria do bem-estar certamente aprova o desequilíbrio nos papéis de gênero. Quantas mensagens sobre beleza você recebeu por e-mail ou nas redes sociais no último mês oferecendo algum cosmético que promete combater a fadiga ou a pele cansada pelo excesso de trabalho?

Bebi um pouco do meu chá e chutei um valor:

— Umas vinte?

— No mínimo, certo? As mulheres precisam se perguntar: o que é mais transformador em minha vida; um novo sérum para olheiras ou uma divisão de trabalho mais justa e equilibrada em casa?

Isso nos fez rir e imaginar uma campanha revolucionária de cuidados com a pele: hidratação ou um marido mais solícito?

— O segundo é melhor para a pele cansada — comentou Saxbe, sorrindo. — Mas, piadas à parte, as mulheres estão sofrendo.

Foi a minha vez de comentar:

— Você viu a pesquisa recente feita pelo site *Healthy Women* e pela revista *Working Mother*? Segundo ela, 78% das mães dizem que estão tão ocupadas mantendo a estabilidade familiar e estando sempre disponíveis em termos mentais e físicos para lidar com os detalhes da vida doméstica que não estão cuidando de si mesmas.

Ela respondeu:

— E, como tantas mulheres não têm tempo para descansar e se recuperar, estão gerando mais cortisol, o hormônio do estresse, que é prejudicial para a saúde feminina.

Pense no prejuízo para a sociedade, que perde grandes líderes e talentos do gênero feminino e fica menos produtiva, pois 43% das mulheres altamente qualificadas interrompem a carreira após terem filhos. Isso inclui mães com diploma universitário, que investiram na própria educação e provavelmente nunca planejaram sair do mercado de trabalho, mas acabam saindo mesmo assim, pois subestimaram as demandas e a dificuldade de unir trabalho e maternidade.

— Eu fui de administrar uma empresa a ficar batendo com uma colher na cabeça para distrair e entreter meu filho — suspirou Elaine, que tem três diplomas da Ivy League.

Hoje, as mulheres são maioria entre graduadas e pós-graduadas e estão chefiando quatro em cada dez famílias. Ainda assim, uma quantidade de mulheres (como eu) diminui significativamente a carga de trabalho ou "opta por sair" do mercado. Boa parte delas nunca mais volta a trabalhar fora após ter filhos, e as que conseguem voltar geralmente recebem cargos com salários menores e têm um plano de carreira mais horizontal.

Você também percebe que não pode ser tão "ambiciosa" quanto os colegas do sexo masculino porque está sobrecarregada cuidando dos filhos e administrando a casa enquanto inicia, constrói ou estabelece a própria carreira? Então você pode ter uma ideia do que várias mulheres em casas pelo país estão dizendo: *como qualquer uma de nós conseguirá fazer algo se não é possível confiar na contribuição consistente dos nossos parceiros?*

"Na verdade, não é a maternidade ou os filhos que mudam a carreira e as ambições pessoais das mulheres; são os homens que se recusam a fazer a parte deles", escreve a escritora e colunista Jessica Valenti. "Se os pais fizessem em casa o mesmo tipo de trabalho que as mães, a carreira das mulheres poderia florescer de modo inimaginável." Minha amiga Jenny Galluzzo, uma das fundadoras da Second Shift, empresa que ajuda mulheres a manter o sucesso no mercado de trabalho, resume da seguinte forma: "Diferença de AMBIÇÃO é o cacete. Estamos lidando é com uma diferença de exaustão!"

UM JOGO PARA TRÊS?

"Preferia que minha mulher culpasse o Estado e não a mim", comentou um homem que entrevistei.

Olha, eu entendo.

Se tivermos sorte, um dia o Fair Play vai ser um jogo para três, incluindo políticas estaduais e federais. E, sim, fale com seus empregadores e representantes políticos para mudar essa realidade. Eu estou fazendo isso. Além disso, se você tem interesse em ler mais sobre os tipos de políticas que seriam mais eficazes, consulte as sugestões de leitura na bibliografia do Fair Play. Enquanto isso, o Fair Play é para duas pessoas que precisam de mudanças *dentro da própria casa*. E aqui está a parte animadora: "A mudança individual, por sua vez, cria demanda para mudanças sociais, políticas e econômicas", diz Michael Kaufman, autor de *The Time Has Come: Why Men Must Join the Gender Equality Revolution* [Chegou a hora: Por que os homens precisam se unir à revolução da igualdade de gênero, em tradução livre]. Em outras palavras, não é uma questão de "ou isto ou aquilo". Você pode atuar politicamente enquanto age para mudar sua vida.

UMA SOLUÇÃO NOVA PARA UMA HISTÓRIA VELHA

Diminuição da felicidade conjugal, desequilíbrio de poder em casa, perda da identidade, estresse físico e mental, além de problemas de saúde, décadas de estudo subutilizadas, poucas mulheres em posições de liderança e cargos executivos. O custo de ter a mente constantemente ocupada leva o ressentimento das mulheres às alturas.

Isso é novidade? Claro que não. As mulheres estão lutando com a divisão do trabalho por gênero desde a *virada do século passado.* O descontentamento aumentou na Segunda Revolução Industrial, quando muitas esperavam que o trabalho da mulher fora de casa gerasse mudanças no trabalho dentro de casa.

Essa revolução não aconteceu.

Na verdade, de acordo com um relatório recente da ONU, a mulher moderna ainda desempenha quase três vezes mais tarefas domésticas do que os homens. Sim, eles estão assumindo mais responsabilidades do que no passado, mas nem o melhor dos maridos está fazendo tudo o que poderia em casa.

"Isso é uma injustiça em grande escala, pois o trabalho doméstico é tudo", escreveu Megan K. Stack em um artigo poderoso para a revista *New Yorker*. "É uma demanda física onipresente que vem prejudicando e silenciando mulheres pela maior parte da história da humanidade. Eu adoraria acreditar que a luta pela igualdade feminina está concentrada em escritórios e fábricas, mas estou convencida de que essa batalha acontece, primeiramente e com mais força, em casa."

Em outras palavras, o trabalho não remunerado de lavar o banheiro ainda cabe a nós. É obrigação da mulher. Esse modelo começa na infância, quando as meninas fazem 50% mais tarefas domésticas do que os meninos. Essas "mensagens de gênero são programadas em nossa psique desde a mais tenra infância", escreve Sara Petersen sobre o conteúdo de vários livros infantis que mostram "mamães animais antropomorfizadas usando belos aventais e com sorrisos pacientes" e preparam as meninas para serem babás e donas de casa. Essas meninas viram mulheres que assumem a maioria do trabalho de cozinhar, limpar e cuidar dos filhos na vida adulta. Esse "trabalho de mulher" que fazemos para melhorar a qualidade de vida da família e pelo qual não somos remuneradas, ainda que outras recebam (em geral pouco) para realizar essas tarefas em ambientes de trabalho mais formais, são menos valorizados do que as ocupações tradicionalmente masculinas na sociedade.

QUIZ
De quando são estas frases?

Adivinhe em que ano as afirmações a seguir foram feitas por maridos/homens que trabalham fora. Escolha entre o famoso artigo *The Politics of Housework* [A política do trabalho doméstico, em tradução livre], de 1969, e as entrevistas que fiz em 2018.

A. "Não me importo em dividir o trabalho doméstico, mas não sou muito bom nisso. Cada um deveria fazer as tarefas em que se sai melhor."
B. "Você é muito melhor nessas 'coisas de casa' do que eu."
C. "Nós temos padrões diferentes. Por que eu preciso seguir os seus padrões? Isso não é justo."
D. "É ela quem cuida da casa. Não é minha função."
E. "Que grande homem teria realizado grandes feitos se precisasse cuidar da casa?"
F. "Eu sustento a casa e ela. Por que também preciso lavar a louça?"

(A) 1969; (B) 2018; (C) 1969; (D) 2018; (E) 1969; (F) 2018.

VALORIZE O SEU TRABALHO

Se você não estiver sendo paga para isso, então não conta. Passear com o cachorro da família e buscar as crianças na escola não tem o mesmo valor do almoço do seu marido com os colegas de trabalho, que é pago pela empresa.

Você acredita nisso? Eu também não.

Então vamos voltar à lista "Tudo o que eu faço".

Mais uma vez, estimulei minhas amigas a enumerar todo o trabalho não remunerado que toma conta do nosso cérebro e acaba com a capacidade mental feminina. Acrescentei os dados à lista cada vez maior de "Tudo o que eu faço" e sugeri algo ousado: vamos mandar isso para todas as mulheres que conhecemos. Existe um jeito melhor de amplificar a mensagem para outras mães? Convidamos nossas amigas de infância e do ensino médio, além de primas distantes, colegas de quarto da faculdade e outras amigas do passado e do presente, para acrescentar suas ideias à lista e também enviá-la aos seus contatos.

Em poucos dias, incontáveis cópias da lista de "Tudo o que eu faço" circulavam pela internet entre mulheres, esposas e mães de toda parte. Gente que nunca vi na vida começou a mandar e-mails do tipo: "Posso mandar a lista para o meu grupo de mães, clube do livro, grupo da igreja e associação de pais e mestres da escola dos meus filhos?" A enormidade do que todas as mulheres faziam em casa e muito provavelmente não era reconhecido estava levando muitas delas a se identificar. Em pouco tempo, uma comunidade de mulheres nos Estados Unidos e em outros países dividia suas listas comigo e aumentava os dados para a minha pesquisa. Comecei a receber mensagens como: "Acrescente o envio dos cartas de Natal e a preparação da ceia." "Não se esqueça da brincadeira do elfo na prateleira". "E cobrar a pensão alimentícia!"

Ficou claro para mim o quanto era importante para as mulheres não só transformar o invisível em visível e identificar as tarefas, mas também enumerar e atribuir uma categoria específica para tudo que elas faziam em seu tempo "livre" e não remunerado. Enquanto os dados ficavam cada vez mais granulares e refinados, comecei a organizar e reunir as tarefas de administração da casa e do cuidado com os filhos. Por exemplo, lavar o carro e renovar o documento dele entraram na categoria "Carro", enquanto passar filtro solar e fazer o check-up anual de saúde ficaram na categoria "Consultas médicas e vida saudável".

Embora as listas de tarefas separadas em itens não fossem novidade entre mães blogueiras, o que estávamos criando englobava tudo: era uma lista ampla feita coletivamente e organizada tendo em mente os princípios da administração profissional. Como a lista "Tudo o que eu faço" original ficou longa e detalhada demais para gerenciar, recrutei minha amiga Elana, uma cumpridora de tarefas de altíssimo nível, para colocar todos os dados em uma planilha do Excel, na qual eu poderia agrupar tarefas com mais facilidade e separá-las em subtarefas. Por exemplo, "Cuidados com animais de estimação". Pense em todo o trabalho feito por quem cuida do amigo da família:

- Pesquisar o tipo/raça (ou encontrar organizações de adoção, abrigos ou centros de resgate);
- Escolher um animal de estimação;
- Preparar a casa para receber o bichinho;
- Encontrar uma boa clínica veterinária;
- Agendar e ir a consultas veterinárias: vacinas, castração etc.;
- Comprar ração, petiscos, brinquedos, roupinhas, camas, caixa de transporte, caixa de areia, coleira, guia, focinheira etc.;
- Alimentação (várias vezes ao dia);
- Treinamento (para fazer as necessidades, dormir na hora certa, não latir e não morder);
- Reservar horário para brincadeiras;
- (Se for um cachorro) Passear duas vezes por dia ou contratar um passeador;
- Dar banho e tosar ou agendar banho e tosa em local especializado;
- Agendar os cuidados com o animal de estimação quando for viajar;
- Local para o animal defecar (caixa de areia, gaiola de passarinho etc.);
- Limpar os "acidentes", vômitos, pelos, bagunça feita pelo bichinho etc..

Dependendo de qual seja seu animal de estimação, talvez existam outras tarefas!

Quando as mulheres reconheceram que cada tarefa gera uma lista adicional de subtarefas, abriram-se as portas do inferno. Como um espinho no pé que está incomodando o dia inteiro, a lista sem fim de "Tudo o que eu faço" acabou gerando outra reação. As ligações telefônicas, mensagens de texto e e-mails ganharam um tom de fúria: "Que p*rra é essa? Eu não tinha a menor ideia do quanto realmente fazia até ver a lista. Não surpreende que eu esteja uma PILHA DE NERVOS!", disse minha amiga Annie em uma mensagem. Outra mãe e amiga me ligou chorando a caminho do trabalho: "Estou literalmente fazendo tudo. A esta altura, acho que não posso mais continuar nesse casamento."

Comecei a me sentir culpada pelo grande problema que minha lista estava causando. Eu tinha criado um espaço para reclamações sem oferecer solução alguma. Desabafar com as amigas pode ser satisfatório no momento, mas passa logo depois que a garrafa de vinho esvaziou e você precisa voltar para casa e dobrar a roupa que acabou de ser lavada (supondo que alguém tenha se lembrado de colocá-la na secadora como você pediu).

TODAS AS CARTAS NA MESA

— Comecei a copiar o e-mail corporativo do meu marido sempre que mandava um bilhete para a escola, para o técnico do time de futebol, o pediatra, o dentista da família, a diarista, o veterinário... para que ele visse tudo o que eu fazia enquanto ele se concentrava apenas no trabalho — contou Leanne, de Michigan.

Eu imediatamente perguntei:

— E como foi?

— Ele me mandou parar de entupir a caixa de entrada dele.

Como aconteceu na minha experiência com Seth, várias mulheres disseram que, quando apresentaram "a lista" aos maridos, os homens se recusaram a falar no assunto (que surpresa!).

— O meu não quis nem saber, então escrevi a lista de tudo o que eu faço em cartões separados para que ele pudesse ler... quando achasse melhor — ironizou minha amiga Clara.

Hummm. Gostei dessa ideia. Eu já usava cartões como ferramenta de mediação em minha empresa de consultoria havia anos. Talvez colocar todas as tarefas domésticas em cartões ou cartas, algo que você pode literalmente segurar, fosse uma boa forma de transformar a lista em jogo e apresentar nossos parceiros a um novo jeito de falar sobre os trabalhos, responsabilidades e tradições que frequentemente não são vistos ou reconhecidos, mas têm valor em nossa casa mesmo assim. *Valia a pena tentar.*

Entrei em contato com as amigas que me ajudaram a completar a lista original e pedi a elas para escrever em cartas as tarefas relacionadas à administração da casa e ao cuidado com os filhos. Bem, então algo engraçado aconteceu. Embora segurar cartas de papel tenha ajudado a transformar a lista em algo físico, esse exercício acabou gerando mais ressentimento, porque minhas amigas logo reconheceram que estavam segurando *todas* ou quase todas as cartas de tarefas da família. No meu casamento, eu logo vi quantas cartas Seth segurou voluntariamente, sem que eu reclamasse ou mandasse. Eram três: "administração do dinheiro", "carro" e "diversão e brincadeiras" enquanto eu ficava com oitenta ou mais delas em um dia comum. Não era exatamente o que eu chamaria de justo. Minhas amigas ligaram com novas reclamações e frustrações semelhantes às minhas: "Ele não está com a parte justa!" "Coloquei todas as cartas na mesa, mas ele não pegou nenhuma!"

Em um evento beneficente na escola, o marido da minha amiga Gillian me abordou longe da esposa:

— Me diga uma coisa, Eve. Com quantas "cartas" eu preciso ficar para *não* ser um babaca? — perguntou ele, em tom levemente exasperado.

Tomei um pouco do meu drinque e sugeri, com um sorriso:

— Mais do que zero.

Um dia depois dessa conversa, Seth e eu fomos ao nosso "encontro" semanal na terapia de casais.

— Em que vocês querem trabalhar hoje? — perguntou Derek, nosso terapeuta.

Olha só. Por acaso eu estava com meu conjunto de cartas de tarefas na bolsa. Sem dizer uma palavra, joguei-as para Seth, que perguntou, intrigado:

— O que é isso?

— É tudo o que eu faço. E chegou a hora de você fazer a sua parte — respondi friamente.

Enquanto ele olhava algumas cartas que caíram no seu colo, eu as li em voz alta:

— Presentes para os professores no fim do ano, refeições no fim de semana, lições de casa...

— Vai com calma, Eve — Derek aconselhou calmamente. Mas eu estava tão desesperada para entregar uma parte de todas as minhas tarefas que não conseguia ir devagar. Peguei uma carta do chão e joguei para Seth:

— Bilhetes de agradecimento. Pode ficar com essa!

— Eu não vou pegar isso — Seth reclinou o corpo na cadeira, com a linguagem corporal nitidamente dizendo: *afaste-se de mim, sua doida!*

Ali eu percebi que, assim como a minha primeira lista, as cartas não ajudaram a diminuir meu ressentimento. Pior ainda, a abordagem competitiva em vez de colaborativa não diminuía a nossa carga de trabalho *de forma alguma*.

Minha amiga Gillian me chamou de lado na escola naquela mesma semana para contar que tinha feito "algum progresso" quando mostrou as cartas ao marido. Ela estava feliz da vida:

— Ele disse: "Não vou pegar uma tarefa, mas eu pego uma carta." Então eu sugeri pegar as "refeições de fins de semana". E... — ela fez uma pausa dramática — ele aceitou.

— Isso é ótimo. Você acha que ele vai pegar a mesma carta na semana que vem?

O entusiasmo da minha amiga murchou:

— Provavelmente não. Talvez se eu o lembrar? — comentou, tentando se animar.

Embora alguns homens fizessem como o marido de Gillian e pegassem as cartas, não estavam se comprometendo com elas sem lembretes e um "parabéns" quando executavam uma tarefa. *Veja bem.* Um lembrete demanda um esforço mental imenso *da sua parte*, pois exige saber e lembrar o que precisa ser feito, além de lembrar alguém de realizar a tarefa, enquanto a pessoa que é lembrada só precisa executá-la. Ele não precisa lembrar nada, nem se preocupar com esquecer. E, se você pensar bem, lembrar e elogiar é o trabalho diário de *cuidar de crianças*, não de *lidar com maridos*.

Em um almoço com minha amiga Lily, percebi as incontáveis vezes que esperei Seth pegar as roupas sujas, sapatos e peças de Lego do chão e me decepcionei quando ele não fez isso. As três respostas mais comuns dele eram: "Você não me lembrou", "Não tenho o costume de pensar nisso" e "Por que você não me pediu?"

— Roupas no chão? Tenho uma melhor: semana passada, quando eu estava viajando a trabalho, minha filha de 7 anos me ligou chorando: "Mamãe, a fada do dente não veio ontem!" Eu pensei: *Ah, não, a fada do dente deu um bolo nela?* Quando Jeff pegou o telefone, ele me culpou: "Como eu ia saber que era para deixar um dólar embaixo do travesseiro? Você tinha que ter me lembrado!" Eu pensei: *Sério*? Eu *tinha que fazer isso? Lembrar* você *de notar que o dente dela caiu? Da sala de conferências sem janelas deste hotel em* Hong Kong*?* Eu vou te contar. Ser mãe do meu marido não é nada sexy — reclamou Lily.

— Muito menos a necessidade de elogios constantes — acrescentou Carmen, que chama o ex-marido de "Pai de Facebook". Quando um marido e pai só pega a carta de alguma tarefa doméstica quando o resultado pode ser mostrado nas redes sociais.

— Ele só ajuda para ganhar "curtidas". Todos os amigos do Facebook o consideram um ótimo pai porque ele publica fotos nas apresentações de dança, competições esportivas e compras de volta às aulas para as crianças. As legendas sempre são algo na linha: "Olha só o que eu fiz!" Às vezes ele até inclui um emoji de troféu. A minha vontade é dizer: *Gente, ele armou essas cenas.* Fora das redes sociais eu é que o lembrava de levar as crianças para comprar o material escolar e ainda corria para o shopping na última hora para pegar algo que estava na lista e ele esqueceu porque levou as crianças ao cinema! A percepção pública do que o meu marido estava fazendo era bem diferente da realidade — reclamou Carmen.

RESPONSABILIDADE CONSISTENTE

Ter que lembrar o parceiro de fazer uma tarefa não a exclui da sua lista e sim acrescenta algo a ela. Além disso, lembrar costuma ser injustamente caracterizado como reclamar. (Quase todos os homens entrevistados para este projeto citaram as reclamações como a parte que mais odeiam no casamento, embora também admitam que esperam as esposas dizerem o que eles precisam fazer em casa.) Não é uma parceria se apenas um de vocês está comandando tudo. Isso significa que é preciso fazer a importante distinção entre delegar tarefas e entregar a responsabilidade por elas. A responsabilidade pertence à pessoa que *antes de tudo* se lembra de planejar, depois planeja e segue todos os aspectos da execução do plano até cumprir a tarefa sem precisar de lembretes.

Segundo uma pesquisa feita pela Bright Horizons, que administra creches em empresas, 86% das mães que trabalham fora são responsáveis pela maioria das tarefas relacionadas à família e ao lar, "não só marcar os compromissos, como comparecer e *agendar mentalmente* quem precisa estar onde e quando". Se quisermos evitar uma exaustão imensa, precisamos que nossos parceiros sejam mais do que auxiliares capazes de seguir as instruções que gastamos tempo e energia para pensar (e depois nos culpar quando algo sai errado). Precisamos que os parceiros liderem e peguem uma tarefa ou "carta" semana após semana e a exclua *completamente* da nossa lista mental de tarefas, cumprindo *todos* os aspectos exigidos pela carta. Do contrário, nós ainda vamos nos preocupar se a tarefa está sendo feita do mesmo jeito que faríamos, se ela foi feita inteiramente ou se foi mesmo feita, o que nos deixa com a carga mental e emocional de pedir a "ajuda" ou o "favor".

E como fazer os parceiros tomarem a iniciativa e se responsabilizarem por todos os aspectos das tarefas relacionadas à casa e à criação dos filhos sem que *alguém* precise dizer o que fazer, ou simplesmente descobrir sozinhos? Era isso que *eu* precisava descobrir.

Ao me dar conta disso, pedi um tempo e disse ao círculo de amigas que adotaram o processo desde o início: NÃO entreguem mais carta alguma, muito menos contem, troquem ou tentem negociar as cartas. Eu percebi que devia a elas um conjunto de regras que preparasse cada jogador para o sucesso claro, mensurável e consistente. Sem um manual do usuário que fosse convidativo para os parceiros em vez de aliená-los, as cartas serviriam apenas para criar mais discórdia e problemas na relação. Se eu queria mudar o meu casamento para a melhor e ajudar outras mulheres a fazer o mesmo, precisaria literalmente mudar o jogo. Contudo, antes de fazer isso, eu precisava criá-lo.

AS QUATRO REGRAS DO FAIR PLAY

Algo estava começando a ficar claro em relação ao sistema Fair Play: se desejamos que os parceiros se sintam independentes e capazes de ter sucesso em vez de perdidos ou impotentes até receberem ordens, precisamos abandonar o controle materno (por exemplo: *Ou faz o que eu digo ou vai embora!*) e criar mais contexto (por exemplo: *É assim que se faz, do início ao fim. Por isso nós concordamos em fazer esta tarefa desta forma*). Os casais que adotam o sistema Fair Play sabem exatamente quais cartas de tarefas estão em jogo em suas casas. Eles também têm as expectativas explicitamente definidas e um acordo mútuo para cada carta, além de papéis e responsabilidades claros que ajudam a reequilibrar a carga de trabalho doméstico com justiça. Imagine a sua vida com esse tipo de eficiência. Não vai mais ser um desastre!

Nas semanas e meses que se seguiram, mesmo comigo prometendo não exigir tarefas do nada e às pressas, e Seth jurando tomar a iniciativa e assumir a responsabilidade por mais tarefas necessárias para manter a casa em ordem, nós continuamos a cair em nossa armadilha favorita:

Eve: Você esqueceu!
Seth: Você não me lembrou!
Eve: Você fez errado!
Seth: Então faz você, oras!

Contudo, usei esses percalços para refinar as quatro regras para o Fair Play. Cada uma representa uma grande lição que precisamos aprender juntos, às vezes dolorosamente. Vou falar sobre todas as regras na Parte II deste livro. Leia e absorva todas antes de continuar. Assim, você terá o contexto necessário para colocar o sistema Fair Play em prática na sua família. Aperte os cintos e prepare-se para melhorar a forma como sua família faz tudo.

» PARTE II «

A SOLUÇÃO

As quatro regras do Fair Play

3.

PRIMEIRA REGRA: O TEMPO É IGUAL PARA TODOS

Vamos chamar uma pá de pá.

PARA PENSAR: O CASO DA JAQUETA DO BÊBADO

Enquanto começava a criar um sistema (ou um jogo, se você preferir chamar assim) capaz de distribuir a pilha de responsabilidades domésticas de modo mais justo entre os casais, eu me vi novamente a caminho do aeroporto para uma viagem de trabalho de um dia a Seattle. Estava prestes a estacionar no Embarque quando recebi a seguinte mensagem de Seth: "Algum cara esqueceu a jaqueta e uma garrafa de cerveja no nosso jardim."

Esquisito. Nojento. E o mais importante: o que eu poderia fazer em relação a isso estando na rua?

Quando voltei para casa, 16 horas e muito tempo depois de o sol ter se posto, eu tinha esquecido a mensagem, até estacionar na garagem e lá estavam eles, quietinhos no escuro: a jaqueta de algum cara e a garrafa de cerveja no jardim. Sério? Comecei a ferver de ódio. Quando destranquei a porta da frente, logo tentei descobrir o motivo para o lixo ainda estar ali.

Eu me lembrei de várias amigas que tinham descrito "a mensagem" e seu primo espiritual, "o e-mail encaminhado" como gatilhos no casamento. É só chegar um e-mail para vocês dois da escola do seu filho, técnico esportivo, professor de música, consultório médico ou Departamento de Trânsito que o parceiro encaminha para você, com a pergunta implícita: *Pode resolver para mim?*

Ao carregar a bagagem para o segundo andar, vi o meu marido deitado confortavelmente na cama, com o celular na mão. Enquanto passei o dia trabalhando em outra cidade, meu marido também trabalhou em seu emprego, mas teve quatro horas depois que as crianças dormiram, durante as quais ele fez ginástica, assistiu ao *SportsCenter* e olhou o Instagram. Ele teve muito tempo para descansar do longo dia no escritório e mesmo assim não foi o suficiente para limpar o lixo do bêbado que ele descobriu no jardim *16 horas* antes. A mensagem dele de manhã não era um "Dá para acreditar?" e sim uma afirmação implícita: *Não tenho tempo. Você cuida disso.*

Naquela noite, em pé na porta do nosso quarto, entendi que meu marido esperava que eu largasse a bagagem de mão, pegasse um saco de lixo e um par de luvas de borracha, fosse lá fora, pegasse a jaqueta molhada e a garrafa de cerveja, colocasse tudo no saco de lixo, andasse todo o caminho até a lixeira da rua e voltasse para casa. Quando fiz exatamente isso, anotei quanto tempo levei para executar a tarefa: 12 minutos. Foram 12 minutos do meu tempo que eu nunca vou recuperar. Pensei brevemente nesses minutos multiplicados por milhares de "Você cuida disso?" que aconteceram em todos os meus dias e comecei a entender ainda mais por que mulheres como eu e você estão correndo contra o tempo desde a hora em que acordam.

A pergunta que pode não ter ficado tão clara, pois não estava clara para mim naquela noite, é: por que *eu* tinha que cuidar disso?

Porque não tínhamos definido papéis claros, e, sem atribuições específicas, o trabalho de lidar com "objetos estranhos e/ou nojentos" era meu por padrão? Admito que ainda estávamos trabalhando nos detalhes do sistema Fair Play e eu ainda estava com a maioria das cartas (desde que as joguei apressadamente em cima dele, achei melhor fazer *uma pausa* antes de decidir entregar mais cartas). Mesmo assim, por que ele deixou tudo lá o dia inteiro? Será que temos expectativas diferentes em relação à aparência da entrada de casa? Ou adotamos definições conflitantes de paisagismo *versus* lixo?

A resposta veio 12 minutos depois, quando voltei para o quarto, ainda calçando as luvas de borracha, e Seth estava refestelado na cama. Não só ele considerava a limpeza um mau uso do seu tempo como, ao deixar a tarefa para mim após um dia de trabalho que por acaso foi ainda mais longo que o dele, meu marido estava comunicando de modo bem claro que aquele era um bom uso do *meu* tempo. Para resumir: **Seth não valorizava o meu tempo tanto quanto o dele.**

Isso para mim foi um momento de epifania desconcertante. Se Seth considerava os 12 minutos que ele teria levado para limpar a entrada da nossa casa mais valiosos que os mesmos 12 minutos que eu levei para fazer isso, como eu poderia esperar que ele cuidasse de mais tarefas domésticas? E meu marido não está sozinho nesse pensamento. Em minhas entrevistas e conversas com mais de quinhentas pessoas para este projeto, tanto homens quanto mulheres expressaram predominantemente outra questão relacionada a esta, que contribui para o mesmo resultado: a ideia de que o tempo do homem é finito e o da mulher é infinito. Em seu tempo finito, os homens não querem se dar ao trabalho de tirar uma jaqueta e uma garrafa de cerveja de um bêbado do meio do jardim.

Essa discrepância em que o tempo do homem é considerado um recurso finito (como diamantes) e o da mulher é abundante (como areia) piora ainda mais depois dos filhos. De acordo com um estudo, após o nascimento de uma criança, os homens aumentam a carga de trabalho total em quarenta minutos por dia, enquanto as mulheres ganham mais de duas horas de trabalho diário cuidando dos filhos (além das tarefas domésticas habituais e do trabalho remunerado). Somadas, essas horas viram 2,6 semanas ao longo de um ano. Horas, dias e semanas de tempo fazendo tarefas que muitas vezes não são vistas nem reconhecidas pelo parceiro, mas contribuem para o bem-estar da família. Como usar esse tempo para beneficiar *você*, avançando na carreira, buscando suas paixões criativas ou até mesmo deixando de lado a lista de tarefas em prol de uma horinha tranquila na praia?

JÁ ESTÁ MAIS DO QUE NA HORA DE MUDAR

Exigir igualdade de tempo e o poder de escolha para usá-lo como desejar é uma mensagem que o movimento das mulheres perdeu, e, com o perdão do trocadilho, já está mais do que *na hora* de ter o seguinte reconhecimento cultural: *o tempo é igual para todos*. Embora deixemos claro que nosso tempo ainda não é medido igualmente no trabalho (as mulheres ganham 0,81 para cada dólar de salário dos homens e ainda se espera que elas arranjem tempo para comprar o bolo de aniversário do chefe), as mulheres falam com menos prazer sobre a desigualdade na valorização do tempo em casa. Esse "imposto do tempo", em que as mulheres recebem mais do que a parcela justa do trabalho doméstico e do cuidado com os filhos, compromete todos os aspectos da nossa vida, relacionamentos, carreira e noção de identidade, além da saúde física e mental. A percepção do tempo do homem como finito e o da mulher como infinito e medido de outra forma precisa mudar se quisermos conquistar a libertação total algum dia. Bom, agora vou descer do meu palanque.

Aceitar a **Primeira regra: O tempo é igual para todos** exige que você e seu parceiro se beneficiem da verdadeira experiência capaz de mudar a vida e o relacionamento que é o Fair Play. O jogo pede para vocês redefinirem a forma de valorizar o tempo e se comprometerem com o objetivo de reequilibrar as horas de trabalho doméstico entre dois parceiros.

Antes de pedir ao parceiro para redefinir o valor do tempo, reserve um momento para pensar nisso, respondendo à seguinte pergunta:

As duas horas que meu marido passa em uma reunião de trabalho pelo telefone são mais valiosas que as duas horas que eu passo segurando a mão do meu filho no médico? Em outras palavras, fazer as tarefas domésticas de bastidores, que tomam o meu tempo, é igual à atividade do trabalho remunerado, que toma tempo do meu marido?

Qual a sua resposta? E como o seu parceiro responderia?

A realidade é que o trabalho doméstico pesado vai continuar a sobrar para você, a mãe e parceira que faz tudo, até que ambos reconheçam que o tempo é um recurso limitado e finito. Vocês dois são diamantes. O dia tem 24 horas para ambos. **A divisão de trabalho só vai evoluir para a igualdade no relacionamento quando vocês acreditarem que o tempo deve ser medido igualmente para os dois.**

MUDANÇA DE ATITUDE

Embora não possamos mudar o tempo, podemos mudar atitudes. Claro que isso exige um esforço verdadeiro e deliberado, mas é possível. Minha mãe, uma brilhante professora de serviço social, diz aos seus alunos: a mudança de atitude começa com o ato de se conscientizar em relação a *como você pensa.* O que descobri em minhas conversas com vários casais foi que bastava os dois indivíduos (especialmente os homens) receberem a tarefa de pensar nas tarefas domésticas em termos de justiça no uso do tempo e definirem a preferência ou o desagrado por cada tarefa para a atitude mudar. Os homens passaram a pegar mais cartas, e por vontade própria.

Depois que os homens reconheciam o tempo necessário para fazer um almoço (dez minutos), passar filtro solar em uma criança chorando (três minutos), tirar a louça da máquina (nove minutos), além de grandes ladrões de tempo como ficar de plantão à noite consolando uma criança que teve um pesadelo (de uma a três horas) e preparar a documentação para a matrícula escolar (até três dias), eles entenderam que a relutância para fazer essas tarefas leva a um desequilíbrio de tempo inevitável na relação.

O resumo é simples: toda tarefa doméstica leva tempo e os minutos se acumulam rapidamente. Quando o parceiro reconhece que o seu tempo é importante e que existe valor em aliviar você de um pouco desse fardo (menos reclamações, mágoas e ressentimento), ele ou ela terá uma probabilidade muito maior de dividir a carga de trabalho. Isso é ser justo.

⚠

CUIDADO!

Prepare-se para encontrar resistência!

A Primeira regra: O tempo é igual para todos exige uma mudança de atitude (às vezes *bem grande*) de ambos os jogadores. Prepare-se para encontrar resistência quando desafiar o seu parceiro a redefinir o valor do tempo. A jaqueta do bêbado me levou a coletar dados de casais sobre divisão do *tempo* por gênero pelo telefone, redes sociais e pessoalmente. Durante as entrevistas eu comecei a avaliar a prevalência de várias mensagens nocivas sobre o tempo.

QUIZ
Está mais do que na hora

Quantas dessas mensagens você já ouviu (ou disse a si mesma)?

- Minhas horas remuneradas valem mais que suas horas não remuneradas.
- Não vale a pena você trabalhar.
- O que você fez o dia todo?
- Por que você está perdendo tempo com isso?
- Você tem sorte de não precisar trabalhar.
- Se você não tem tempo suficiente, então arrume alguém para ajudar!
- Eu não tenho tempo, então você pode fazer isso?
- Sou melhor em fazer várias tarefas ao mesmo tempo, então eu cuido disso.
- Meu parceiro viaja muito e/ou trabalha cedo, então eu faço isso.
- No tempo que leva para ensinar uma tarefa ao meu parceiro, eu mesma faço a tarefa.
- Sim, ter mais tempo para mim seria ótimo, mas eu realmente preciso limpar a geladeira.

Se você marcou pelo menos uma dessas frases, o seu tempo está comprometido. Precisamos resistir a essas mensagens para recuperar nosso tempo.

MENSAGENS NOCIVAS SOBRE O TEMPO

» Primeira mensagem nociva: "Tempo é dinheiro"

Os provedores do sexo masculino geralmente explicam: "Meu tempo vale mais porque eu ganho mais." Esse é o argumento "minhas horas remuneradas valem mais que as suas não remuneradas (ou menos remuneradas)". Todo homem que não é o principal provedor da casa vai afirmar que ganhar um contracheque é o uso mais valioso do seu tempo. Em outras palavras, depois que bati o ponto, não faço mais nada.

Seth costumava chamar o período no trabalho de "horas poderosas", dando a entender que esse tempo não deveria ser interrompido ou comprometido pelo trabalho não remunerado, mesmo quando fosse a serviço do lar e da família, como sair mais cedo para levar nossos filhos ao dentista. Por muitos anos eu não resisti a esta mensagem, porque também acreditava nela. Agora reconheço a verdade: o argumento das "horas poderosas" não passa de um jogo de poder. Desde então Seth viu a luz e não usa mais o contracheque como vantagem ou desculpa para fazer menos coisas em casa, motivo pelo qual ainda estamos casados e felizes.

REDEFININDO O TEMPO: O tempo é contado em minutos, não em moedas.

» Segunda mensagem nociva: "Você tem mais tempo porque não trabalha"

Um homem que entrevistei me disse: "Eu chego no trabalho bem cedo todo dia com meu capacete de segurança e meu almoço, e o que *ela* faz em casa o dia inteiro?" *Como é que é?* Ela faz todo o trabalho diário, com o qual você não se preocupa, para manter a casa e a família em ordem, além das tarefas de última hora (veja a mensagem chata sobre o carro), que permite a você ficar no trabalho e comer da sua lancheira em vez de engolir uma barrinha de cereais na fila do Departamento de Trânsito.

Até as donas de casa mais engenhosas, produtivas e dispostas com quem falei se sentem sobrecarregadas todos os dias. Mesmo dedicando todas as horas que passam acordadas a cuidar da casa e dos filhos, elas admitem não conseguir fazer tudo. Além disso, elas se culpam e tendem a aceitar a culpa por acreditar que não dão conta.

Essas mulheres confundem o "imposto do tempo" com fracasso pessoal. Querida, esse problema não é seu.

Na verdade, é um simples problema aritmético: existe uma quantidade fixa de horas no dia e, quando você está casada ou em um relacionamento sério, ninguém deve fazer tudo (ou chegar perto disso), independentemente de ambos trabalharem fora ou não. Ficar com todas as cartas necessárias para administrar uma casa gasta mais horas que um trabalho em tempo integral. Como uma mulher publicou no Facebook: "Eu não trabalho de nove da manhã às cinco da tarde. O meu trabalho dura do momento em que abro os olhos até a hora de fechá-los." Nessa agenda massacrante, nem pensar em arrumar tempo para se cuidar, marcando uma consulta médica ou um corte de cabelo para você. Apesar da opinião dos maridos, quase todas as donas de casa com quem conversei alegaram simplesmente não ter tempo para esses luxos: *Obrigada por me lembrar de cuidar de mim. Certamente vou acrescentar isso à longa lista de outras tarefas que não tenho tempo de fazer.* Agora compare uma casa tradicional e o trabalho de cuidar dos filhos em tempo integral com muitos empregos remunerados (estou falando com você, cara do capacete de segurança) que oferecem tempo para si mesmo, como horário de almoço, bater papo com os colegas e fazer *networking* fora do trabalho, além das férias e licenças médicas remuneradas. A maioria das donas de casa não contam com esses benefícios, a menos que você considere negociar o plano de celular com a operadora pelo telefone ter vida social.

REDEFININDO O TEMPO: As horas gastas trabalhando a serviço do lar são tão importantes quanto as horas gastas trabalhando fora de casa.

» Terceira mensagem nociva: "Se você não tem tempo, terceirize ou procure ajuda"

Receber auxílio externo é útil e sem dúvida pode salvar vidas. Se você tiver a sorte de poder bancar alguém de vez em quando para cuidar das crianças ou passear com o cachorro, isso pode ajudar no dia a dia. Porém, o que a maioria dos maridos e pais não percebe é *o tempo total* exigido para encontrar, contratar, agendar, delegar responsabilidades, treinar e pagar uma babá, professor de reforço em matemática, diarista, passeador de cachorro etc. Nas minhas entrevistas, **não vi relação alguma entre pedir ajuda e diminuição do ressentimento entre casais,** porque contratar alguém para auxiliar nas tarefas ainda exige trabalho. E até pedir a amigos, vizinhos ou à sogra para cuidar das crianças e arrumar a casa exige *esforço mental* e *tempo*. A maioria das mães sabe muito bem que encontrar e manter uma babá confiável, por exemplo, pode custar o dobro do *seu* tempo para agendar, planejar e executar essa tarefa. Passar uma noite sem as crianças ainda pode valer a pena (afinal, ingressos grátis para ver a Beyoncé só aparecem uma vez na vida), mas não confunda "obter ajuda" com riscar uma tarefa da sua lista. Afinal, quando o "ajudante" cancela de última hora ou se demite, a tarefa volta inteiramente para você.

REDEFININDO O TEMPO: Pesquisar, planejar, agendar, administrar, manter a comunicação e o relacionamento, além de delegar a responsabilidade para outra pessoa e às vezes pagar pela "ajuda", exige muito tempo.

» Quarta mensagem nociva: "Você passa o dia em atividades desnecessárias"

Frequentemente ouço homens dizendo sobre as parceiras: "Ela perde tempo com tantas atividades desnecessárias", sugerindo o clichê da "gastadora profissional" que faz compras fúteis ou o da mulher com "TOC" que é irrealisticamente dedicada a deixar a casa "perfeita".

Tentando saber mais sobre esse tipo de mensagem, comecei a perguntar aos homens: "O quê, por exemplo? Quais atividades são desnecessárias?" Nove em cada dez vezes recebi um olhar perdido ou um resposta esquiva: "Você sabe!" Para ajudar meus entrevistados a definir como as esposas estariam gastando tempo e dinheiro em tarefas e produtos não essenciais para o lar, comecei a mostrar a eles minha lista cada vez maior de tarefas domésticas. Comprar roupas novas para o filho? Que tal abrir e separar as correspondências? Consertar o vazamento na torneira? Alguma coisa nessa lista parece desnecessária pra você?

Durante uma dessas conversas, Matt, de Chicago, cruzou os braços e apontou para os "bilhetes de agradecimento":

— Certo, *essa é uma delas*.

Na mesma hora lembrei que o meu marido reagiu de modo parecido a essa tarefa específica de trabalho emocional. "Eu não vou fazer isso!", afirmou Seth. Tentei interpretar a resposta de Matt:

— Você quer dizer que bilhetes de agradecimento são desnecessários? Até para presentes de aniversário, professores ou parentes especiais?

— Bom, não. Minha mulher escreve esses bilhetes.

— Mas você acha desnecessário?

— Não *necessariamente* — Matt tentou fazer piada — Mas não é algo que eu vá fazer.

— Tudo bem, mas, se você não faz, então ela precisa fazer?

Matt cruzou os braços de novo e deu um suspiro.

— Bom, acho que sim.

— E por que isso precisa ser feito? — pressionei.

— Bom, porque procuramos ensinar nossos filhos a exercer a gratidão, e isso significa agradecer — explicou Matt, como se fosse óbvio.

REDEFININDO O TEMPO: Se decidirmos juntos que uma tarefa relacionada à casa ou aos filhos não é importante para nossa vida, abriremos mão dela (afinal, não é preciso fazer tudo), mas, se concordarmos que ela tem valor ou é necessária para manter a vida familiar em ordem, então ela não é perda de tempo para nenhum de nós.

» Quinta mensagem nociva: "Eu ajudo você, claro. Quando puder"

"Ele diz que quer ajudar, mas não quer que o apressem. Meu marido quer 'ajudar' quando for conveniente para ele", reclamou Rachel enquanto esperávamos o ônibus da escola trazer as crianças. Ela não está sozinha nessa. Pesquisas sobre a divisão do trabalho por gênero mostram que os homens se dispõem a fazer o trabalho doméstico *quando acharem melhor*, enquanto as mulheres assumem as responsabilidades que não podem ser reagendadas ou remanejadas, consequentemente abrindo mão do direito de escolher quais tarefas fazer. Por exemplo:

Levar e buscar o filho na escola;
Levar o filho ao médico quando está doente;
Dar banho e colocar o filho para dormir;
Preparar refeições;
Ajudar com o dever de casa.

Chamo essas tarefas fixas de **Luta Diária**, e (que surpresa!) elas competem desproporcionalmente às mulheres. Em qualquer dia, existem umas trinta funções que sugam tempo e *precisam ser feitas* de modo regular, repetitivo e muitas delas em um horário bastante específico. Por exemplo, não é possível buscar os filhos na escola no horário mais conveniente para você. A menos, é claro, que você queira conhecer a equipe do Conselho Tutelar da sua cidade.

Agora, pense nas tarefas frequentemente escolhidas por maridos e pais, conforme relatado nas minhas entrevistas, porque eles podem decidir o melhor momento para fazê-las ou terceirizá-las. Em outras palavras, *Eu ajudo você, claro. Quando puder:*

Paisagismo e cuidados com o jardim;
Equipamentos eletrônicos e tecnologia em geral;
Manutenção do veículo;
Armazenamento.

Não estou dizendo que esses trabalhos sejam desprovidos de valor, mas colocar o jantar na mesa *precisa acontecer todos os dias* de modo consistente, exigindo mais horas de concepção, planejamento e execução se comparado ao trabalho de, digamos, mudar o lugar em que os pisca-piscas de Natal estão guardados na garagem.

REDEFININDO O TEMPO: Meu tempo vale tanto quanto o seu. A justiça consiste em dividir as tarefas da Luta Diária. Quando tenho mais escolhas para usar meu tempo, eu me sinto respeitada.

» Sexta mensagem nociva: "Eu sustento a casa"

"Ela não tem motivos para reclamar" foi algo que eu ouvi muito de homens que eram os principais provedores do lar. "Eu tenho a preocupação de botar comida na mesa." Em outras palavras, a contribuição financeira possibilita a vida da esposa e da família. *Mas espera aí,* quem está realmente botando comida na mesa, em termos de planejar refeições, comprar alimentos no supermercado e preparar o café da manhã, almoço e jantar? Dos casais com quem falei, a mulher costuma ser a responsável por essas cartas, e, como uma delas lembrou, "O trabalho de manter os filhos alimentados e vivos todos os dias, *esse sim*, é estressante."

Então talvez seja o contrário: ela proporciona a *sua* vida. Os provedores, maridos e pais com quem conversei podem se concentrar na carreira porque as esposas carregam a maior parte da carga mental e física de manter a vida doméstica em ordem. Isso fica particularmente visível com viúvos, que eu fiz questão de procurar para perguntar: o que mudou depois que sua mulher faleceu? A maioria admitiu não ter mais o mesmo tempo livre para se concentrar exclusivamente na carreira. Além disso, como destaca a autora Gemma Hartley em *Fed Up* [De saco cheio, em tradução livre]: "Viúvos e divorciados não vivem tão bem quanto viúvas e divorciadas porque a saúde, o conforto e os laços sociais ficam prejudicados sem as parceiras que dedicavam tempo para gerenciar a vida deles."

REDEFININDO O TEMPO: Nós dois dedicamos tempo para que a vida em família funcione para todos.

PARA PENSAR: O CASO DA PENSÃO ALIMENTÍCIA E DA MELECA LARANJA

O aniversário da minha mãe estava chegando e eu perguntei o que ela gostaria de ganhar: "Adoraria renovar o estoque do meu creme favorito da Mary Kay", disse ela.

— A meleca laranja? — perguntei. Mamãe usava o mesmo creme facial da Mary Kay antes de dormir desde que eu me entendia por gente. Eu costumava vê-la usando o produto à luz suave da penteadeira. Depois de aplicado, ele dava um tom levemente alaranjado à pele, por isso eu o batizei, de brincadeira, de "meleca laranja". Após algumas tentativas fracassadas de encontrá-lo na internet, procurei uma revendedora da Mary Kay para me ajudar a encontrar o creme milagroso da minha mãe.

Enquanto Camilla procurava o produto no estoque, nós começamos a bater papo e, como frequentemente acontece entre mulheres, logo passamos a falar da vida pessoal. Expliquei a premissa do Fair Play e ela diminuiu o tom de voz, dizendo:

— Isso poderia ter me ajudado há vinte anos. Estou me divorciando.

— Ah, sinto muito.

— Bom, essa não é a pior parte. Ele não vai pagar pensão alimentícia.

Como é que é?

Camilla deixou um emprego remunerado na área de saúde após a chegada dos filhos. Ela explicou, resignada:

— Não valia a pena trabalhar. Minha renda anual não daria para pagar uma babá ou creche.

Já ouvi esse argumento antes. No editorial do *New York Times* "Day Care for All" ["Creche para todos", em tradução livre], Katha Pollit escreveu: "Observe o machismo inconsciente embutido nesse cálculo: o custo de uma creche não deve ser medido apenas em relação ao salário da mãe. Ele também é responsabilidade do pai." Pam Stone, colega da minha mãe e autora de *Opting Out?: Why Women Really Quit Careers and Head Home* [Escolha própria?: Por que as mulheres abandonam a carreira e voltam para o lar, em tradução livre], apresentou um argumento semelhante: "Por que o valor da creche é sempre comparado ao salário da mãe, como se ela fosse a única responsável por 'pagar' sua substituta em casa? Os pais também se beneficiam do trabalho de um cuidador externo, então por que eles não dividem os custos?" Guardei esse argumento para mim, enquanto Camilla explicava que fez o trabalho não remunerado de criar os filhos e administrar a casa por 17 anos enquanto o marido sustentava financeiramente a família trabalhando como gerente de segurança de sistemas.

— Nós nunca fomos ricos, de forma alguma, mas o meu marido ganhava um salário decente, que me permitia ficar em casa cuidando dos filhos — contou ela.

Então, após quase duas décadas juntos, eles decidiram se divorciar. Quando estavam diante do juiz para decidir os termos do acordo, o seguinte aconteceu:

— Ele disse ao juiz que não iria pagar pensão. Entrei em pânico e perguntei: "Como assim? Eu deixei de trabalhar para criar a nossa família, conseguir pegar as crianças na escola e levá-las para fazer esportes, além de cuidar da casa."

— E o que ele disse? — perguntei, ansiosa.

— Ele falou: "Isso foi escolha sua", e o juiz aceitou que ele não pagasse a pensão.

Como assim?

— Eu seria obrigada a me sustentar e pensei: *O que faço agora? Como vou ganhar a vida?* Eu sabia que não poderia simplesmente voltar à área de saúde e ganhar um salário competitivo. Após quase duas décadas, meu conhecimento estava desatualizado.

— Então o que você fez?

— Corri atrás. Virei revendedora da Mary Kay de segunda a sexta, sou motorista do aplicativo Lyft nos fins de semana e, à noite, faço curso de enfermagem à distância. Estou conseguindo me sustentar, mas preciso dizer: quando fiquei diante do juiz naquele dia, senti que o trabalho que fiz todos aqueles anos não valia nada. Ele deixou claro que eu não sustentava a casa financeiramente, mas não existe valor em criar bons seres humanos? — questionou Camilla, sem rodeios.

A cada hora que o marido trabalhava fora de casa, Camilla trabalhava em casa, mas, quando as contribuições individuais foram colocadas lado a lado, o fato de Camilla ter escolhido usar seu tempo a serviço da família foi considerado muito menos valioso.

O que você acha? Isso é *justo*?

» Sétima mensagem nociva: "Essa obrigação é minha"

Podemos acusar nossos parceiros e a sociedade, mas as mulheres também precisam assumir uma parte da culpa. A verdade é que muitas de nós assumem uma parte desigual do trabalho doméstico porque inconscientemente internalizamos algumas mensagens bastante nocivas.

Quando voltei a trabalhar em tempo integral após o nascimento do nosso segundo filho, assumi a responsabilidade de fazer desse retorno ao mundo corporativo um acontecimento tranquilo para a família. Arranjei sozinha a pessoa para cuidar dos nossos filhos em casa e mudei a agenda para conseguir fazer todas as reuniões e voltar para casa pouco depois das cinco da tarde. Eu gostei de retornar ao trabalho e de conseguir tempo para passar a noite com a família, e fiz de tudo para que essa escolha não atrapalhasse meu marido ou interferisse no meu papel de mãe. E foi basicamente o que aconteceu: Seth continuou a sair para trabalhar às 7h30 da manhã, enquanto eu adiei o início do meu horário para as 9h30, ganhando mais tempo para alimentar o bebê, levar o filho mais velho para a escola, tentar fazer amizade com outras mães na porta da escola e depois sair para trabalhar. Todos os dias eu lutava para estar ao mesmo tempo "ligada" no escritório e "de plantão" em casa, e nunca pedi a Seth para mudar o horário de trabalho a fim de ajudar na criação de dois filhos em uma casa em que os dois pais trabalhavam fora.

Olhando para trás: eu estava *doida*?

Por que eu não pedi ajuda? Quer dizer, ele era tão responsável pela criação dessas crianças quanto eu.

Eu argumentava que, no fim das contas, meu marido ganhava mais. (Primeira mensagem nociva: "Tempo é dinheiro.") Além disso, como boa mãe que faz tudo, eu imaginei que cuidar da casa e dos filhos era *obrigação minha.*

Seth não discordava. Na verdade, ele aplaudia "tudo o que você faz, amor", um sentimento frequente nas minhas entrevistas com maridos e pais. Também ouvi vários outros homens dizendo: "Eu me orgulho de como a minha mulher equilibra bem o trabalho e a família dela." Espera aí: a família *dela*? Percebi que o suposto elogio sincero era apenas uma versão mais bonita da frase: *o seu tempo não é igual ao meu.*

Na época eu tinha internalizado tanto a mensagem do "essa obrigação é minha" que nem questionava minhas atitudes. Nunca me passou pela cabeça que poderia ser diferente, e sei que não estou sozinha. Muitas de nós usam inconscientemente o "essa é minha obrigação" como desculpa para desvalorizar o próprio tempo.

> Meu parceiro sai cedo e trabalha até tarde. Eu não poderia pedir a ele para ________________ (preencha o espaço).
>
> Meu parceiro viaja muito. Quando ele está fora, não tenho outra escolha a não ser fazer tudo.
>
> O trabalho do meu parceiro é mais estressante, por isso não quero pedir a ele para fazer mais tarefas em casa.
>
> Meu parceiro fica no escritório o dia inteiro, então eu cuido da casa.
>
> Ele é muito ocupado. Não quero perturbar ou atrapalhá-lo.
> Quando não tem aula ou a babá não aparece, definitivamente *é obrigação minha* cuidar disso.

Se você pensar bem, nenhuma dessas desculpas do tipo "ele não está disponível" funciona. Agradeço a Tiffany Dufu, catalisadora de liderança feminina e autora de *Deixe a peteca cair*, por ter ido direto ao ponto: "Na era digital, a desculpa do 'ele não está em casa' não precisa mais dispensar os homens de participar totalmente da vida doméstica", explica ela. "A ideia de que nossos maridos não podem se envolver na vida doméstica por estarem no trabalho não leva em conta que a tecnologia pode deixá-los informados em todos os lugares."

É claro que não dá para colocar a roupa na máquina usando um aplicativo no celular (pelo menos não por enquanto), mas os maridos que saem de casa cedo, trabalham até tarde, viajam muito de avião ou de carro certamente podem usar a tecnologia que está na ponta dos dedos para pagar a mensalidade escolar, responder e-mails de professores e fazer reservas e planos para o fim de semana. Com o clique de um botão eles podem comprar alimentos, fraldas, marcar a lavagem a seco ou até chamar um "marido de aluguel". Não é assim que fazem? Não falei no início deste livro que tentei gerenciar uma instalação de TV por assinatura pelo FaceTime *enquanto embarcava em um avião*?

REDEFININDO O TEMPO: Nem tudo é obrigação minha. A casa e a família são responsabilidades que cabem a nós dois.

» Oitava mensagem nociva: "Eu faço melhor"

Eu faço melhor e mais rápido.
Sou especialista em multitarefa.
Meu cérebro funciona de modo diferente.
Eu consigo fazer *TUDO*.

Posso dizer uma coisa? Se você acredita em tudo isso, não tem tempo para nada.

Uma pesquisa realizada pela revista *Real Simple* e o Families and Work Institute apontou que 39% das mulheres delegam tarefas domésticas para os filhos, enquanto apenas 26% pedem aos parceiros para desempenhar as mesmas tarefas. Quando se trata de dividir o trabalho doméstico, esperamos mais de nossos filhos do que dos nossos parceiros. Se o seu marido desvaloriza o seu tempo porque não sabe tudo o que você faz, pense que uma parte da culpa pode ser sua. Afinal, você subvaloriza a capacidade dele ("Eu consigo fazer melhor"), permite a negligência dele ("Deixa pra lá, eu mesma faço") e não consegue delegar ("Eu sempre faço, então vou continuar fazendo").

Admita: mesmo cansadas e sobrecarregadas, nós gostamos de nos gabar por tudo o que fazemos e alardear aos quatro ventos que as mulheres são *melhores* para cuidar de tudo. Mas aí é que está: não existem dados consistentes provando que mulheres são melhores em ser multitarefa do que homens; isso é apenas algo que dizemos às amigas durante um café para aliviar o fato de estarmos sobrecarregadas.

Para ter certeza de que não perdi alguma pesquisa importante confirmando a ideia de que eu fazia mais tarefas domésticas por apresentar uma função executiva cerebral superior, consultei o Dr. Pat Levitt, um dos especialistas em neurociência mais renomados dos Estados Unidos. Além de Ph.D., Levitt também é cientista-chefe, vice-presidente e diretor do Instituto de Pesquisa Saban, Catedrático em Neurogenética do Desenvolvimento no Children's Hospital Los Angeles com bolsa do Instituto Simms/Mann; Professor de Neurogenética com bolsa da W.M. Keck e editor-chefe do periódico *Mind, Brain, and Education.*

Acho que ele deve entender do assunto. E Levitt não viu motivos para concordar comigo.

— Não conheço pesquisa alguma indicando que as mulheres são melhores do que os homens em desempenhar várias tarefas ao mesmo tempo. Na verdade, a multitarefa é ruim para todos, porque o cérebro não é feito para lidar com mais de uma tarefa complexa por vez. Até foram realizados estudos para saber se as mulheres são melhores nisso, mas nada foi provado. Meu palpite é que as mulheres cuidam mais do lar e das tarefas domésticas não porque sua variação biológica faz com que elas sejam melhores nisso, e sim por influência cultural. Elas aceitaram a ideia de que são melhores nisso e acreditam nessa ideia — disse ele, bem direto.

REDEFININDO O TEMPO: Para recuperar uma parte do meu tempo, eu preciso parar de me identificar com o papel de especialista em ser multitarefa. (As pesquisas mais recentes não mostram qualquer diferença de função executiva do cérebro entre os sexos.) Então, vamos unir nossa capacidade cerebral para aumentar a eficiência.

PARA PENSAR: O MISTERIOSO CASO DO TEMPO ACHADO E PERDIDO

Scott e Michelle são colegas que conheci depois da faculdade, donos de uma produtora de cinema e TV em Santa Fé, no Novo México. Ambos preparam orçamentos, agendam, roteirizam, procuram profissionais, contratam elenco e equipe, distribuem e vendem os projetos da empresa e pelo menos uma vez por mês viajam separadamente a trabalho. Eles têm exatamente o mesmo trabalho e gastam o mesmo número de horas administrando a empresa. Na verdade, quando falam da parceria 50/50, eles se gabam bastante. Em uma viagem recente para Los Angeles, Scott me contou, enquanto comia um hambúrguer:

— Como sócios, nós sempre fizemos questão de dividir as responsabilidades de forma justa.

Em casa, contudo, era outra história. Scott e Michelle também são casados e têm três filhos, entre 3 e 9 anos. Você consegue adivinhar quem assume a responsabilidade pelo "trabalho" em casa?

Michelle. E ela fica com quase 100% das tarefas. Veja como é o dia de trabalho dela, comparado ao do marido.

» AGENDA DO SCOTT «

8h30: Reunião com o produtor para falar sobre os planos de hoje
9h: Reunião para discutir sugestões em um roteiro
10h30 às 13h: Sessão de escolha de elenco
13h: Almoço com diretor de fotografia para falar sobre as câmeras
14h30: Ligação para o diretor do filme com locação em Toronto
15h30: Ligação para a Amazon Studios sobre a definição de um roteiro
16h30: Ligação sobre o orçamento do filme em Toronto
17h: Carro para o LAX
17h30: Reunião por telefone com a equipe de roteiristas
18h30: Voo para Toronto

» AGENDA DA MICHELLE «

8h30: Reunião com o produtor para falar sobre os planos de hoje
9h: Reunião para discutir sugestões em um roteiro
***9h30:** Intervalo reservado para ligar para o alergista da família e encomendar outro inalador para asma*
10h30 às 13h: Sessão de escolha de elenco
***12h:** Intervalo para ir correndo até a farmácia*
13h: Almoço com o diretor de fotografia para falar sobre as câmeras

***13h30:** *Intervalo para fazer ligações confirmando a babá de hoje à noite*
14h30: Ligação para o diretor do filme com locação em Toronto
15h30: Ligação para a Amazon Studios sobre a definição de um roteiro
***16h:** *Intervalo para ir correndo até o banco*
16h30: Ligação sobre o orçamento do filme em Toronto
17h: Sair do escritório
***17h30:** *Comprar o jantar*
***18h30:** *Ir para casa render a babá e jantar*
***19h30:** *Dar banho nas crianças e colocá-las para dormir*
***20h30:** *Fazer as malas para Toronto*
***22h:** *Preparar as roupas das crianças, separar a louça para o café da manhã e fazer o café*
00h00: Dormir

Nesse dia específico, como Scott tinha um voo, Michelle voltou para casa a fim de terminar os detalhes relacionados à mudança da família para Toronto, locação onde seria realizado o filme em que eles estavam trabalhando. Ela fez as malas, mas, nos três meses anteriores, além de tudo o que já fazia em um dia, ela tinha passado muitas horas extras encontrando escolas temporárias para os filhos e fazendo as matrículas, conseguindo vistos, procurando uma casa para alugar e um milhão de outros detalhes pequenos e grandes, a fim de que a mudança da família acontecesse sem sobressaltos. E ela fez tudo isso sozinha.

Quando perguntei por que a responsabilidade em casa era gerenciada de modo tão diferente do que faziam na empresa, Michelle foi sincera:

— O Scott é tão ocupado com a empresa e está sempre tão estressado que não tem tempo. Eu sou melhor para administrar tudo isso, então eu faço para ganhar tempo.

— Mas vocês passam o mesmo tempo no trabalho. Então como você tem *mais tempo* que o Scott? — perguntei, apontando o óbvio.

— Eu não tenho, mas acho que eu encontro tempo — admitiu Michelle.

Cara leitora, uma pessoa só pode "encontrar" tempo em um mundo onde o tempo é infinito, capaz de se expandir e contrair como em um filme de ficção científica. Não vivemos em um mundo assim. Correndo o risco de parecer redundante e um pouco macabra, nosso tempo na Terra é finito. Cada um tem uma vida preciosa com horas limitadas em cada dia, que também é precioso. Se você encontrar *mais* tempo, por favor me avise e vou informar essa descoberta científica revolucionária à Michelle e aos outros casais que entrevistei que dividem profissões mas não têm a mesma carga de trabalho em casa.

Vamos voltar a discutir se um casal pode dividir igualmente o trabalho doméstico de modo realista. Alerta de spoiler: esse objetivo é tão ficção científica quanto a ideia de tempo infinito. A boa notícia é que isso não importa. **O sistema Fair Play facilita a equidade, não a igualdade.** Falaremos disso com muito mais detalhes adiante.

» Nona mensagem nociva: "Vou economizar tempo se eu fizer isso"

"Você pode entender o motivo pelo qual uma pessoa pensa que, em vez de perder tempo para ensinar o parceiro a fazer ou refazer algo, ela pode simplesmente ir lá e fazer. Ou, no tempo que ele leva para fazer ou refazer algo, eu posso fazer mais rápido e isso vai poupar tempo. O problema com esse pensamento é que poupar tempo agora vai dificultar a divisão do trabalho no futuro", argumenta Dan Ariely, autor de livros de sucesso e professor de Economia Comportamental na Duke University, que fez uma pausa na escrita de seu próximo livro para conversar comigo.

Ariely aconselha os casais a pararem de pensar a curto prazo. Em vez de "Vou trocar a areia da caixa do gato porque sei onde estão a pá e o saco de areia", pense no objetivo de longo prazo. Se algum dia você quiser se livrar do trabalho de lidar com a caixa de areia do gato, precisará reservar um tempo *hoje* para ensinar o que é necessário para fazer o trabalho do início ao fim. Só então vocês podem se responsabilizar pela tarefa. Distribuir e assumir a responsabilidade total pelas cartas (você vai aprender a fazer isso mais tarde) não só facilita a colaboração, com os dois parceiros dividindo a vez igualmente para esvaziar a caixa de areia do gato sem lembretes e reclamações, como a responsabilidade individual promove uma parceria feliz, em que ambos valorizam o tempo um do outro da mesma forma (o que é o mais importante).

REDEFININDO O TEMPO: Nós dois temos pouco tempo, então vamos trabalhar para usar melhor o que temos e gerenciar esse tempo valioso a longo prazo. Ao reservar um tempo hoje para aprender o Fair Play, dividiremos melhor a carga de trabalho da família no futuro.

» Décima mensagem nociva: "Eu deveria gastar meu tempo em..."

Quando tenho oportunidade, gosto de fazer a seguinte pergunta aos homens: "Se você fosse obrigado a estender a viagem de trabalho por um dia e pegar um voo de volta para casa só na manhã seguinte, sentiria culpa e vergonha por isso?"

Geralmente recebo uma reação de espanto.

Então, pergunto de modo mais direto: "Você sentiria culpa por não voltar para casa, não estar presente para colocar seus filhos para dormir e não vê-los por mais uma noite?"

"Bom, claro que eu sentiria saudade delas, mas por que eu sentiria culpa e vergonha por isso?", respondem eles, dando de ombros.

Por outro lado, quando faço a mesma pergunta às mulheres, quase todas respondem com alguma versão de "Nossa, eu ficaria péssima" e já sentem remorso só de pensar na possibilidade.

Claro que podemos sentir saudade dos filhos e ficar tristes por deixá-los em casa para trabalhar ou cumprir outras obrigações e responsabilidades, mas a maioria das mulheres com quem falei se identificava mais com a culpa e a vergonha, emoções que estão frequentemente vinculadas e identificadas com ser mãe, e, especialmente uma mãe que trabalha fora. Segundo uma pesquisa recente sobre a culpa materna, as mães que trabalham fora se sentem muito mais culpadas do que os pais na mesma situação, especialmente em relação a perder momentos em que "deveriam estar lá". Perder o aniversário de um filho? *Sacrilégio!*

Kim Brooks, autora de *Small Animals: Parenthood in the Age of Fear* [Pequenos animais: A criação de filhos na era do medo, em tradução livre], definiu perfeitamente essa diferença: "O pai que se distrai com [...] a infinidade de interesses e obrigações da vida adulta está sendo pai. A mãe que faz o mesmo está prejudicando os filhos." Ainda hoje se espera que a chamada "boa mãe" passe o máximo de tempo possível a serviço da família, e muitas vezes ela é julgada pela sociedade, comunidade, pelos colegas e pelo marido se escolhe passar o tempo de outra forma. Lindsay, de Houston, conta a reação da sogra quando ela viaja a trabalho: *Vai abandonar os filhos de novo?* "Eu já me sinto mal antes mesmo da chantagem emocional dela!"

Pense em outro cenário para a mãe que trabalha fora: os colegas pedem a sua presença na *happy hour*. Você adoraria fazer um *networking* casual com um drinque, mas, antes de aceitar usar o tempo de um modo que beneficiaria a sua carreira, as palavras "Eu realmente deveria..." saem da sua boca. É a nuvem da intromissão doméstica, alimentada pelos ventos pesados da culpa e da vergonha, aparecendo para lembrar você de tudo o que *deveria* estar fazendo em prol da família ou para trazer ordem ao lar. O risco de ignorar essa tempestade é todo seu. *Se eu sair para beber, não vou ler historinhas para a Grace dormir.* Surge a culpa. Ou, se você for, surge a vergonha por não se sentir culpada!

Se não tiver cuidado, a intromissão doméstica sempre vai te encurralar. O resultado é que você passa menos tempo se dedicando à carreira e aos eventos sociais e provavelmente não se permite fazer uma pausa mental e cuidar de si. Uma hora na academia, um almoço com uma amiga ou uma tarde no salão de beleza? Não sem os ventos terríveis da culpa e da vergonha. Quando o site *Macaroni Kid* fez uma pesquisa com mais de 8.500 mães, 90,4% disseram cuidar melhor da família do que de si mesmas e 25% admitiram não ter feito nada para si em mais de *um ano*. Além dessa, houve outra descoberta assustadora: os pais gastam *mais tempo* relaxando, enquanto as mães trabalham nas tarefas invisíveis para a família. Obrigada, mãe.

PARA PENSAR: O CASO DO MAU DIA NO SALÃO DE BELEZA

Era um sábado à tarde e eu estava sentada no meu salão de beleza favorito, esperando a minha vez e curtindo uma hora mágica para ter o luxo merecido de cuidar de mim.

— Estou esperando por isso há dois meses. Ganhei esse cartão-presente no meu aniversário, mas não conseguia ficar uma tarde longe dos filhos em um fim de semana — confidenciei à senhora sentada tranquilamente ao meu lado.

Ela deu um sorriso de quem sabia do que eu estava falando:

— Eu tenho netos. Quantos filhos você tem?

Levantei três dedos.

— Por isso eu levei tanto tempo para estar aqui.

— Nossa, quem está cuidando deles? — perguntou ela, espantada.

Eu pensei: *Alguém pergunta a um homem quem está cuidando dos filhos dele?* Eles supõem que a mãe tem tudo sob controle.

— O pai deles — respondi, bem direta.

— Ah, que legal. Ele parece um bom pai — comentou ela.

Mais uma vez, qual mãe ganha um elogio pelo ato de cuidar dos filhos? Por que os pais recebem muito mais reconhecimento e aplausos por serem pais? Pelo menos ela não disse que Seth estava "sendo babá", como já ouvi tantas mulheres falarem dos maridos quando estão cuidando dos próprios filhos.

Chateada pela disparidade injusta de valor entre o tempo dos pais e das mães, imaginei como me sentiria bem ao colocar os pés na água ensaboada. Quando estava começando a relaxar, uma sensação familiar me impediu de me entregar totalmente ao momento: a culpa. *Será que estou gastando tempo demais comigo?* O meu lado confiante respondeu: *Seth vai cuidar disso.* Imediatamente voltei para o momento antes de sair de casa, em que disse: "Divirta-se levando as crianças para brincar", enquanto saía pela porta. Agora, tentando não me preocupar e curtir a hora seguinte sozinha, eu realmente esperava que Seth tivesse trocado a roupa suja que Zach e Ben usaram no futebol, penteado o cabelo de Anna e, meu Deus, lembrado que não era mais para encontrar os coleguinhas no boliche e sim no rinque de patinação! Antes que a preocupação viesse com tudo, fui chamada para a próxima vaga na manicure. Enquanto pegava a bolsa e saía, minha vizinha disse, com uma doçura meio falsa:

— Divirta-se.

@PhillyD no Twitter: A melhor parte de ser pai é que posso fazer qualquer coisa e ouvir NOSSA, VOCÊ É O MELHOR PAI DO MUNDO!! Eu penso: por fazer um sanduíche para o meu filho? Enquanto isso, minha mulher, que faz 90% do trabalho, escreve no Twitter que precisa de uma hora para descansar e é criticada.

» O escudo da vergonha

Os "eu deveria estar fazendo algo diferente" da nossa conversa cultural são fortes. Por acaso, essa é uma das ferramentas mais poderosas e eficientes para evitar que a mulher lute pelo uso do seu tempo. Imaginando as críticas ou julgamentos que podem aparecer ao diminuir o tempo a serviço do lar e usá-lo em proveito próprio, muitas de nós ficam na defensiva, às vezes sem perceber. Uma olhada nas redes sociais provavelmente vai revelar que esse tipo de vergonha afeta incontáveis pessoas, inclusive das suas relações. Na minha rede eu encontrei uma variação do Escudo da Vergonha, que se desculpa por se afastar do que as mães "deveriam" estar fazendo:

> Muito triste por perder o primeiro dia de aula ☹ #mãeterrível #reencontrodafaculdade #saudadedascrianças

> Meu marido é um anjo. Cuida sozinho das crianças enquanto estou fora #Gratidão

> Um avião tranquilo e oito horas para mim... Adoro viajar a trabalho, mas #culpademãe

Quando procurei sentimentos parecidos em publicações feitas por homens, não encontrei qualquer ocorrência de #culpapaterna ou #paifracassado

REDEFININDO O TEMPO: Não preciso me sentir culpada pela forma de usar meu tempo. Quando a nuvem da tempestade doméstica ameaça me atacar e roubar o tempo que escolhi para beneficiar outros aspectos da minha identidade, eu me dou conta de que a culpa está associada à "irresponsabilidade na criação dos filhos". Contudo, uma boa mãe gasta o tempo a serviço da família *e de si mesma*.

DE VOLTA À JAQUETA DO BÊBADO

Na noite em que voltei para casa e me vi em pé na porta do quarto depois de tirar a jaqueta de um bêbado do meu jardim, questionei: *Por que essa função cabe a mim?*

Porque meu marido saiu muito cedo para trabalhar e não pôde fazer isso?

Porque era minha obrigação?

Porque sou melhor em ser multitarefas?

Porque os vizinhos vão me criticar?

Porque eu consigo fazer a tarefa mais rápido do que o tempo necessário para ensiná-lo a fazer isso?

Todas as respostas acima!

E o mais importante: eu considerava as tarefas domésticas obrigação minha porque também acreditava que o tempo do meu marido era mais valioso que o meu.

Isso precisava mudar.

Sentei perto dele na cama e disse em minha voz mais paciente: "Veja bem, nós dois temos 24 horas no dia. As horas da minha vida são tão valiosas quanto as suas e precisamos decidir a forma de usar esse tempo, que é finito, *certo*?"

Não, não foi o que eu disse. Teria sido perfeito demais. O que eu realmente disse foi um praticamente inaudível, mas claramente acusador "De nada", enquanto tirava as luvas de plástico e jogava ao pé da cama.

Não foi o meu melhor momento de mediação, mas, nos dias que vieram a seguir, consegui descrever o que estava sentindo. Depois de colocar as crianças para dormir, eu me sentei com Seth no sofá:

— Você se lembra de quando cheguei em casa bem tarde outro dia e peguei a jaqueta e a garrafa de cerveja daquele cara bêbado no jardim?

Seth me deu um daqueles olhares indicando que não estava lembrando. Continuei mesmo assim:

— Parecia que você esperava que eu passasse os últimos 12 minutos do meu dia a serviço da nossa casa. A impressão que ficou foi que você achava que eu tinha tempo para isso e você não.

Ainda bem que Seth não argumentou contra esse cálculo. Ele reconheceu que, entre ver o *SportsCenter* e o Instagram, havia tempo suficiente para calçar um par de luvas de borracha e tirar o lixo do jardim, mas me deixou fazer isso mesmo assim. Ele concordou que isso não era justo. Nesse momento, tudo começou a mudar em nossa casa. Daquela conversa em diante, Seth começou a observar e reconhecer que nós temos o mesmo número de horas e minutos em um dia (a frase "O tempo é igual para todos", que colei no espelho do banheiro, ajudou a solidificar a ideia). Como já disse anteriormente, reconfigurar o pensamento exige um esforço intencional. Então, sempre que Seth e eu voltávamos às mensagens nocivas como "Não tenho tempo", "Isso é obrigação sua" ou "Essa é *minha* obrigação", tentei reconfigurar a conversa com palavras que honrassem e respeitassem o que decidimos sobre gastar o tempo finito que temos. Eu finalmente entendi que o fato de ter gastado aqueles 12 minutos pegando a jaqueta e a garrafa de cerveja foi irrelevante. Eu não estava interessada em anotar o que estava fazendo minuto a minuto e jogar na cara do meu marido todas as noites para comparar nossa carga de trabalho diário. Eu só queria que valorizássemos nosso tempo da mesma maneira. Conseguir isso foi um processo, mas acabou virando o jogo.

Quando você e seu parceiro reconfiguram a forma de valorizar o tempo e imaginam um relacionamento mais justo, algo mágico acontece: vocês vão reequilibrar o relacionamento e dar um novo gás a ele e à vida como não faziam há anos.

Com mais tempo e espaço mental disponível, pense no que você poderia fazer.

4.

SEGUNDA REGRA: RECUPERE O DIREITO DE SER INTERESSANTE

Não se perca no embaralhamento.

PARA PENSAR: O CASO DOS ESQUIS EXTRAVIADOS

A felicidade de Josie estava nas alturas. Quando ela tinha 8 anos, os pais tinham bancado o luxo de um acampamento de inverno com aulas de esqui em Poconos. No fim do primeiro dia, Josie se recusou a descer da montanha, pois estava em êxtase. Quando ficou mais velha, o amor pelo esporte não diminuiu e seus pais apoiaram sua obsessão pelo esqui enquanto puderam bancar. Josie também fazia o que podia: ela treinou tanto enquanto estudava que conseguiu uma bolsa para ser atleta na Universidade de Vermont. Ficou empolgadíssima por entrar na equipe de esqui de montanha.

Corta para o casamento e os filhos e Josie não só trocou o brilho das pistas avançadas pelo da aliança como agora mal tinha tempo para se arriscar nas pistas fáceis. Com quase dez anos de casada, ela sentia uma perda profunda e tinha saudade da pessoa que tinha sido um dia, então planejou uma viagem de férias para um resort de esqui com a família. À medida que a data se aproximava, ela se empolgava cada vez mais por apresentar aos filhos o esporte que tanto amava e fazer um retorno muito esperado àquilo que a fazia tão feliz.

No dia da viagem, o voo de Tampa para a Filadélfia levou mais tempo que o esperado. Os atrasos e as conexões deixaram todos mal-humorados. Quando o avião começou a aterrissar, os dois filhos mais velhos de Josie estavam fazendo bagunça nos corredores, jogando salgadinhos nas comissárias de bordo e um no outro. O caçula de 1 ano se juntou aos irmãos, e bem nessa hora os seios de Josie começaram a vazar leite, sujando a blusa. O marido, que costumava ser bastante solícito, também estava de péssimo humor.

Após pegar as cinco malas, o carrinho duplo, os brinquedos e as cadeirinhas enquanto tentava desesperadamente abrir um saco de salgadinho para acalmar as crianças (*por favor, Deus, espero que dê certo*), ela percebeu que os esquis não apareceram na esteira de bagagem. O equipamento, tão utilizado em Vermont, e que Josie tinha transportado com todo o carinho por muitos anos e vários quilômetros mágicos tinha se extraviado.

— Eles deviam ter vindo com a bagagem de tamanhos especiais — disse ela, virando para o marido.

Ele deu de ombros, pegou um punhado de salgadinhos no pacote e disse:

— E agora?

Josie olhou para o bebê cansado que precisava mamar, viu os filhos de 5 e 7 anos correndo em volta das esteiras de bagagem como animais selvagens e o marido, que parecia atônito. Ele não estava impedindo a esposa de procurar os esquis, mas não estava se oferecendo de modo magnânimo para fazer isso.

Ela cedeu:

— Esquece. Não vale a pena. Vamos embora.

Josie saiu do aeroporto sem os adorados esquis, mais uma vez deixando uma parte de si para trás (eles acabaram voltando para Tampa duas semanas depois). Ela passou as férias no resort de esqui bem longe das pistas, cuidando do bebê, enquanto o marido tentou fazer os filhos se interessarem pelo esporte. Eles rapidamente se entediaram e desistiram das aulas, dizendo: "Preferimos fazer bonecos de neve." Afinal, esquiar é o esporte da mamãe. Ou, pelo menos, era.

RECUPERANDO O DIREITO DE SER INTERESSANTE

Como aconteceu com Josie, eu também já tinha alguns filhos quando percebi que tinha "desligado o interruptor", deixando de ser uma pessoa vibrante e me transformando em uma versão mais invisível de mim mesma. Ao descobrir isso, reagi como uma mulher com medo de enfrentar a verdade: de modo defensivo. Eu resmungava sozinha enquanto dirigia: "Mas quem tem *tempo* para abrir uma nova empresa quando preciso pegar as crianças na escola todos os dias no fim da tarde e às 14h nas quartas-feiras? Quem tem horas livres para ir a reuniões noturnas com o intuito de eleger mais mulheres para mandatos políticos quando meu filho de 7 anos precisa de ajuda com o dever de casa? Quem tem cabeça para pensar em sonhos e objetivos de longo prazo quando nenhum médico consegue descobrir por que minha cicatriz da cesariana ainda não se curou depois de cinco anos?"

Ainda sentia que trabalhava demais em casa e no escritório e estava um pouco (ok, muito) furiosa com meu marido por agir, mesmo inconscientemente, como se a maioria do serviço doméstico fosse "obrigação minha". Contudo, eu também sentia raiva de *mim*. Onde estava a mulher que eu tinha orgulho de ser? A mulher por quem eu me apaixonei? Eu estava em luto pela minha antiga identidade, sentia falta dela desesperadamente e tinha um medo: será que conseguiria voltar para essa identidade no contexto da minha nova vida com filhos?

A primeira regra do Fair Play foi feita para você e seu parceiro reconhecerem que o tempo é igual para todos, seja ganhando um contracheque ou acariciando a testa de uma criança doente. E, quando isso for decidido de comum acordo por vocês dois, deixe-me contar algo ainda mais animador: o motivo mais importante para repensar a vida pelas lentes do Fair Play é permitir que você recupere o direito de ser interessante e estar interessada.

Como assim? No início da minha pesquisa, conversei com uma mulher chamada Ellen, que tinha uma empresa pequena (porém em franca expansão) de design de interiores antes de se casar com um investidor de imóveis prestes a virar multimilionário. Procurei falar com alguém de extremo privilégio econômico para me ajudar a responder à pergunta: *O dinheiro muda tudo? Se a mulher pode "terceirizar" uma parte significativa do cuidado com os filhos e a casa, ela se sente menos sobrecarregada?* Eu sabia que a luta diária era árdua para minha mãe solo de classe média baixa. Será que o peso do trabalho invisível não afetava tanto os mais ricos?

No entanto, ao longo do nosso almoço percebi que mesmo a mulher com recursos para ter *muita* ajuda ainda sofre com a privação de tempo, e, no caso de Ellen, ainda recebe todas as mensagens nocivas que mencionei até agora. Pouco tempo depois do casamento, o marido sugeriu que ela abandonasse a empresa, dizendo: "Não vale a pena." Ele argumentou que não precisava dos ganhos da mulher para manter o estilo de vida dos dois e que, se não trabalhasse fora, ela poderia usar melhor o tempo para administrar a casa e criar os filhos.

A princípio Ellen hesitou, pois se orgulhava da empresa que tinha fundado. Afinal, ela tinha sido a primeira pessoa da família a cursar a universidade; ganhou uma bolsa para um famoso curso de design no Meio-Oeste dos Estados Unidos. Mas e se o marido tivesse razão? Ela não *precisava* mais trabalhar, então redirecionar tempo e energia para o lar a fim de facilitar a vida do marido (e consequentemente deixá-lo mais feliz e bem-sucedido) talvez fosse uma troca justa.

Ellen acabou abrindo mão da empresa de design, junto com a base de clientes que construiu com tanto esforço. O trabalho doméstico era exigente, exaustivo e, no fim das contas, muito mais intenso que um emprego em tempo integral. Por 15 anos, Ellen trabalhou incansavelmente em casa, tomando conta dos dois filhos pequenos e administrando a casa em uma nuvem invisível de competência. Todo dia os filhos estavam na escola no horário, arrumados, com o dever de casa feito e exibindo a tranquilidade de quem sabe que a mãe está à disposição para buscá-los se ficarem doentes e que, caso isso aconteça, eles receberão tratamento especial em casa.

Ano após ano, presentes muito bem escolhidos e lindamente embalados surgiam na hora certa para acompanhar crianças a incontáveis festas de aniversário ou marcar momentos importantes na vida de vários parentes. Todo Natal e Ano-Novo, cartão com fotos profissionais da família eram impressos e enviados pelo correio bem antes da correria anual. Todo verão, as malas eram magicamente feitas e as crianças enviadas para colônias de férias. Naturalmente, todos os eventos sociais, compromissos filantrópicos e reuniões de pais e mestres contavam com a presença dela, até o dia em que o marido de Ellen ingratamente pediu o divórcio.

Quando perguntei a Ellen por que o casamento terminou, ela fez uma pausa para refletir e, com tristeza na voz, disse:

— Sinceramente, eu acredito que perdi o direito de ser interessante.

Ela explicou que no começo se sentiu preenchida pela função de esposa e mãe e viveu indiretamente através do sucesso profissional do marido. Mais de quinze anos depois, contudo, ela reconheceu que perdeu a identidade de mulher vibrante e entusiasmada que tinha trabalhado tanto para conseguir (e por quem o marido tinha se apaixonado). Ao longo dos anos, ela se afastou de interesses e talentos que não estivessem relacionados a ser mãe e às responsabilidades com a casa e a família. No fim das contas, ela ficou em segundo plano na própria vida.

A pessoa de *antes* do casamento era apenas uma lembrança para os dois, e Ellen admitiu que sua contribuição para o relacionamento como dona de casa, esposa e mãe não era mais "interessante para o marido, para a comunidade e nem para mim". Ela se lembrou de um evento corporativo a que compareceu como acompanhante do marido:

— Nada que eu pudesse dizer se traduzia no círculo profissional dele — contou. Ela passou o dedo pela lista de "Tudo o que eu faço" que trouxe para o nosso almoço e apontou para "animais de estimação" e "serviços relacionados à escola".

— Ninguém queria saber como eu cuidava do cachorro da família que estava doente ou que plantei uma horta comunitária no jardim da escola do meu filho. Eles estavam mais empolgados com uma inovação tecnológica que eu desconhecia e com acontecimentos do noticiário que eu estava exausta demais para acompanhar. Eu sentia que não tinha nada a contribuir. Fiquei lá por várias horas, mal dizendo uma palavra enquanto várias pessoas "interessantes" tentavam interagir comigo, mas, com a incapacidade de acrescentar algo à conversa, uma a uma elas pediram licença para pegar outra bebida. Foi humilhante. De vez em quando alguém perguntava: "Você acha que vai voltar ao design de interiores?"As pessoas me definiam pelo meu *passado* em vez do presente.

— Precisei aprender do jeito mais difícil que ninguém precisa dar permissão para você ser interessante. É uma escolha que você faz — refletiu Ellen, com uma dose de arrependimento.

Leitora, deixe-me ser clara. Este não é outro debate do tipo "dona de casa *versus* mãe que trabalha fora". Nós fomos longe demais (e trabalhamos muito) para deixar que a luta interna entre mulheres nos destrua. O remorso de Ellen não era por ter ficado em casa com os filhos. Tinha a ver com ter deixado sua identidade para trás ao longo dos anos, permitindo que a parte vibrante, entusiasmada e fundamental de si mesma desaparecesse sem que ela se dessem conta.

O PARADOXO DA PERMISSÃO

Muito antes de o marido de Ellen pedir o divórcio, houve um momento em que ela decidiu lutar e defender o seu direito de ser interessante. Ellen descobriu um curso especializado em design de interiores que poderia reacender a mulher entusiasmada que estava dormente dentro dela. O problema? Como nos dias idílicos antes das redes sociais e do ensino à distância, o curso só era oferecido em Milão, na Itália. Mesmo assim, ela estava determinada a conseguir. Movida pela força do "é obrigação minha", Ellen conseguiu que a mãe cuidasse de sua casa durante a viagem e começou o árduo processo de contratar babás, passeadores de cachorro e professores de reforço para ficar de plantão caso mais ajuda fosse necessária, além de criar uma lista ampla de tarefas, escrita em um quadro branco, para garantir que absolutamente nada falhasse em sua ausência. Contudo, quando mostrou os planos ao marido, ele reagiu indignado: Como ela poderia abandonar os filhos de 6 e 9 anos *por duas semanas?* E se eles precisassem da mãe? O trabalho dela estava em casa. Novamente, o marido argumentou que Ellen não "precisava" do curso e definitivamente não precisava do dinheiro extra que ganharia ao retomar a carreira. Quando Ellen recorreu às amigas mais próximas que também eram mães para falar de seus planos, elas reagiram da mesma forma. Fazer um curso de design em outro país era uma fantasia, disseram elas. *Que mulher consegue deixar marido e filhos para ir à Itália? Quem dera! Todas nós estaríamos tomando gelato na piazza se pudéssemos.*

Criticada pela família e pelas amigas por ter pensado em algo tão hedonista, Ellen abandonou o sonho de reacender sua paixão. Ao fazer isso, ela cedeu a três níveis de pressão: do marido, da comunidade e dela mesma, para não gastar tempo fora de casa longe do papel de esposa e mãe, mas que lhe devolveria a sensação de ser interessante e estar viva. Em vez de ouvir a própria voz, que implorava por atenção, e dizia a si mesma que seus planos não eram loucos, ela preferiu agir de acordo com as limitações impostas por outras pessoas. Ao refletir sobre a escolha de desfazer as malas e ficar em casa tantos anos antes, Ellen se mostrou arrependida:

— Se tivesse ido para Milão, eu teria recuperado o direito de ser interessante ao redescobrir a pessoa que deixei para trás. Quem sabe isso tivesse mudado o jeito como eu me sentia e eu tivesse voltado para o casamento como uma nova mulher?

Se eu tivesse ido para Milão.

Qual é a sua história "E se?"? Alguma pressão do marido, parceiro, família ou amigos, seja aberta ou sutilmente implícita, influenciou permissões que você se deu para fazer algo? Você já se afastou ou mudou totalmente a visão que tinha da sua vida? Em algum momento depois de casar e ter filhos, você ouviu as vozes que diziam "não vale a pena correr atrás das suas paixões"? Ao fazer isso, você abriu mão do direito de ser interessante?

Quando você pensa na mulher que era antes do casamento e dos filhos, é a mesma que está olhando para você no espelho hoje? Ou ela está no passado, como aconteceu com Ellen? Quando a pressão externa (sutil ou concreta) influencia a permissão que nos damos para fazer alguma coisa, pagamos caro. Em geral, sentimos que não temos permissão para fazer algo que dê profundidade para nos deixar *interessadas* e também mais *interessantes* para nossos parceiros e quase todo mundo. Esse é o Paradoxo da Permissão.

No caso de Ellen, o irônico é que, menos de um ano após o divórcio, ela finalmente viajou para Milão, revigorou a carreira de designer de interiores e reacendeu a chama que a transformou em uma versão mais viva de si mesma.

MAS ELE ME DISSE PARA LARGAR O EMPREGO

Após toda a insistência para que Ellen abandonasse a carreira, ficasse em casa e fosse uma "boa mãe", o marido acabou rejeitando a pessoa em quem ela se transformou. Encontrei essa verdade inconveniente em várias entrevistas que fiz. Após ouvir a história de Ellen sobre Milão, procurei ouvir a visão masculina. Eu precisava da voz deles no meu conjunto de dados e queria saber especificamente: como os homens veem essa mudança nas parceiras?

— Eu me casei com uma mulher destemida e vibrante e um dia não a reconheci mais — sussurrou Bill sobre a esposa, Josie (a esquiadora, lembra?)

Pesado. Mas isso aconteceu mesmo "um dia"? A versão antiga de Josie foi subitamente abduzida por um disco voador? Claro que não, mas essa é a história que muitos parceiros contam, e eles estão tão confusos em relação a tudo isso quanto nós. As entrevistas também revelaram que, embora os maridos possam expressar abertamente ("largue o emprego"), insistir ("as crianças precisam de você em casa") ou deixar clara sua preferência (por uma dona de casa em tempo integral), eles querem desesperadamente que tenhamos interesses fora do lar. Seu parceiro pode só não ter percebido isso ainda.

Quando comecei a namorar Seth, eu era uma mulher ambiciosa e dinâmica que desafiava o status quo, lutava pelos menos favorecidos e acreditava que os ataques aos direitos civis não deveriam ser deixados para a próxima geração resolver. Eu era engajada, apaixonada pelo que fazia e *interessante*!

No entanto, após os filhos terem abalado totalmente nosso mundo, perdi um pouco daquela chama. Um dos momentos mais impactantes da minha recém-conquistada maternidade foi quando reclamei para uma mãe de três filhos no parquinho:

— Meu bebê tem quase seis meses e eu ainda estou tão cansada. Quero voltar a sentir algo diferente de exaustão — reclamei, citando o que uma amiga tinha falado recentemente. Enquanto engatinhava atrás de Zach com areia entrando pela minha calcinha fio dental, perguntei para minha nova amiga:

— Quando vou dormir de novo? Eu não sou uma pessoa matutina.

Ela gargalhou diante da minha ingenuidade.

— Querida, você vai levantar às seis da manhã até o seu filho virar adolescente. Até lá, eu recomendo um café *espresso* à tarde. Ou dois.

Eu culpava Seth por tudo de que não gostava em relação a essa nova versão cansada de mim. "Muito obrigada, seu babaca", resmungava na direção dele quando o bebê começava a chorar às três da manhã. Enquanto me arrastava para fora da cama a fim de esquentar a mamadeira, eu lançava olhares mortíferos para o meu marido, ainda dormindo, e pensava: *Por que você continua sendo a mesma pessoa, enquanto eu estou virando uma mãe zumbi irreconhecível?*

É bem verdade que Seth nunca disse "Agora que estamos casados e temos filhos, você não tem mais permissão para se expressar completamente". Seth também não sugeriu que eu largasse o emprego. Em outras palavras, não recebi qualquer oposição explícita da parte dele, apenas supus que ele não gostaria de me ver investindo na carreira ou em mim mesma quando havia tarefas mais importantes a fazer, como jogar as fraldas sujas no lixo. Parando para relembrar, *eu* fui a fonte dessa suposição e decidi unilateralmente agir de acordo com ela. Assim, poucos anos depois do casamento, o único "sim" ouvido pela casa, tanto da minha parte quanto da de Seth, era: "Sim, eu me lembro de Eve como uma pessoa engajada, entusiasmada e interessante. *Onde diabos ela foi parar?*"

Embora seja fácil e muitas vezes profundamente satisfatório acusar os maridos e parceiros de apagar a versão antiga e menos ocupada de nós, a culpa não é toda deles. É preciso assumir a responsabilidade pelo esforço voluntário de abrir mão do direito de ser interessante e dar meia-volta para se reencontrar.

O CAMINHO PARA SE REENCONTRAR

Se você também deseja reencontrar a versão esquecida de si mesma de antes da maternidade ou se uma versão evoluída e ainda mais interessante está aguardando permissão para vir à tona, adote a **Segunda regra do Fair Play: Recupere o direito de ser interessante.**

Como as desculpas dos parceiros se manifestam em homens e mulheres da mesma forma, a necessidade urgente de colocar em prática a segunda regra se aplica tanto a seu parceiro quanto a você. Ambos precisam recuperar o direito de ser interessante para além dos papéis de pai, mãe e parceiro maravilhoso, e ambos precisam exigir mais tempo e espaço para explorar isso adequadamente.

O uso das palavras "urgente" e "exigir" faz você se perguntar o motivo de tanto desespero? Pois deveria. Veja bem: mais tempo e espaço disponíveis não aparecem em um passe de mágica. Na verdade, eles nem existem até você criá-los. Só quando você exigir tempo do seu parceiro, da sua família e de si mesma terá habilidade para vivenciar o que chamo de **Espaço do Unicórnio.** Como o animal mítico que inspirou o nome, o Espaço do Unicórnio é raro, mágico e *essencial* para recuperar os interesses que fazem de você uma pessoa singular, levando-a a ser a melhor versão de si mesma e a encontrar a felicidade como indivíduo e no relacionamento.

⚠

CUIDADO!

Se você pensa que não tem tempo ou espaço suficiente para conseguir seu Espaço do Unicórnio, provavelmente tem razão. Acrescentar algo a uma agenda já lotada vai parecer um fardo, se não impossível, caso você já esteja afogada em tarefas. Então, comece respirando fundo. A sua única tarefa extra hoje é **pensar** no que você **poderia** fazer com o Espaço do Unicórnio se pudesse aproveitá-lo.

Permita-se sonhar. Não seria ótimo ter mais tempo e espaço para se reencontrar?

Fazer essa pergunta aos casais rendeu resultados bastante consistentes: era sempre alguma combinação de "quem me dera" e um igualmente enfático "mas é impossível". O Espaço do Unicórnio continuará parecendo um conto de fadas até que você e seu parceiro consigam reequilibrar a carga de trabalho entre os dois. Como acontece no jantar de ação de graças, é preciso tirar do prato o que não interessa a fim de abrir espaço para o que é realmente bom (no meu caso, é batata-doce com marshmallow ou mais uma fatia de torta). Abrir espaço para mais não vai entrar em cena até a quarta regra, então por enquanto vamos apenas sonhar.

Espaço do Unicórnio. Eu sei, o nome parece extravagante e talvez um pouco purpurina e arco-íris demais para algo que considero tão essencial, mas eu repito: muitas vezes o que deixa você interessante é a parte fantasiosa, que faz você ganhar vida, força e brilho para conseguir navegar de modo consistente pelas partes menos mágicas do dia a dia. A comediante de stand-up Ali Wong define desta forma:

"Quando você é mãe, precisa de brilho para compensar a morte da luz que existia em você." Para algumas poucas sortudas, o Espaço do Unicórnio pode ser o trabalho, supondo que ele ofereça uma tempestade nível 5 de paixão em sua vida. Algumas mulheres e homens são abençoados com trabalhos e carreiras que servem como Espaço do Unicórnio, o trabalho *dos sonhos* (que eles continuariam fazendo mesmo se tivessem ganhado na loteria), mas o restante de nós ainda precisa de tempo e espaço para se envolver em algo que nos dê vida fora do trabalho remunerado. Algo *a mais* que nos motive a levantar de manhã e nos fortaleça ao longo do dia. Esse *algo* não é uma fantasia ou um luxo, e sim um componente fundamental para entender quem você é, para a saúde do relacionamento e a capacidade de ensinar aos filhos como é uma vida completa. Em resumo, o Espaço do Unicórnio é essencial para a felicidade e o sucesso como ser humano que tem uma quantidade limitada de tempo na Terra. Sim, estou me aprofundando e sendo existencialista, porque este é um tema importante. Na verdade, ele é tudo. Criar mais Espaço do Unicórnio vai dar objetivo a sua vida, além do relacionamento e da criação dos filhos.

Ser parceira e mãe é um propósito, não há como negar. Estar em um relacionamento com alguém que você ama e que, além de retribuir esse amor, apoia os seus sonhos, é importante e pode ser profundamente satisfatório. Criar um filho é uma das experiências mais milagrosas, gratificantes e enriquecedoras da vida. Especialmente no começo, quando você é responsável por manter um pequeno humano vivo, fazer bem esse trabalho deveria ser o foco principal da vida.

E, ainda assim, é possível haver mais do que isso.

O PAPEL QUE EXERCEMOS

Depois de ter filhos, muitas de nós sentimos que ficamos invisíveis ou *não conseguimos nos ver* como as pessoas vibrantes que somos. Em vez disso, assumimos a identidade correspondente aos vários papéis que exercemos: esposa, cuidadora, mãe, administradora do lar e criadora de listas. Em meu círculo de mães, muitas amigas não se chamam mais pelo nome. Sem qualquer ironia aparente, elas postam nas redes sociais como #mãedobrayden, #mãedosawyer, #mãedahazel. Algumas até assinam e-mails dessa forma. De acordo com a pesquisa State of Motherhood ["Estado da maternidade", em tradução livre], feita pelo site *Motherly*, 59% das mães se sentem definidas pela maternidade. Eu entendo. Tenho muito orgulho dos momentos em que consegui cuidar dos meus filhos e conhecê-los, mas, além da escola, das brincadeiras com os amiguinhos e festinhas de criança, a minha identidade fora do trabalho pode incluir algo que me leve a ser boa amiga, companhia divertida para jantar, talentosa para (preencha o espaço)? Pense na característica pela qual você era conhecida entre amigos e entes queridos: com que frequência você se identifica com ela agora?

Ser mãe é incrível, importante e pode ter um significado existencial para as mulheres que escolheram esse caminho, mas você era outra pessoa antes de ser mãe e continua sendo mais que a #mãedosawyer hoje, a menos que tenha esquecido. Perder isso tem um preço, descrito por incontáveis mulheres entrevistadas pela socióloga Orna Donath na obra de título dramático *Mães arrependidas*. Donath e eu conversamos sobre as mulheres entrevistadas por ela. Muitas disseram amar demais os filhos, embora também falassem sobre "não me sentir realizada", "estar definhando" e "desaparecendo".

Muitas entrevistas que fiz com mães repetiam esses sentimentos. Emma me disse, com sinceridade: "Ser mãe é necessário, mas não suficiente para mim." Outra mulher me confidenciou: "Quando os filhos cresceram, eu pensei: *Quem sou eu?* Ganhei uma família, mas me perdi." Minha amiga Aspen comentou: "Depois de ter filhos, eu precisava reexaminar e reencontrar quem eu era. Isso foi difícil, porque, apesar dos meus 30 anos, eu me senti recomeçando."

Ainda assim, depois de ter vivido os momentos importantes de terminar os estudos, casar e ter filhos, arranjar tempo para as paixões do Espaço do Unicórnio pode ser mais importante do que nunca para criar *novos momentos marcantes* que nos permitam reconhecer e comemorar as conquistas pessoais.

Ela é

~~**irmã**~~

~~**mãe / filha de**~~

alguém

Tovah Klein, Ph.D., diretora do Barnard College Center for Toddler Development e professora de Psicologia, recomenda: "Não deixe que criar os filhos perfeitamente seja a sua paixão, porque se definir apenas em relação a outra pessoa não é o bastante."

Não é o bastante para você e nem para os seus filhos. Segundo pesquisas recentes, as mulheres que dedicam tempo a cuidar de si têm maior capacidade de cuidar dos filhos. Mesmo assim, expandir nosso papel para além do lar pode ser assustador. Várias mulheres com quem conversei disseram que se identificavam como "mães" por tanto tempo que não tinham certeza se poderiam ter qualquer outro papel. "Não sei ao certo se eu *sou* outra pessoa além de mãe", refletiu Giselle. Sem conseguir identificar o que podem fazer com o tempo reservado para o Espaço do Unicórnio, muitas mulheres relutam em ceder o controle do lar ao parceiro (ainda que só um pouco) por medo de não conseguirem substituir o sucesso que conquistaram ao gerenciar a casa. Uma mulher na escola dos meus filhos confidenciou: "Estou pensando em ter um terceiro filho agora que os outros dois estão na escola. Preencher o dia me apavora. Tenho medo de ser tarde demais para pensar em ser algo diferente de ser mãe. Eu nem saberia por onde começar."

Outra amiga da mesma escola disse: "É física. Os corpos em movimento continuam em movimento, e eu *não* estou em movimento. Sou um objeto em repouso." Ela continuou: "Depois que você perde a confiança na sua capacidade fora do papel de mãe, é difícil reencontrar a antiga magia."

VOCÊ TEM ORGULHO DE MIM?

Depois que acrescentei homens ao grupo de entrevistados, criei um conjunto padrão de perguntas para levá-los a se abrir com mais facilidade. Sobre o Espaço do Unicórnio, eu perguntava: "Você tem orgulho da sua esposa?"

Quase todo homem com quem falei teve a mesma resposta inicial e automática: "Claro. Ela é uma excelente mãe."

Alguns também expressaram sentimentos como: "Eu não conseguiria fazer isso sem ela" e "É incrível como ela gerencia a casa."

Achei interessante que, ao ouvirem a palavra "orgulho", os homens quase sempre mencionavam o papel das esposas como mães e cuidadoras. Então refiz a pergunta para esclarecer: "Além do papel como mãe ou esposa, você tem orgulho *dela*?"

Os homens cujas esposas abandonaram o foco nas paixões pessoais enquanto cuidavam da casa e dos filhos (as mulheres sem conexão com o Espaço do Unicórnio) tiveram muita dificuldade para dizer que sim. Em geral eles desconversavam e hesitavam até finalmente encontrar algo feito pelas parceiras no *passado* que os deixava orgulhosos. Chamo isso de *O caso da pessoa que ela era*, que é um forte sinal de que uma mulher se perdeu.

Por outro lado, os homens cujas esposas atualmente buscam suas habilidades, talentos e paixões singulares além do papel de mãe logo identificaram o foco no Espaço do Unicórnio da parceira como fonte de orgulho **em todos os casos.**

Quando perguntei a Dave se ele tinha orgulho da mulher, Karen, mãe das gêmeas deles e dentista, ele a encheu de elogios: "Sim! Ela é incrível *na cozinha*. Faz uma torta de morango com ruibarbo maravilhosa. As tortas dela ganham prêmios."

Recebi uma resposta parecida de Clyde, que trabalha para o Centro de Controle e Prevenção de Doenças. A mulher dele, Jan, é dona de casa e usa o tempo de modo inteligente: todas as noites, depois que as crianças vão dormir, ela faz pinturas a óleo. A piada entre os amigos é que, embora Clyde possa facilmente prender a atenção de um grupo em reuniões sociais com histórias sobre livrar o mundo de doenças infecciosas, ele só quer falar do amor da esposa pela arte. Para Clyde, ela é a pessoa mais interessante do local. O que pode ser ainda mais interessante é que Jan nunca vendeu uma obra sequer, mas isso não importa para eles, porque ela não faz isso por dinheiro. Ela pinta para alimentar a alma, e a expressão dos seus sentimentos sobre telas está pendurada em várias paredes da casa. "Clyde sempre me apoiou", disse Jan.

Quando o meu marido reconheceu que escrever este livro era a *minha* paixão, ele virou o maior defensor deste projeto, o que é engraçado quando você pensa no tema do livro e na maneira como às vezes Seth aparece retratado aqui. Enquanto me aprofundava na pesquisa e na escrita, eu o ouvia falar empolgado sobre a minha "nova solução para a divisão do trabalho por gênero" em eventos sociais. *Dá para imaginar?* Tenho certeza absoluta de que, caso alguém perguntasse se ele tem orgulho de mim, Seth não mencionaria meu diploma de uma faculdade de prestígio, meu sucesso trabalhando na área filantrópica ou minha dedicação à maternidade. Ele falaria sobre este livro, porque estou obcecada por este trabalho. Seth entendeu a minha paixão e, como resultado, também se apaixonou pelo projeto.

Reconheça que a paixão flui em mão dupla. As mulheres também precisam que os homens sejam interessantes. Você não deseja que o seu parceiro seja a pessoa mais animada e a versão mais apaixonante de si mesmo? Alguém que entre em casa no fim do dia empolgado e profundamente satisfeito?

Quando pergunto às mulheres: "Você tem orgulho do seu marido ou parceiro?", a maioria responde automaticamente alguma versão de "Ele é um ótimo provedor", "Ele é muito trabalhador" ou "É um ótimo pai."

Como fiz com os homens, reformulei a pergunta: "Mas você tem orgulho *dele*?"

As esposas dos homens dedicados ao Espaço do Unicórnio dizem "sim" com facilidade e citam as atividades interessantes feitas pelos maridos fora do escritório. Já as esposas de homens que não estão conectados com uma paixão além de ganhar a vida tendem a responder com um misto de frustração, decepção e às vezes resignação. Uma mulher admitiu: "Com o passar dos anos meu marido foi ficando bem chato."

VALORIZE A SI MESMA EM VEZ DO DINHEIRO

Nos estudos feitos com os casais que aplicaram a segunda regra do Fair Play, descobri que, quando homens ou mulheres expressam o desejo de buscar uma paixão a sério e solicitam o Espaço do Unicórnio para isso, eles costumam receber apoio dos parceiros, independentemente dos resultados ou de a paixão se traduzir ou não em renda. Terrell, de Redondo Beach, disse o seguinte sobre a esposa, Jada: "Não é uma questão de valor monetário, eu quero que minha mulher se valorize." Após ouvir esse sentimento repetido em várias conversas com homens e mulheres, percebi que a pergunta mais importante a fazer aos indivíduos não é "Você tem orgulho do seu parceiro?", e sim "Você tem orgulho *de si mesmo*?" **Você está arranjando tempo para atividades e interesses que elevem a sua autoestima?**

Após o nascimento do segundo filho, Evelyn decidiu abandonar o emprego de contadora para gerenciar a empreiteira do marido, Sam.

Essa decisão permitiu que ela cuidasse do filho mais novo e economizasse o dinheiro da creche, enquanto trabalhava de casa para contribuir com o sustento da família.

— Continuar ganhando dinheiro era importante para mim. Eu queria que o meu marido reconhecesse a minha contribuição financeira — destaca Evelyn.

Por cinco anos ela trabalhou com o marido, até que um dia percebeu que com os filhos na escola tudo mudou:

— Eu não precisava mais trabalhar de casa. Sam contratou outro contador e eu pude procurar algo para *mim*.

Nessa época, uma amiga de Evelyn estava procurando uma sócia para sua lavanderia chique e ofereceu a ela a metade da empresa.

— Parecia uma ótima oportunidade de ganhar dinheiro e ter um negócio, então eu aceitei — contou ela.

Evelyn logo descobriu que administrar uma lavanderia significava trabalhar até tarde e ficar esgotada tanto em termos físicos quanto mentais. E sem ter os ganhos financeiros que ela esperava. Ela acabou desistindo.

— Estava tão ansiosa para fazer algo por mim que mergulhei de cabeça sem nem pensar. Logo percebi que tinha tomado a decisão errada e que a lavanderia não era a minha paixão.

Sam sugeriu que ela vendesse sua metade do negócio e reservasse um tempo para pensar no que a realizaria.

— Que incrível. Parece que o Sam dá todo o apoio às suas iniciativas. Então o que você fez? —perguntei.

— Quando parei para refletir, percebi que sempre quis ilustrar cartões comemorativos, mas isso é um hobby. Não é um meio de vida — contou Evelyn.

— E esse é o objetivo? Ganhar dinheiro? — retruquei.

— Sem dúvida isso é importante na nossa família, mas Sam me estimulou a correr atrás desse sonho mesmo assim — explicou Evelyn.

— E o que aconteceu? — perguntei, curiosa.

— Decidi voltar a trabalhar com Sam em meio período e, nas horas vagas, fiz uma linha de cartões comemorativos que doei para a loja do hospital infantil do nosso bairro. Agora estou trabalhando em uma segunda linha de cartões — contou ela, orgulhosa.

Evelyn finalmente entendeu que ter o Espaço do Unicórnio não tem a ver com gerar valor monetário. Embora um estilo de vida com duas pessoas ganhando dinheiro seja inegociável para sua família, ela conseguiu arranjar espaço para buscar algo mais.

O ESPAÇO DO UNICÓRNIO NÃO É EXCLUSIVIDADE DOS RICOS

Para ser bem clara: o Espaço do Unicórnio não é exclusividade dos ricos. Falei com muitos casais que conseguiram reencontrar ou descobrir interesses e paixões além da criação dos filhos sem mudar de profissão:

A bancária Carrie começou a tocar baixo à noite.

O professor de ensino fundamental Jeff voltou a surfar nos fins de semana.

A funcionária dos Correios Ana passou a ser bombeira voluntária em sua cidade.

O operário Joseph começou a fazer caratê junto com a filha pequena. Hoje os dois são faixa marrom!

Independentemente de quem você é e do que faz da vida, todo mundo precisa de tempo e espaço para se envolver em algo *fora* do trabalho remunerado e despertar para a vida. Infelizmente, muitos confundem sucesso financeiro com valor pessoal, por isso a grande maioria das pessoas com quem falei relutava em reservar tempo para uma atividade que não geraria renda. Algumas das mais reticentes eram mães que não trabalhavam fora, sendo que muitas já se culpavam por não contribuir para o lar em termos financeiros. Isso não surpreende.

Se os cuidados com as crianças e as tarefas domésticas não são valorizados pela sociedade, envolver-se em mais atividades que não geram renda é um convite às críticas (externas e internas). Outras que costumam dispensar o Espaço do Unicórnio são as mães que trabalham fora: como elas conseguiriam encaixar outra atividade na agenda sem prejudicar o trabalho ou a vida doméstica?

Apesar desses obstáculos, as mulheres que buscaram suas paixões independentemente da contribuição financeira para o lar relataram uma enorme sensação de orgulho e autoestima elevada.

E você é a próxima.

5.

TERCEIRA REGRA: COMECE POR ONDE VOCÊ ESTÁ *AGORA*

Você tem muito a perder.

Agora que você entende o valor de recuperar o tempo e o espaço mental para que você e seu parceiro possam chegar ao nível mais alto do Fair Play (duas pessoas felizes e realizadas, com objetivos na vida dentro e *fora* das paredes do lar), o próximo passo é começar por onde você está agora. O princípio básico da terceira regra é: você não pode chegar aonde deseja sem antes entender as seguintes perguntas: "Quem sou eu?" "Quem é a pessoa com quem estou me relacionando?" e "Qual é minha intenção ao participar desse jogo?" As respostas para essas perguntas fundamentais, junto com uma avaliação honesta de quantas cartas com tarefas você tem hoje, vão servir de base para as regras do Fair Play que virão a seguir.

Enquanto lê a **Terceira regra: Comece por onde você está agora**, preencha o Diagnóstico do Casal.

DIAGNÓSTICO DO CASAL

Meu nome é __________. Eu atualmente tenho __________ cartas. Eu sou __________. Sou casado(a) com um(a) __________. Minha intenção ao participar deste jogo é __________.

ASSUMIR A RESPONSABILIDADE DE MUDAR O JOGO

O primeiro fator a reconhecer a seu respeito é que, independentemente da sua personalidade no Fair Play (vou falar disso em breve), você terá que mudar o jogo no casamento. Sim, *você*. Quando entreguei essa tarefa a mulheres de quase todos os estilos de vida, configurações familiares, renda e grupos étnicos em todo o país, muitas vezes encontrei resistência. As entrevistadas frequentemente diziam:

Por que estimular a mudança também é uma tarefa minha?

Eu já faço todo o resto.

Por que eu e não o meu parceiro?

A Dra. Phyllis Cohen pode responder a essa pergunta. Ela é terapeuta de casais há mais de quarenta anos, com pós-doutorado em psicanálise e psicoterapia, e se baseia num mandamento em seu consultório: "Tudo começa com um desafiante. Basta uma pessoa iniciar o processo e todo o sistema vai se alterar."

Essa pessoa é *você*. Na verdade, você já iniciou a mudança ao pegar este livro e investir seu valioso tempo para conhecer um sistema que promete renegociar, reequilibrar e dar um novo gás ao seu casamento. Claro que você pode esperar o parceiro mudar os antigos padrões de comportamento, mas isso não vai acontecer. Quando a louça, a roupa suja e o ressentimento se acumularem, alguém vai precisar tomar a iniciativa e dizer: *Não quero mais viver assim.* "Sem que uma pessoa inicie a mudança, vocês dois vão ficar presos nos mesmos padrões antigos de comportamento", aconselha a Dra. Cohen. A boa notícia dada pela especialista é a seguinte: "Não importa há quantos anos você está casada ou o quanto os padrões e dinâmicas conjugais estão arraigados, *sempre* existe a possibilidade de mudança."

E se você se permitir acreditar que um relacionamento colaborativo e a vida que tanto deseja estão totalmente ao seu alcance?

Claro que você vai precisar da participação voluntária do parceiro para fazer mudanças duradouras, mas iniciar a mudança cabe a você. Em vez de considerar essa responsabilidade outra tarefa difícil, tenha coragem e assuma a liderança para dar fim a esse desastre. Como disse a famosa escritora e garota esperta Nora Ephron: "Seja a heroína da sua vida, não a vítima." Dá para sentir o poder nessa frase, não é?

AS CARTAS DO FAIR PLAY

Agora que você reclamou para si o título de desafiante, vamos começar: quais tarefas relacionadas à casa e aos filhos você está fazendo todos os dias? Com quantas cartas do Fair Play você está no momento? Vamos explicar o significado de todas as cartas no Capítulo 7, mas aqui está a versão resumida das "100 Cartas do Fair Play", contendo tudo o que é necessário para administrar uma casa com crianças. Agora você entende por que está sempre tão ocupada?

100 CARTAS DO FAIR PLAY

Luta Diária   Trio da Felicidade

 **VIDA DOMÉSTICA** (22 cartas)	**1.** Ajuda para cuidar das crianças	**2.** Faxina	**3.** Louça
	4. Lavagem de roupas a seco	**5.** Lixo	**6.** Compras de supermercado
7. Cama, mesa e banho	**8.** Bens e suprimentos para a casa	**9.** Manutenção da casa	**10.** Pagamento de prestação de compra/aluguel e seguros para a casa
11. Receber/entreter visitas em casa	**12.** Lavar e secar roupas	**13.** Jardim e plantas	**14.** Correspondência
15. Refeições (café da manhã durante a semana)	**16.** Refeições (lanches para a escola)	**17.** Refeições (jantar durante a semana)	**18.** Refeições (fins de semana)
19. Recordações e fotos	**20.** Administração financeira	**21.** Armazenamento, garagem e itens sazonais	**22.** Arrumação, organização e doações

100 CARTAS DO FAIR PLAY

Luta Diária — Trio da Felicidade

VIDA EXTERNA (22 cartas)	**1.** Carro	**2.** Festas de aniversário (outras crianças)	**3.** Cuidar da agenda
	4. Dinheiro e contas	**5.** Caridade, serviço à comunidade e boas ações (adultos)	**6.** Engajamento cívico e enriquecimento cultural
7. Equipamentos eletrônicos e tecnologia em geral	**8.** Atividades extracurriculares (não esportivas)	**9.** Atividades extracurriculares (esportivas)	**10.** Primeiros socorros, segurança e emergência
11. Arrumar bolsas e mochilas (dia a dia)	**12.** Fazer e desfazer malas (viagens)	**13.** Pontos, milhas e cupons de desconto	**14.** Devoluções e créditos de lojas
15. Férias e feriados escolares (durante o ano letivo)	**16.** Férias escolares (fim do ano)	**17.** Comunicação com a escola	**18.** Eventos sociais (casais)
19. Transporte (crianças)	**20.** Viagens	**21.** Aulas de reforço e outras atividades	**22.** Eventos sociais no fim de semana (família)

100 CARTAS DO FAIR PLAY

☕ Luta Diária ☺ Trio da Felicidade

CUIDADOS (22 cartas)	**1.** Banho e arrumação (crianças) ☕	**2.** Beleza e vestuário (ela)	**3.** Rotina da hora de dormir ☕
	4. Controle de natalidade	**5.** Roupas e acessórios (crianças)	**6.** Dentista (crianças)
7. Fraldas e ensinar a usar o banheiro ☕	**8.** Planejamento para compra de imóveis e seguro de vida	**9.** Amizades e redes sociais (crianças) ☕	**10.** Beleza e vestuário (ele)
11. Plano de saúde	**12.** Lição de casa, projetos e material escolar ☕	**13.** Consultas médicas e vida saudável ☕	**14.** Rotina matinal ☕
15. Pais e parentes próximos	**16.** Animais de estimação ☕	**17.** Serviços para a escola	**18.** Mudança de escola
19. Cuidados pessoais (ela) ☺	**20.** Cuidados pessoais (ele) ☺	**21.** Necessidades especiais e saúde mental (crianças) ☕	**22.** Comunicação com professores

100 CARTAS DO FAIR PLAY

☕ Luta Diária ☺ Trio da Felicidade

MAGIA (22 cartas)	**1.** Amizades adultas (ela) ☺	**2.** Amizades adultas (ele) ☺	**3.** Festas de aniversário (filhos)
	4. Disciplina e controle de tempo de telas ☕	**5.** Parentes distantes	**6.** Diversão e brincadeiras
7. Gestos de amor (crianças)	**8.** Presentes (família)	**9.** Presentes (VIPs)	**10.** Perguntas difíceis
11. Cartões de Natal	**12.** Natal, Ano-Novo e outras festividades	**13.** Educação informal	**14.** Seres mágicos
15. Casamento e romance	**16.** Conforto no meio da noite ☕	**17.** Ajuda para o parceiro	**18.** Estar presente e participar
19. Espiritualidade	**20.** Bilhetes de agradecimento	**21.** Valores e boas ações (crianças)	**22.** Tomar conta das crianças

100 CARTAS DO FAIR PLAY

Luta Diária ☺ Trio da Felicidade

 **FURACÃO** (10 cartas)	**1.** Pai/mãe doente ou envelhecendo	**2.** Morte	**3.** Primeiro ano da vida do bebê
	4. Falhas na matrix/imprevistos	**5.** Reformas em casa	**6.** Perda de emprego e problemas financeiros
7. Mudança de casa	**8.** Emprego novo	**9.** Gravidez e nascimento do bebê	**10.** Doença grave

 **ESPAÇO DO UNICÓRNIO** (2 cartas)	**1.** Espaço do Unicórnio (ela)  ☺	**2.** Espaço do Unicórnio (ele)  ☺

O sistema Fair Play é composto por 100 tarefas ou "cartas" que organizam de modo cuidadoso e deliberado o ecossistema doméstico em cinco grandes setores: **Vida Doméstica, Vida Exterior, Cuidados, Magia** e **Furacão**, além da importantíssima carta do **Espaço do Unicórnio,** que todo parceiro precisa ter.

> **Observação:** *Sessenta cartas do Fair Play não envolvem os filhos. Isso significa que você pode entrar no jogo e reequilibrá-las com seu parceiro mesmo antes de tê-los.*

As cartas da **Vida Doméstica** incluem lavar louça, tirar o lixo, fazer a lista de compras e outras tarefas repetitivas da Luta Diária (assinaladas com uma caneca de café), sendo que a maioria *precisa acontecer todos os dias* e muitas em um *horário específico.* Veja a típica luta matinal para mães e pais que, segundo um artigo publicado no Reino Unido, precisam desempenhar **43 tarefas**, como preparar o lanche da escola e colocar a louça na pia antes de sair de casa, acumulando mais 10 horas e 15 minutos de trabalho doméstico por semana antes mesmo de a rotina do trabalho de nove às cinco começar!

As cartas da **Vida Exterior** incluem tarefas feitas fora de casa, como levar os filhos para a escola, atividades extracurriculares esportivas e trocar o óleo do carro. Observação: mães que não trabalham fora dizem que a maior parte do tempo delas não é gasta *em casa*, e sim *fora de casa*, correndo de lá para cá em um esforço louco para executar todas as tarefas dessa seção.

As cartas dos **Cuidados** envolvem tarefas como ensinar a usar o banheiro, cuidar dos animais de estimação, ajudar com a lição de casa e colocar os filhos para dormir. Essas são as cartas mais trabalhosas, que exigem muita ajuda do parceiro ou marido.

As cartas da **Magia** envolvem momentos de vínculo e construção de relacionamentos, como festas de aniversário, conforto no meio da noite e deixar um dólar para a fada do dente. Essa seção exige muitas horas de trabalho invisível e emocional para criar esses momentos e, apesar disso, é uma das partes mais gratificantes da criação dos filhos.

As cartas do **Furacão** incluem eventos que viram a vida do avesso, como trocar de emprego, perder um ente querido ou mudar de casa. Mesmo se for um evento planejado e alegre, como ter um filho, uma carta do tipo Furacão pode atrapalhar a rotina do lar, prejudicar a carreira e até o casamento se não for bem administrada.

⚠

CUIDADO!

Este NÃO é um exercício para contar pontos

Será muito tentador olhar para as "100 cartas do Fair Play" e contar quem faz mais tarefas. Você também pode se sentir instigada a mostrar essa diferença de valores ao parceiro (isto é, jogar na cara dele) e trocar números com suas amigas. Essa atitude é extremamente prejudicial, então recomendo fortemente evitá-la. Dar visibilidade e registrar todo o trabalho invisível que você faz tem valor, mas **esse é só o ponto de partida. Não é a solução para o problema.**

TER E MANTER

Antes de seguir em frente, é fundamental entender a definição do Fair Play do que significa *ter* uma carta. Nesse sistema, ter uma carta significa que você **concebe, planeja e executa (CPE)** todos os aspectos de uma tarefa doméstica. Veja um exemplo de como o conceito funciona:

Digamos que você tenha a carta "compras de supermercado". O seu filho ama mostarda no cachorro-quente. Você percebe que não há mostarda na geladeira e nem na despensa. Essa é a **Concepção.** Em seguida, você coloca a mostarda na lista de compras que elabora toda semana. Você decide quando vai ao mercado e consulta o parceiro e qualquer outra pessoa que ajude nas tarefas domésticas para saber se precisa acrescentar algo à lista. Esse é o **Planejamento.** Depois, você vai ao supermercado para colocar a mostarda na geladeira antes que seu filho dê uma mordida (naquele que você considera o melhor cachorro-quente do mundo, porque é feito com amor — *e mostarda*). Essa é a **Execução.**

No sistema Fair Play, o CPE exige que a pessoa detentora de uma determinada carta conceba, planeje e execute totalmente a tarefa que está nela, sem precisar de lembretes, sem fazer de qualquer jeito, sem dar desculpas ou pedir elogios ao terminá-la. Se você está pensando: *Ah, tá. Isso é ilusório e não é assim que fazemos em nossa casa,* então vou interromper o seu pensamento agora mesmo. Ao longo da minha extensa fase de testes, observei a repetição de um fato: os casais que seguiram a abordagem CPE no Fair Play tiveram mudanças drásticas e se mantiveram longe de problemas, ressentimentos e comportamentos passivo-agressivos na relação, abrindo caminho para trabalhar com eficiência, ganhar tempo e aumentar a sensação de justiça em casa.

Em outras palavras, quando as duas pessoas assumem totalmente a responsabilidade pelas próprias tarefas, elas não só aumentam a eficiência como diminuem as reclamações (um grande benefício para os maridos) e a carga mental (grande benefício para as esposas). A abordagem CPE é revolucionária e muda completamente o jogo.

Essa abordagem vem ajudando empresas há cinquenta anos. Cada uma das milhares de tarefas necessárias para criar e levar diversos produtos para nossa casa tem *gerentes de projeto* ou *líderes de equipe* cujo trabalho é conceber, planejar e executar todas elas. Isso inclui conceber a necessidade geral, planejar como e o que é necessário para realizar totalmente a tarefa e garantir que esse plano seja executado por alguém na equipe de modo a atender aos requisitos do produto. Qualquer gerente de projeto vai dizer que não vive sem o CPE, pois é basicamente a forma mais eficaz de realizar tarefas.

Então por que não estamos aplicando o método CPE em nossas casas?

PARA PENSAR: O CASO DO RELATO EXAGERADO

O supervisor de expedição Doug, que vive na Filadélfia, foi um dos meus primeiros entrevistados após ter incorporado a abordagem CPE ao Fair Play. Eu perguntei:

— Por quais tarefas domésticas você é inteiramente responsável?

Ele respondeu rápido:

— Faço o jantar todas as noites.

Doug parecia ser um homem moderno, que dividia mais tarefas domésticas com a mulher do que a maioria dos maridos. Mesmo assim, pelo fato de estar obcecada pelo meu trabalho, eu sabia que os homens tendem a superestimar a quantidade de tarefas domésticas e relacionadas aos filhos que desempenham. Em um famoso artigo do *New York Times* chamado "Men Do More at Home, But Not as Much as They Think" ["Os homens fazem mais em casa, mas não tanto quanto pensam", em tradução livre], Claire Cain Miller comprova que os homens exageram quanto à própria contribuição nas tarefas domésticas. Então, pressionei Doug para listar todas as etapas necessárias a fim de realizar aquela tarefa diária, que toma muito tempo. Ele olhou para mim meio sem entender:

— Na verdade, é bem simples. Eu faço o jantar.

Fui ainda mais específica:

— Quando prepara o jantar, você também planeja o cardápio e coloca todos os itens e ingredientes necessários para essa refeição na lista de compras?

— Não, isso é com a minha mulher. Ela planeja as refeições e faz as compras. Eu sou o cozinheiro — disse ele, fazendo um gesto de desprezo.

Anotei a resposta no meu Moleskine como Quebra do CPE (falaremos mais sobre isso depois), que é quando uma pessoa toma conta da Concepção (criar o plano de refeições da família) e do Planejamento (acrescentar esses itens à lista de compras) e a outra fica responsável pela Execução (cozinhar). Nesse caso, Doug se dizia responsável pelo "jantar nos dias de semana", mas a esposa usava uma parte considerável do poder cerebral dela para ajudar o marido a manter o status de *Top Chef*.

Após diversas entrevistas, poucos casais tinham lares em que um parceiro fazia todo o processo de concepção, planejamento e execução para qualquer carta do Fair Play. Com isso em mente, comecei a olhar todas as cartas pelas lentes do CPE. Voltei à lista original de "Tudo o que eu faço" e a reorganizei com base no que é necessário para conceber, planejar e executar cada tarefa doméstica. Fiz isso de forma que *qualquer* pessoa (meu parceiro, minha babá ou até minha mãe) consiga entender tudo o que foi necessário para cumprir uma determinada responsabilidade. Escrevi cada detalhe até não sobrar nada.

Isso parece ainda mais trabalhoso e você não tem tempo, certo? Contudo, é o que uma pessoa sem poderes telepáticos precisa para realizar tarefas de modo competente. A boa notícia é: **eu já fiz isso para você.**

Em breve você e seu parceiro terão uma conversa detalhada sobre quem é melhor para fazer o CPE de cada carta do Fair Play com base em suas preferências, habilidades e disponibilidade individual. Para avaliar de modo mais preciso quantas cartas você tem agora, volte à tabela "100 Cartas do Fair Play", nas páginas 120 a 124, ou baixe as cartas no site fairplaylife.com [em inglês] e anote aquelas em que você se considera responsável apenas pela concepção e planejamento. Ignore a execução por enquanto, mesmo que você também faça essa parte (*vamos ser honestas*). Se existem cartas em que você e o seu parceiro fazem algum aspecto da concepção e do planejamento, atribua meia carta a si mesma.

CONTE AS SUAS CARTAS E REGISTRE O TOTAL AQUI: ________

DIAGNÓSTICO DO CASAL
Quantas cartas você tem?

Meu nome é Eve. Eu atualmente tenho 87 cartas. Eu sou __________. Sou casada com um __________. Minha intenção ao participar deste jogo é __________.

NÃO CAUSE DANOS! Pesquisas mostram que as mulheres assumem mais responsabilidades pela casa e criação de filhos do que os homens. Então, querida, depois de somar quantas cartas do Fair Play você tem no momento, respire fundo. Mais uma vez recomendo não apresentar esse número ao seu parceiro para mostrar quem está fazendo mais até começar o jogo para valer, na Parte III, quando os dois terão as ferramentas necessárias para avaliar quem tem mais cartas no contexto do CPE.

Pergunta: Mas sério, quantas cartas cada parceiro precisa ter?
Resposta: Uma quantidade justa. Deixe-me explicar...

Em um almoço com minha amiga Claire, que adora um bom debate sobre a guerra dos gêneros, ela disparou:

— Por que *Fair Play* [jogo justo] e não *igualitário*? Você sempre fala em igualdade de tempo. Isso também não significa dividir o trabalho por igual?

— Boa pergunta! — Eu sorri. — Realmente acredito que o tempo é igual para todos e que o direito de escolher como usá-lo é universal. Ao mesmo tempo, com o perdão do trocadilho, quando se trata da divisão real do trabalho, as cartas não serão necessariamente divididas meio a meio, pois o que é justo nem sempre é igualitário e o que é igualitário nem sempre é justo.

Quando a lista de "Tudo o que eu faço" se espalhou, levando mulheres do mundo inteiro a reclamar que "Meu marido não chega *nem perto da metade* disso", eu notei que os casais que buscam a igualdade ou exigem uma parceria 50/50 e não conseguem têm grande chance de desistir. **Os casais só vão vencer este jogo se enfatizarem a justiça.** De que forma isso reflete em números será explicado mais adiante.

QUAL É O SEU TIPO?

Após perguntar a centenas de mulheres como elas desempenham as tarefas domésticas, descobri que a maioria se descreve como um dos quatro tipos de personalidade a seguir, com base nas cartas que tem *agora*. Você pode se reconhecer em mais de um, mas, se tiver que escolher o tipo dominante, quem é você hoje? Saiba que a forma de se identificar provavelmente vai mudar quando vocês começarem a jogar, dependendo de como você e seu parceiro negociarem e redistribuírem as cartas do Fair Play.

Quem é você?

» A nova supermulher

Você tem pelo menos sessenta cartas e trabalha fora de casa em tempo integral. Na década de 1970, o termo "super" era usado com orgulho pelas mães trabalhadoras. Carreira, casamento, filhos, amizades, hobbies: *vejam só tudo o que eu tenho!* No entanto, se você é uma das supermulheres de hoje, que preenche esses requisitos e vive um ciclo eterno de trabalhar-criar filhos-dormir-repetir, e mesmo se o trabalho for o seu Espaço do Unicórnio, você provavelmente está sentindo "fadiga de decisão" e chegando ao "teto da exaustão" não só por *ter* tudo, mas por *fazer* tudo. Se não tiver cuidado, você pode chegar ao seu limite. As novas supermulheres que entrevistei eram algumas das pessoas mais competentes, ambiciosas e bem-sucedidas que conheci. E, ainda assim, muitas pensavam em sair do mercado de trabalho e todas relataram algum tipo de doença. Todas elas! No topo da lista estava a insônia, o que não surpreende, pois problemas do sono são a resposta noturna de um cérebro que ficou ocupado o dia inteiro.

A nova supermulher muitas vezes diz a frase "Não consigo desligar a mente" junto com as também familiares "Não tenho tempo para mim", "Estou no meu limite" e "Se eu tiver que acumular mais uma tarefa...". Você pode não se imaginar delegando toda a concepção, planejamento e execução ao parceiro, especialmente se ainda acredita que seu verdadeiro superpoder é a capacidade de ser multitarefa. Mesmo assim, algo precisa mudar. Delegar um pouco de responsabilidade é fundamental antes que você receba um carta do tipo furacão que vai derrubar a sua casa. Imagine trocar a mistura de cansaço e satisfação que você costuma ter ao *conseguir tudo* pela sensação restauradora de obter maravilhosas oito horas de sono todas as noites.

» Tradicionalista acidental

Você tem pelo menos sessenta cartas e trabalha em meio período, ou é dona de casa em tempo integral. Você é tradicionalista porque seu parceiro assumiu o papel de principal provedor, mas não necessariamente deseja criar uma divisão convencional de trabalho por gênero em casa. Você provavelmente pretendia continuar no mercado de trabalho e pode ter se considerado uma supermulher moderna em algum momento, mas agora faz parte dos 43% de mulheres altamente qualificadas com filhos que mudam o rumo da carreira, por vários motivos. Você gosta do tempo que passa em casa e agradece a flexibilidade que o seu marido e o seu empregador oferecem. Mesmo assim, talvez tenha o desejo recorrente de turbinar a carreira ou conjunto especial de habilidades. Contudo, quando as tarefas domésticas consomem todas as horas do seu dia, pegar um turno extra de trabalho não parece valer o sacrifício, mesmo que seja remunerado.

A tradicionalista acidental muitas vezes diz a si mesma: "Esta não é a combinação de carreira e casamento que imaginei", "O que aconteceu comigo?" e "Para onde foi o meu tempo?". Imagine como seria puxar o freio de mão no carro em alta velocidade em que você está agora e criar um novo acordo com seu parceiro.

» Tradicionalista intencional

Você tem mais de sessenta cartas porque fez a escolha intencional de assumir mais responsabilidade pelos filhos e pela casa do que o parceiro. Você sempre quis dedicar a vida ao lar, desde que se entende por gente. Cuidar dos filhos traz muita alegria e satisfação, e você tem orgulho da atenção meticulosa que dispensa a cada detalhe invisível dentro de casa em seu papel tradicional de esposa e mãe. Ainda assim, em muitos dias você tem a sensação de que não existem horas suficientes entre o nascer e o pôr do sol para fazer tudo.

Como você se considera inteiramente responsável pelo comando do lar (e o seu marido provavelmente concorda), os ventos pesados da culpa e da vergonha a impedem de pedir ajuda, fazer pausas para descansar a mente ou cuidar de si mesma. Quando uma ida ao dentista parece um luxo, a ideia de criar o Espaço do Unicórnio parece uma fantasia. Na verdade, você talvez deseje algo mais, embora sinta culpa por admitir isso a outras mães que não trabalham fora. Você não quer parecer ingrata porque escolheu ficar em casa, mas, ao longo dos anos, ter tempo para você parece uma possibilidade cada vez mais remota.

A tradicionalista intencional muitas vezes diz: "Não tenho tempo para projetos da *alma*", "Meus filhos são a minha paixão" e "Administrar a casa é *o meu trabalho*". Contudo, permita-se imaginar a possibilidade de expandir seu papel além de mãe e esposa para incluir a alegria de se redescobrir.

» Colaboradora (Sortuda!)

Você tem menos de sessenta cartas e pode trabalhar fora de casa ou não. De qualquer modo, você trabalha em equipe com facilidade e tem um parceiro disposto a lidar com a parcela justa das tarefas domésticas, permitindo que ambos tenham tempo para cuidar de si mesmos, das amizades e do Espaço do Unicórnio (o Trio da Felicidade). Para manter a casa em ordem, você e seu parceiro discutem tranquilamente as responsabilidades com os filhos e a casa. No entanto, até vocês podem se beneficiar do Fair Play. Como os dois assumem um papel de liderança, pode parecer que há muito cacique para pouco índio. Duas pessoas tirando a louça da máquina não fazem o trabalho mais rápido, só atrapalham uma à outra! Na sua casa, jogue o Fair Play para otimizar a eficiência.

QUAL É O SEU ASCENDENTE?

Após determinar sua personalidade dominante no Fair Play, pense que você também pode ter um dos "ascendentes" abaixo, do mesmo modo que acontece com o signo astrológico.

» O meu jeito é o melhor

Eu: Preciso de ajuda aqui.
Eu também: Não, assim não... Ah, deixa que eu faço.

Usando esse famoso meme de exemplo, você geralmente reclama por fazer tudo, mas reluta em ceder o controle, pois acredita que a melhor forma de agir é a *sua*. Mesmo sendo mais competente na concepção e no planejamento, a tendência a duvidar do parceiro, reclamar dos erros e criar um ambiente doméstico no qual você gerencia todos os detalhes causa mais mal do que bem. Recrutar o parceiro apenas para executar o que você assina e aprova pode economizar tempo, mas acaba sendo exaustivo para você, infantilizando seu marido e contribuindo para o desequilíbrio da carga de trabalho doméstico. Por um momento, imagine ceder um pouco nesse estilo "o meu jeito é o melhor" e dê independência ao parceiro para conceber, planejar e executar mais tarefas domésticas. Você não ia preferir ter um verdadeiro colaborador em vez de alguém sempre falando "Se você me disser o que eu preciso fazer e me ensinar, eu ajudo"?

» Deixa que eu faço

Independentemente da quantidade de cartas em suas mãos hoje, você pode ter um ascendente nesse tipo de personalidade. Seja trabalhando fora ou ficando em casa em tempo integral, você é a mãe mais trabalhadora que conhece e deseja crédito por tudo o que faz. *De nada! E você me deve uma.* Mesmo assim, quando oferecem ajuda, sua reação é recusar com um resignado "Tudo bem, deixa que eu faço", porque carregar o fardo do lar faz você se sentir valorizada e necessária. Você não quer entregar cartas ao parceiro porque isso pode derrubar a sua autoestima. Administrar a casa faz parte da sua identidade, e a cultura popular tem outro nome para isso: a mãe mártir. Se você fica acordada até tarde para ajudar os filhos com a lição de casa e não toma café para levá-los à escola de pijama, faça uma pausa e olhe no espelho retrovisor. Você consegue imaginar a sua transformação quando rejeitar o "Deixa que eu faço" e trabalhar com o parceiro para usar o tempo dos dois com mais justiça?

TESTE
Qual o seu tipo de personalidade no Fair Play?

Você vai passar um fim de semana fora com as amigas. Enquanto faz os preparativos, a seguinte frase passa pela sua cabeça:

A. Tenho trabalho a fazer, mas posso muito bem ficar sentada na beira da piscina e receber ligações do escritório, responder mensagens de casa e falar com as crianças por FaceTime. Parece que nem saí de casa, mas estar em dois lugares ao mesmo tempo é o meu superpoder. Se der alguma m*rda e eu precisar voltar para casa ou escritório, já deixei tudo preparado para o *check-out* antecipado. Afinal, eu planejei e reservei esse passeio para o grupo inteiro.

B. Só se for agora! Talvez quando eu estiver em forma o meu parceiro perceba e reconheça tudo o que eu faço. Claro que não o deixei totalmente na mão: a comida do bebê está pronta, a roupa está limpa e guardada e a lista detalhada de tarefas diárias está fixada com um imã na geladeira para ele não ter que pensar. Mesmo assim, torço pelo fracasso dele (só um pouquinho!) para entender como é difícil lidar com a vida doméstica. Enquanto isso, eu estarei bebendo uma merecida margarita na beira da piscina, otário!

C. Eu não me sinto confortável em entregar minhas responsabilidades domésticas para outra pessoa e não quero atrapalhar meu marido ou filhos, então pedi a minha mãe para ajudar lá em casa, e se precisar voltar mais cedo eu volto.

D. Estou muito feliz por viajar com as amigas, sabendo que meu parceiro pode enfrentar qualquer situação. Como agradecimento, vou me oferecer para cuidar das crianças por um fim de semana para que ele também dê uma fugida com os amigos.

E. Ainda que eu precise dessa viagem mais do que tudo, dificilmente passo a noite longe dos meus filhos. Eles odeiam quando estou fora. Acho que vou acabar não indo.

F. Nem acredito que preciso planejar com tanta antecedência para passar dois dias fora. Tenho certeza de que alguma m*rda vai acontecer, mesmo após ficar uma hora inteira repassando todos os cenários possíveis e ensinando meu marido a enfrentar os pequenos e grandes problemas. Para garantir que a casa não pegue fogo ou meus filhos desapareçam, vou ficar com o telefone na beira da piscina e mandar mensagens de tempos em tempos, perguntando se está tudo bem. Não tenha dúvida de que vou fazer isso.

RESPOSTAS:

Se você respondeu A, é a **Nova Supermulher**
Se você respondeu B, é uma **Tradicionalista acidental**
Se você respondeu C, é uma **Tradicionalista intencional**
Se você respondeu D, então é uma **Colaboradora**
Se você respondeu E, tem ascendente em **Deixa que eu faço**
Se você respondeu F, tem ascendente em **O meu jeito é o melhor**

DIAGNÓSTICO DO CASAL

Qual o seu tipo de personalidade no Fair Play?

Meu nome é Eve. Eu atualmente tenho 87 cartas. Eu sou Tradicionalista acidental com ascendente em O meu jeito é o melhor. Sou casada com um ______. Minha intenção ao participar deste jogo é ______.

COM QUEM VOCÊ ESTÁ CASADA?

Dizem que uma das decisões mais importantes da vida de uma mulher é a escolha do marido, mas mesmo assim as pesquisas mostram que você só conhece realmente o parceiro até ter filhos! Nas conversas que tive com mulheres sobre a definição de papéis e responsabilidades no lar, elas dividiram o comportamento do parceiro/marido/pai em cinco tipos. Com quem você está morando *hoje*?

» Criançāo

Seu parceiro é divertido, jovial, espontâneo e empolgado, mas não costuma ser muito diferente das crianças, desrespeitando as regras da casa (até as que ele mesmo criou) e rejeitando estruturas e outras tentativas de formalizar o gerenciamento do tempo gasto com a família. Ele não limpa a própria bagunça nem ajuda voluntariamente em casa. O parceiro não faz isso por ser incapaz, embora às vezes aja como se fosse e invente desculpas para não cuidar das tarefas de casa. E, como você é tão obviamente capaz, a ideia implícita é a de que as tarefas mais trabalhosas e menos divertidas da vida doméstica são "obrigação sua". Em vez de reconhecer todo o seu trabalho, o parceiro pode reclamar "Você não é nada divertida" e dizer "Nossa, relaxa".

» Tradicionalista

O parceiro assume o papel de provedor, apoia sua posição de mantenedora da paz doméstica e elogia seus esforços em casa. Por outro lado, independentemente de você também trabalhar fora, ele espera que as tarefas domésticas sigam os papéis de gênero tradicionais e não é particularmente flexível, interessado em fazer mudanças ou curioso em relação aos bastidores do funcionamento da casa. Quando algo sai errado, ele acusa você, e exige muitos elogios para desempenhar qualquer tarefa. Afinal, ele está fazendo o *trabalho mais importante*, o de sustentar a casa. Você está casada com um tradicionalista se costuma ouvir qualquer uma das seguintes mensagens nocivas:

— O que você fez em casa o dia todo?

— Se você não tem tempo, então arrume alguém para ajudar!

— Se colocar tudo na ponta do lápis, não vale a pena você trabalhar.

— Eu sustento a casa e você ainda quer que eu...

» Cadê a manteiga?

Seu parceiro é um líder competente no trabalho, onde concebe, planeja e executa sozinho e delega tarefas com eficiência, mas de alguma forma deixa as habilidades organizacionais e de gerenciamento do tempo no trabalho assim que bate o ponto. Quando entra em seu castelo, ele parece totalmente ignorante, confiando em você pra toda e qualquer tarefa doméstica. Quando abre a geladeira e olha a prateleira onde costuma ficar a manteiga, não é raro que pergunte em tom de desamparo, conforme aparece na famosa charge: "Amor, cadê a manteiga?" Se o seu parceiro é assim, você espera que um dia ele *se dê conta*, mas, até receber mais contexto para fazer o CPE e ser estimulado a tomar a iniciativa, ele vai continuar a dar desculpas do tipo:

— Você faz isso muito melhor que eu.

— Você é que deveria me lembrar disso.

— Esqueci. Não costumo pensar nisso.

— Você é a CEO desta casa.

» Um passo para a frente e dois para trás

Seu parceiro tem as melhores intenções, está sempre disposto a ajudar e provavelmente concordaria em assumir mais tarefas domésticas. Infelizmente, ele erra por ter muita dificuldade para conceber e planejar de modo realista, frequentemente perdendo o foco e atrasando a tarefa que resolveu fazer. Além disso, ele não gosta de pedir ajuda ou tem medo de decepcionar você. Apesar de toda a boa vontade, ele não consegue planejar de modo eficaz e vai cair novamente no discurso de "Fica mais fácil se você me disser o que fazer".

» Acima da média

Seu parceiro já entendeu! Ele valoriza o tempo de vocês e reconhece que ambos têm uma vida corrida. Por isso, é flexível no pensamento e na agenda. O homem acima da média faz questão de executar uma tarefa sem parecer que está fazendo um favor e não acusa você quando o erro inevitável acontece. Mesmo assim, como outros parceiros, ele não entende *totalmente* o que é necessário para manter a casa em ordem. A boa notícia é que, assim que seu marido for apresentado à abordagem CPE, ele vai deixar de ser um executor feliz e virar um parceiro total na vida doméstica. Chamo isso de **Muito acima da média.**

TESTE
Quem é o seu parceiro?

Você passou um fim de semana fora. Quando voltou para casa, encontrou o seguinte cenário:

A. A casa está razoavelmente em ordem e as crianças estão felizes e alimentadas. A paisagem doméstica está exatamente do mesmo jeito que você deixou? É provável que não, mas a boa notícia é que você passou um fim de semana inteirinho longe e o seu marido ficou feliz por tomar conta da casa!

B. Com a ajuda das suas instruções detalhadas, a casa continua de pé. Recomenda-se passar a primeira noite de volta ao lar fazendo altos elogios ao parceiro por "fazer tudo certo".

C. A casa está uma bagunça moderada: um projeto inacabado de artes na mesa de jantar, uma pilha de correspondência que não foi aberta e outra de roupa limpa em cima da cama provam que seu marido estava bem-intencionado, mas não seguiu corretamente as instruções. Você vai ouvir uma longa lista de motivos pelos quais as tarefas não deram certo na sua ausência. "Fico tão feliz por você estar em casa", ele diz com toda a sinceridade quando você entra pela porta.

D. A casa definitivamente está uma bagunça e as crianças curtiram o clima de "pode tudo" felizes da vida até você entrar pela porta e perguntar quando elas tomaram banho ou fizeram uma refeição longe da TV. Dependendo do tempo que você esteve fora, pode também haver rabiscos na parede da sala. Espere ouvir: "Ah, relaxa."

E. A casa está melhor do que antes da viagem, graças à diarista ou à sogra, que tomou conta de tudo na sua ausência (o que você provavelmente agendou e/ou pagou com antecedência). Como o seu marido também teve o fim de semana para relaxar, ele parece descansado e pode dizer: "Nós ficamos bem. Você deveria fazer isso mais vezes."

RESPOSTAS:

Se você respondeu A, está casada com o **Acima da média**
Se você respondeu B, está casada com o **Cadê a manteiga?**
Se você respondeu C, está casada com o **Um passo para a frente e dois para trás**
Se você respondeu D, está casada com o **Criançâo**
Se você respondeu E, está casada com o **Tradicionalista**

CUIDADO!

Identificar o tipo de personalidade do seu companheiro ou marido no Fair Play é *apenas para fins de conhecimento*. Rotular o parceiro sem dar a ele todo o contexto não vai ajudar o relacionamento, mas vai auxiliar você a esclarecer os motivos para se envolver no Fair Play. (Cá entre nós, depois que ambos entrarem no Fair Play e conseguirem mais equidade no lar, meu palpite é que seu parceiro vai "subir de nível" naturalmente e virar um **acima da média.** Nesse momento, vocês dois poderão celebrar o cara *ainda mais incrível* com quem você se casou!)

DIAGNÓSTICO DO CASAL

Com quem você está casada?

Meu nome é Eve. Eu atualmente tenho 87 cartas. Eu sou Tradicionalista acidental, com ascendente em O meu jeito é o melhor. Sou casada com um Cadê a manteiga? Minha intenção ao participar deste jogo é ___________.

QUAL É A SUA INTENÇÃO?

Oprah disse: "Intenção tem causa e efeito. A intenção determina o *resultado*." Agora que você ganhou mais autoconhecimento e entendeu um pouco mais sobre a pessoa com quem se casou, **esclareça suas intenções para mudar o jogo.** A resposta vai influenciar a forma como você e seu parceiro vão discutir e se envolver no Fair Play.

Que resultado você deseja? Veja o que disseram algumas das mulheres com quem falei:

— Quero sentir menos ressentimento.

— Quero me sentir mais respeitada e valorizada por tudo o que faço pela nossa família.

— Quero que meu parceiro reconheça e entenda tudo o que é necessário para administrar uma casa.

— Estou cansada de correr a mil por hora. Preciso de ajuda!

— Meu parceiro ajuda muito, mas nem sempre concordamos sobre o que é mais importante. Precisamos redefinir nossas prioridades.

— Nosso casamento parece igualitário, mas é totalmente ineficiente.

— Nós brigamos em relação a quem faz o quê. Precisamos de funções e responsabilidades bem definidas.

— Quero parar de ser a chata que só reclama e atribui as tarefas para toda a família.

— Quero mais tempo para voltar a trabalhar nos meus projetos.

— Estou pronta para voltar a trabalhar e preciso da ajuda do meu parceiro para isso.

— Eu só preciso de um descanso para a mente.

— Quero voltar a me divertir.

DIAGNÓSTICO DO CASAL

Qual é a sua intenção ao participar deste jogo?

Meu nome é Eve. Eu atualmente tenho 87 cartas. Eu sou Tradicionalista acidental, com ascendente em O meu jeito é o melhor. Sou casada com um Cadê a manteiga? Minha intenção ao participar deste jogo é recuperar meu tempo e tomar posse do Espaço do Unicórnio.

"A CONVERSA"

Parabéns! Você acabou de completar o Diagnóstico do Casal e agora está pronta para ter a primeira conversa que vai mudar o jogo. (Lembre-se: alguém precisa dar o primeiro passo, e vai ser *você*.) "Argh. É nessa parte que eu peço ao meu marido para discutir todos os detalhes da vida doméstica? Assim que ele ouvir 'Precisamos conversar', ele não vai prestar atenção no que tenho a dizer ou subitamente vai ter algo urgente para fazer, como organizar a gaveta da bagunça", você resmunga, relutante.

O parceiro provavelmente resiste ao pedido urgente para "conversar" porque pensa: *Ah, não. Fiz besteira de novo.* Em vez de abordá-lo com deboche ou de um jeito que o deixe na defensiva, vou fornecer uma linguagem específica de mediação a fim de criar uma abertura para o seu parceiro ouvir. Afinal, este jogo é para dois. A mudança não vai acontecer sem a participação voluntária do parceiro, e ela começa com uma conversa significativa e cuidadosa. Mesmo assim, pedir ao marido para ajudar a criar mais eficiência, justiça e harmonia no lar pode dar a impressão de que você está procurando briga, mesmo que você desesperadamente deseje isso e saiba que merece uma mudança na dinâmica do casal.

Doug Stone, que lecionou minha matéria favorita na faculdade de Direito e escreveu um livro que usei em incontáveis situações na vida chamado *Difficult Conversations: How to Discuss What Matters Most* [Conversas difíceis: como discutir o que mais importa, em tradução livre], explica o motivo pelo qual pedir ao parceiro para mudar a dinâmica da casa pode parecer um jogo de alto risco:

> "Por que é tão difícil escolher entre evitar e enfrentar? Porque de alguma forma nós sabemos a verdade: se evitarmos o problema, vamos achar que alguém se aproveitou de nós, depois vamos nos irritar e questionar por que não nos defendemos e, por fim, roubaremos da outra pessoa a oportunidade de melhorar a situação. Contudo, se enfrentarmos o problema, a situação ficará ainda pior: podemos ser rejeitados, atacados, magoar a outra pessoa sem querer e acabar prejudicando o relacionamento."

Certos aspectos dessas emoções complicadas e multifacetadas surgiram com frequência nas minhas entrevistas. Você pode reconhecer algumas mensagens nocivas e tipos de personalidades escondidos nessas frases:

— Eu sei que a situação precisa mudar, mas tenho medo de que ele não esteja aberto à mudança.

— É difícil demais. Prefiro não falar.

— Quase sempre prefiro fazer tudo do meu jeito em vez de ensinar uma *nova* forma de fazer alguma coisa ao meu marido.

— Não tenho o hábito de pedir ajuda. Estou acostumada a fazer tudo.

— Não quero admitir que preciso de ajuda e *não* consigo fazer tudo sozinha.

— A ideia de sentar com meu marido para falar tudo o que eu faço em um dia me dá vontade de gritar.

— Não quero ter que dizer a ele o que fazer.

— Tenho medo de que ele fique na defensiva e tudo acabe em briga.

— Eu nem sei exatamente o que pedir.

— Posso até ouvi-lo dizer: "Eu ajudo mais que a maioria dos caras e ainda não é o bastante para você?"

— Eu não deveria ter que pedir ajuda. Ele deveria perceber isso sozinho.

— No tempo que leva para ter essa conversa, eu posso simplesmente ir lá e fazer a tarefa.

— Talvez eu esteja com medo, talvez seja orgulhosa demais. Seja o que for, eu não me sinto bem pedindo ajuda.

— O que acontece se ele disser não?

— O que acontece se eu perceber que não tenho a parceria que imaginava?

» É só pedir

Quando o *Huffington Post* perguntou a mulheres divorciadas o que elas teriam mudado no casamento, muitas disseram: **Eu queria ter pedido ajuda quando precisei.** A blogueira Valencia Morton, do site *Millionairess Mama*, expressou com angústia: "Pensei que precisasse ser uma supermãe e esposa perfeita em todos os aspectos. Para mim isso significava fazer todo o trabalho de casa, criar os filhos e cozinhar enquanto tentava parecer que acabei de sair de uma passarela da Victoria's Secret. Olhando para trás, eu só precisava dizer as palavras mágicas para o meu ex-marido: 'Preciso de ajuda.' Agora sei que, se eu tivesse expressado meus sentimentos, nós teríamos tido mais chance na vida a dois."

Se você também reluta para tomar a iniciativa de mudar o jogo e expressar seus sentimentos e necessidades ao parceiro, tenho uma revelação a fazer: **você já começou a conversa sobre a vida doméstica.** Como mediadora, eu frequentemente digo isso aos meus clientes quando eles resistem ou se afastam do diálogo direto e da resolução colaborativa de problemas: "Não quero falar com meu irmão mais velho sobre o testamento do nosso pai. É difícil demais." Eu respondo: "Mas você já está se comunicando, com o olhar de desaprovação e o silêncio. Quando você chega atrasado a todas as reuniões, isso diz algo, mesmo que você não esteja falando."

Vou arriscar um palpite e dizer que provavelmente acontece o mesmo com você e seu marido. A comunicação existe, mesmo sem palavras. Essa talvez seja a forma de comunicação mais gritante que existe. Veja os exemplos:

> Quando o marido perguntou: "O que você faz o dia inteiro?", Marian criou um vídeo do tipo *time-lapse*, mostrando várias horas de trabalho invisível que ela faz em casa. "Para provar que não estou perdendo meu tempo com *tarefas desnecessárias*", justificou.

Quando a lixeira fica cheia de fraldas sujas, Lydia joga tudo no corredor da entrada e vira as costas. "Se eu não esvaziá-la, talvez ele perceba que precisa fazer isso."

Lori desliga o telefone quando o marido está na Target para que ele não possa ligar dizendo: "Do que precisamos? E em qual corredor eu encontro isso?"

Julia admite que às vezes "finge que está dormindo" quando o filho caçula entra no quarto deles no meio da noite. "Assim o meu marido precisa levantar."

Diana deixa listas de tarefas para o parceiro no espelho do banheiro com a seguinte instrução: *Não esqueça!*

Stella joga roupas molhadas no travesseiro do marido quando ele se esquece de colocá-las na secadora.

Se Stacy não recebe uma ligação ou mensagem do marido dizendo "Vou chegar tarde", ela o tranca para fora de casa quando ele se atrasa para o jantar.

"Eu faço meu marido aprender simplesmente saindo antes dele", contou Wendy, que tem o hábito de ir na frente quando o marido não fica pronto para os eventos na hora certa. "Você me encontra lá", ela grita, fechando a porta.

Trudy faz greve de sexo até a louça ser lavada.

Vamos encarar: você já está discutindo quem faz o quê no relacionamento, de um jeito ou de outro. Vamos tirar isso do reino do implícito e lidar com o problema diretamente.

QUIZ
Como você se comunica?

Lembretes passivo-agressivos, acusações silenciosas e deixar os parceiros abandonados (em termos literais e emocionais) para que se virem sozinhos. É assim que muitas de nós estão pedindo ajuda. E, quando não temos certeza quanto a receber a mãozinha de que precisamos, algumas chegam a radicalizar para controlar o resultado desejado. Em um dia ruim, qual é o seu ponto fraco na comunicação?

Não ir direto ao assunto: *blá-blá-blá.* Você fala e ninguém ouve.
Ordens curtas e grossas: o seu estilo sargentão não é muito popular com a tropa.
Momento errado: você despeja suas mágoas e pedidos de ajuda nas horas mais inadequadas. "Obrigada pelas flores, amor, mas você esqueceu do sabão para a lava-louças. Será que poderia voltar ao supermercado antes que ele feche, às 22h?"
Uso de palavras nocivas: "Eu não ia falar nada, mas odeio quando você...", "Da próxima vez, faça do jeito certo, que é assim..."
Tudo ou nada: "Você *nunca* troca o rolo de papel higiênico no banheiro. Você *sempre* deixa a tampa do vaso levantada."
Desencavar o passado: "Igualzinho à última vez em que você esqueceu de..."
Deixar a raiva acumular: "Eu não ia falar nada. E foi o que eu fiz. Mas agora estou brava *de verdade*."

» Não é um começo, e sim uma mudança

Reconheça que você e seu parceiro já estão se comunicando sobre as responsabilidades domésticas, embora não seja da forma mais positiva ou construtiva. A mestra em Ciências Sociais e educadora Jennifer Waldburger, que trabalhou com milhares de mães e pais pelo mundo, aconselha: "A principal causa de muitos casamentos fracassados é a comunicação desagregadora." Então, tome a iniciativa e use sua voz para evitar que a conversa seja competitiva, do tipo "Ele disse, ela retrucou" e "Eu estou certa, você está errado", e para que vocês alcancem a verdadeira colaboração.

Minhas entrevistas com diversos tipos de maridos e pais revelou que **a maioria dos homens reage positivamente a uma abordagem direta, um pedido explícito e colaborativo de ajuda.** "Em vez de dar aquele olhar de 'Estou muito decepcionada' ou 'Odeio você' enquanto dobra as roupas, eu prefiro que minha mulher diga do que ela precisa", disse Mark, de San Antonio.

Vamos esclarecer: ao pedir "ajuda" ao seu parceiro, você não está procurando um "ajudante" que execute ordens ao seu comando, e sim um verdadeiro colaborador. A autora de *Fed Up* [De saco cheio, em tradução livre], Gemma Hartley, explicou muito bem essa diferença: "Ajudar significa 'isso não é obrigação minha, estou fazendo um favor a você' e 'isso é responsabilidade sua'. A palavra ajuda dá a entender que o ajudante está fazendo mais do que o suficiente [...] [Uma parceria completa] significa afastar-se totalmente da ideia de ajuda e assumir a responsabilidade de modo igualitário."

Com essa ideia em mente, volte aos seus motivos para equilibrar as cartas e transforme-as em um convite direto para envolver o parceiro no Fair Play. Seja paciente ao se comunicar. Você pode dizer: "Estou lendo um livro que me fez pensar em todo o trabalho necessário para administrar a nossa casa. Gostaria de experimentar um novo jeito de trabalhar *juntos* [essa é a ideia principal!], com o objetivo de gerar mais equilíbrio e eficiência para que nós dois tenhamos mais tempo de buscar interesses e atividades fora da função de pais. Você concorda?"

Seja qual foi a sua escolha de palavras, essa primeira conversa precisa ser curta e positiva. Além disso, escolha um momento em que as crianças estejam ocupadas (isto é, não peça ao seu parceiro para renegociar a carga de trabalho doméstico enquanto os dois tentam acalmar um bebê gritando e pedir pizza ao mesmo tempo). Faça o convite casualmente em um desses momentos breves e valiosos em que a casa está vazia e os dois estão tranquilos.

» Preparação é fundamental

Se a minha sugestão de frase de introdução parece ensaiada ou falsa demais, pense que alguns minutos de planejamento estratégico vão fazer a diferença na forma como suas palavras serão recebidas. Você não vai para uma entrevista de emprego ou faz uma apresentação no evento beneficente da escola sem ter se preparado antes, certo? Sua capacidade de se comunicar bem afeta diretamente o quanto você é *ouvida* no mundo, e isso também vale para o lar. Obviamente, você quer parecer autêntica e sincera, afinal não está tentando vender uma apólice de seguro ao seu marido. Ao mesmo tempo, é fundamental escolher bem as palavras e transmitir sua mensagem de um jeito que envolva e convide o parceiro ao diálogo em vez de afastá-lo. Além disso, o seu convite terá mais probabilidade de ser aceito se você oferecer ao parceiro um argumento que combine com o tipo de personalidade dele.

» Qual é a minha deixa?

Para começar um jogo que **exige dois jogadores**, ofereci ao meu marido a promessa de mais contexto, menos controle, expectativas definidas com clareza e não gritar com ele na frente das crianças sempre que o lixo não estivesse vazio.

Como você pode convidar o *seu* parceiro a se envolver no Fair Play de modo que vocês dois saiam ganhando? Dependendo da pessoa com quem você está casada, o argumento pode variar.

Se o seu parceiro for:

> O **Crianção:** convide-o para um "jogo" que vai gerar mais eficiência no lar de modo divertido. O que ele vai ganhar com isso? Menos reclamações e mais leveza. Você pode sugerir: "Eu gostaria de experimentar um novo jeito de trabalhar *juntos* que vai resgatar um pouco do que nós éramos *antes* de ter filhos."
>
> O **Tradicionalista**: em vez de pedir que ele mude, convide-o a ajudar *você*. Mencione sua necessidade de Espaço do Unicórnio. Você pode sugerir: "Eu gostaria de experimentar um novo jeito de reequilibrar o tempo a fim de redescobrir minhas paixões além da vida doméstica." O que ele vai ganhar com isso? Uma esposa mais feliz e realizada no comando do lar.
>
> **Cadê a manteiga?** Convide o seu marido competente a conhecer um "novo sistema de gerenciamento do lar" que vai diminuir a ineficiência e deixar a vida menos corrida para os dois. O que ele vai ganhar com isso? Uma mulher que dá independência para o parceiro liderar.
>
> **Um passo para a frente, dois para trás:** convide seu parceiro dinâmico para reequilibrar a carga de trabalho doméstico de modo que ele vença. O que ele vai ganhar com isso? Com mais contexto, vai fazer a parte dele nas tarefas com facilidade e sem ouvir reclamações sobre a qualidade ou o empenho na realização delas.
>
> **Acima da média:** convide o seu parceiro solícito a experimentar um jeito ainda melhor de trabalhar juntos para deixar a casa mais eficiente. Ele nem vai precisar de muito argumento para entrar nessa, porque vocês já se comunicam de modo eficaz, mas é sempre bom prometer mais diversão e tempo livre para passar juntos.

» RSVP

A primeira conversa com seu parceiro para mudar o jogo deve durar *no máximo cinco minutos*, menos de 1% do seu dia. Você não vai explicar todo o sistema Fair Play; a ideia é simplesmente convidá-lo para jogar. Se você começar a perder a calma, mantenha a firmeza e lembre-se: **você merece um parceiro que valorize você e o relacionamento o suficiente para participar desse jogo.**

Todo convite exige um RSVP, então defina a data, local e hora para falar com mais detalhes sobre esse novo jeito de colaborar em casa. Comprometa-se com a data e comece a reequilibrar essas cartas!

CONVITE PARA O FAIR PLAY

Data:
Hora:
Local:

De acordo com os casais que já fizeram o Fair Play, o "momento e hora certos" são fundamentais. No geral, as mulheres consideram o aniversário de casamento, o Dia dos Namorados, os aniversários e saídas a dois no fim de semana os melhores momentos para apresentar o Fair Play aos maridos. A princípio essas ocasiões especiais não parecem adequadas para falar sobre o equilíbrio do trabalho doméstico, mas os primeiros praticantes do Fair Play explicaram que os parceiros estavam mais dispostos a falar do futuro da relação exatamente nessas ocasiões.

> "Fizemos uma trilha no nosso aniversário de casamento. Discutir a relação enquanto víamos o pôr do sol no alto de uma montanha foi fácil, porque ele já estava em um estado mental favorável de 'estamos nessa juntos'."

"Saímos para jantar em nosso restaurante favorito. Nenhum dos dois estava com vontade de brigar, então a conversa fluiu naturalmente."

"Era meu aniversário. Quando ele perguntou que presente eu gostaria de ganhar, eu respondi: 'Colocar em prática um novo plano de jogo para deixar nosso casamento ainda mais feliz.' Bom, não tinha como ele recusar isso"

PARA PENSAR. O CASO DAS QUARTAS-FEIRAS

Ainda não tem certeza se o seu parceiro vai jogar?

"Quando minha mulher falou em mudar a carga de trabalho em casa, eu resisti", admitiu o reverendo Dr. Stephen Treat, terapeuta sênior e conselheiro conjugal. "Ela me pediu para cuidar das crianças e da casa às quartas-feiras e eu pensei: mas esse é o *meu* dia de ver os pacientes. As quartas-feiras sempre foram responsabilidade *dela*, mas minha mulher queria o dia 'de folga' para fazer um curso. Fiquei feliz por ela ter confiança em mim para assumir essa responsabilidade e quis ajudá-la.

"Em pouco tempo passei a pegar minha filha na escola, cuidar da casa e de tudo o que precisava ser feito às quartas-feiras. Sabe o que eu descobri? Isso não prejudicou meu trabalho, nem a mim. E o mais importante: fiquei mais próximo da minha filha. Mais de 20 anos depois, quando se casou, ela disse que as 'nossas quartas-feiras' eram o que ela mais gostava no pai. Eu sorri para minha mulher, com quem estou casado há quase 50 anos. Claro que não havia o Fair Play naquela época, mas foi exatamente o que fizemos. Nós equilibramos as cartas, e eu sou muito grato a minha mulher por me convidar a fazer essa mudança."

6.

QUARTA REGRA: DEFINA SEUS VALORES E PADRÕES

Nivele o jogo.

DEFINIR SEUS VALORES

Você convidou seu parceiro, mas, antes de partirem para o jogo, é fundamental entender a **Quarta regra: Defina seus valores e padrões.** Esse conceito é tão complicado para os casais que vou me concentrar nele agora, antes de negociar as cartas.

Vamos começar pela definição de valores. Caso você faça boa parte do trabalho pesado em casa, especialmente se for uma nova supermulher, agarre-se a este mantra e repita-o várias vezes:

Eu não tenho que fazer tudo.

"Muitas pessoas capazes empacam na vida por não conseguirem abandonar a crença de que tudo é importante", sugere o formador de opinião Greg McKeown em *Essencialismo*.

Pense nisso por um instante. E se nem tudo for importante? E se você abrir mão de uma parte? E se você escolher deliberadamente o que deseja fazer a serviço do lar e da família com base no que é *mais valioso* para você e seu parceiro? Em vez de fazer *mais* ou continuar a acreditar que deveria fazer *tudo*, evite o esgotamento, e o que a geração *millennial* chama de "paralisia das tarefas", participando de um processo que diminui sistematicamente a carga de trabalho e permite que você viva como realmente deseja. Em outras palavras, dê a si mesma permissão para fazer menos!

Você não vai diminuir de verdade o número de cartas (isto é, cortar m*rdas da sua lista) até o Capítulo 8: *Começar o jogo*, mas agora é o momento de avaliar o seu ecossistema doméstico. Quando você analisa as cartas que tem atualmente, existe alguma que deseja descartar? E não estou falando de entregá-la ao seu parceiro, e sim de jogá-la fora totalmente. Por exemplo:

— Cansei. Chega de festas de aniversário dos coleguinhas de escola. — Assim que terminou a frase, Sara esperou encontrar resistência ou no mínimo um olhar crítico do marido.

Na verdade, Clark se mostrou indiferente:

— Não vejo problemas.

Claro que *ele* não via problemas, porque raramente ia a esses eventos de fim de semana no fliperama ou pula-pula que sugavam a maior parte das horas do dia de Sara, deixando-a esgotada e quase surda.

— Quer dizer, eu não quero ir a outra festa de aniversário de criança enquanto viver, exceto se for por um amigo muito próximo do Bennie ou um parente — comentou ela, esperando esclarecer e cedendo em um ponto importante.

— Concordo com você. Esses lugares me deixam doido. Por que você acha que eu não vou? E o Bennie também não gosta. Ele não fica à vontade em multidões e sempre volta para casa chorando porque alguém pegou a vez dele ou fica agitado demais por causa do açúcar e das luzes estroboscópicas — respondeu Clark.

Então por que estou gastando meu tempo e os valiosos fins de semanas da nossa família fazendo isso?, pensou Sara, embora soubesse a resposta: *Porque é minha função, porque esperam que eu faça isso, porque é o que "as boas mães" fazem.* Porém, com esse tempo que poderia ganhar ao fugir da loucura das festas de aniversário, Sara começou a imaginar outros aspectos da vida dela e da família que eram muito mais significativos e dignos de atenção.

— Vamos ser polêmicos e tirar as festas de aniversário da nossa lista — comentou Clark, com uma piscadinha.

— Que rebeldes — Sarah sorriu de volta.

Quando Seth e eu direcionamos o foco para as cartas que realmente agregavam valor a nossa vida e identificamos as que não tinham essa mesma importância, nós cortamos nosso baralho. Jogamos fora um monte de cartas e começamos o trabalho de dividir o restante entre nós. Depois de ficar apenas com as cartas que ambos considerávamos valiosas, Seth nunca mais me acusou de fazer "tarefas desnecessárias" e nem deu desculpas do tipo "Estou sem tempo para isso." Não só a maioria das mensagens nocivas parou de aparecer na nossa vida diária como Seth ficou mais disposto a assumir uma quantidade bem maior de cartas, porque reconheceu o valor delas para nossa casa.

Vou repetir e depois vamos seguir em frente: **você não precisa fazer tudo.** Ninguém precisa jogar com todas as cartas do Fair Play. Esqueça a pressão dos amigos e a expectatíva da sociedade e escolha deliberadamente a forma de usar seu o tempo, organizando a vida de modo ponderado.

Depois de você e seu parceiro determinarem quais cartas estão em jogo porque têm valor para *sua família*, é fundamental que vocês decidam *como* essas cartas serão jogadas. Seja estando presente para os filhos, arrumando a casa ou administrando o orçamento familiar, cada carta de tarefa exige um padrão mínimo de cuidado, que é definido em comum acordo por ambas as partes e está alinhado aos valores compartilhados por vocês. Quanto mais vocês investirem em destrinchar os detalhes, maiores serão as recompensas no sistema Fair Play.

O PADRÃO MÍNIMO DE CUIDADO NO FAIR PLAY

O padrão mínimo de cuidado no Fair Play foi inspirado por algo que aprendi na faculdade de Direito e é aplicado por juízes em todo o mundo: qualquer ação praticada por um cidadão deve refletir os valores e tradições compartilhados por aquela comunidade. Matar uma formiga é higiênico no sistema de valores de uma comunidade e bárbaro em outro. Usar sapatos dentro de casa é aceitável em uma comunidade e desrespeitoso em outras. Chamar alguém de "senhor" é a regra em uma comunidade e considerado formal demais em outra.

Dependendo de onde você mora, sua comunidade atribui um padrão mínimo de cuidado com base nos padrões sociais compartilhados por todos. Quando surge um conflito em nosso sistema jurídico, os juízes ajudam a resolvê-lo usando o teste da pessoa razoável, que faz a seguinte pergunta: Considerando os padrões decididos em comum acordo pela nossa comunidade, uma pessoa razoável teria pisado na formiga, usado sapatos dentro de casa ou chamado o gentil cavalheiro de "senhor"?

Enquanto criava as regras do Fair Play, pensei: por que não pegar essa ideia emprestada para criar um acordo em relação aos padrões dentro de nossas casas? Afinal, os casais estão sempre discutindo e discordando sobre o jeito de fazer as tarefas!

Marido: Por que precisamos fazer isso desse jeito?
Esposa: Porque é assim que se faz.
Marido: Não, é assim que *você* diz que nós devemos fazer.
Esposa: Isso mesmo, então faça do meu jeito!

Em minhas entrevistas, vários homens reclamaram que as esposas tinham padrões altíssimos e às vezes perfeccionistas, nos quais prontamente expressavam decepção com os padrões "baixos" e nada perfeitos dos maridos. (E em alguns casos era o contrário.) E se os casais pudessem encontrar um meio-termo, criando o próprio padrão mínimo de cuidado? E como fazer isso? **Tendo uma discussão colaborativa sobre o que é razoável em sua casa.** Por isso, acrescentei a seguinte etapa ao sistema: para cada carta, a forma de conceber, planejar e executar a tarefa doméstica em questão é regida por esta pergunta: uma pessoa razoável (nesse caso, seu parceiro, babá, cuidadores, pais e parentes) faria o mesmo que eu em circunstâncias similares? Se a resposta for sim, você está seguindo o padrão mínimo de cuidado adotado pela sua família. Se a resposta for não, você tem um problema.

Veja um exemplo:

O seu marido do tipo "Um passo para a frente, dois para trás" ficou com a carta de "Férias escolares (fim do ano)" e inscreveu as crianças em uma colônia de férias. Na última semana, você ouve as crianças falando empolgadas sobre o "dia da guerra das cores" na sexta-feira e pergunta o que é isso. "Ah, acho que as crianças precisam vestir uma determinada cor", ele responde casualmente. "Está em um e-mail da colônia de férias. Vou reler agora." Então, na quinta-feira à noite, ele admite ter falhado na tarefa. Ele não se lembrou de reler o e-mail e *só agora* viu que as exigências de combinação de cores eram mais detalhadas do que ele imaginava. "Mas não se preocupe, nós vamos resolver isso", tranquiliza. *Nós?* Quando? Nos 15 minutos que temos de manhã para arrumar, alimentar e mandar as crianças para o ônibus?

Você sabe que isso é altamente improvável, e não só pela falta de tempo: as cores que seus filhos foram incumbidos de vestir (amarelo--canário e verde limão) não existem no guarda-roupa deles. A essa altura, não há como improvisar sem vestir seu filho com a blusa do pijama da irmã e sua filha com uma camisa de arco-íris, para a qual ela precisaria apontar: “Olha, tem amarelo aqui.” Você pensa: *Se eu estivesse com esse carta, isso jamais teria acontecido.* (Tem uma loja literalmente na esquina de casa, com um mar de camisetas baratinhas de todas as cores.)

Esse foi um exemplo puramente hipotético, é claro.

Como você tem ascendente em “O meu jeito é o melhor”, passa a hora seguinte com uma lanterna na mão, revirando o fundo do armário para ver se encontra algo que sirva. Você se sente mal pelas crianças, que estavam ansiosas por esse dia divertido e são espertas o bastante para entender que não estão com as cores certas, quando as outras crianças provavelmente estarão. Ao mesmo tempo, você fica cada vez mais hostil em relação ao seu marido por fazer as crianças se sentirem excluídas e passar vergonha. E também começa a se preocupar: *Se eu não posso confiar nele para encontrar as camisetas das cores certas, como vou poder confiar em relação à saúde das crianças?*

Aplicando a quarta regra, o seu marido passou no teste da pessoa razoável?

Tudo depende do que você e seu parceiro consideram razoável. Mas e se vocês não chegarem a um acordo? Nesse caso, ele diz, “É só uma camiseta, qual o problema?” E você responde: “O problema é imenso!” Como decidir? Façam a pergunta: uma pessoa razoável vestiria as crianças com as roupas pedidas? Se você ainda estiver enrolada para responder, aplique o teste objetivo definido por Caroline Forell, especialista em direito e em gênero, que consultei pelo telefone: “Juízes e júris pensam em duas perguntas básicas: As ações não razoáveis (ou, nesse caso, a inação) causaram dano? Se a resposta for sim, qual a intensidade do dano?”

No caso da guerra das cores, no dia seguinte todas as crianças da colônia de férias usaram as cores atribuídas, menos as suas. Naquela mesma noite, seus filhos choram, contando a vergonha que passaram por vestirem as roupas erradas e ficarem excluídos da diversão do dia. As crianças se magoaram, o dano está feito. Além disso, se ajudar as crianças a se sentirem incluídas tem valor (e só você e seu parceiro podem definir isso para sua família), então a falta de visão e inação dele não foram razoáveis, nem atenderam ao padrão mínimo de cuidado.

Entendeu por que definir um padrão é muito maior do que uma camiseta? Veja outro exemplo:

A família está indo para a praia em um belo dia ensolarado de verão. O seu parceiro Criançāo acidentalmente pegou o tubo de pomada para assaduras em vez do filtro solar na gaveta do banheiro. Embora ele seja capaz de ler um rótulo, acaba passando no rosto do bebê mesmo assim, imaginando que o óxido de zinco também sirva como bloqueador solar, *certo*? Não. Esse tipo particular pomada para assadura tem ingredientes adicionais que causam queimaduras nas bochechas do bebê. Em seguida, acontece uma discussão em que você pega o tubo na bolsa de praia e pergunta, sem acreditar: "Você não usou *isso* como filtro solar, usou?"

Como você e seu parceiro resolveriam a situação? Mais uma vez façam a pergunta: uma pessoa razoável usaria pomada para assadura no lugar de filtro solar? Além disso, qual é o dano? Pomada para assadura e filtro solar são produtos diferentes, usados para fins diferentes, e aplicar a pomada no rosto do seu bebê esperando que ela proteja do sol não é razoável (e as bochechas queimadas do bebê provam isso). Se você e seu parceiro concordam que usar filtro solar para impedir uma queimadura feia e evitar câncer de pele na vida adulta é importante para sua família, então as ações do seu parceiro não atendem ao padrão mínimo de cuidado da sua família e você pode perfeitamente pedir a ele para melhorar na área de "consultas médicas e vida saudável".

Que tal mais uma? O seu parceiro é um chef profissional que distraidamente esqueceu o conjunto de facas no banco traseiro do carro após ficar no restaurante até tarde. "Eu juro que estavam todas no estojo", ele diz quando você pergunta o que a faca afiadíssima de descascar estava fazendo no banco traseiro que transporta o seu filho de um ano e meio. Foi um erro inocente? Talvez. Houve algum dano? Não, mas havia um grande potencial para isso. Razoável? Mas nem f*dendo! A mulher que viveu essa história mais surreal que muitas obras de ficção argumentou: "Olha, eu não sou uma doida controladora. Só não quero meu bebê brincando com facas! Isso é justo, não é?"

O QUE É RAZOÁVEL?

De todos os casais que ajudei durante esse processo, muitos já tinham acordos e um padrão mínimo de cuidado em vigor para várias tarefas relacionadas à casa e aos filhos, mesmo sem nunca terem discutido explicitamente ou definido qualquer expectativa em relação a isso, o que é fantástico! Mas, antes de comemorar, quero passar mais alguns minutos falando das divergências e das cartas que realmente abalam o equilíbrio em muitas casas. (Grande surpresa: geralmente são as tarefas da Luta Diária, que ocupam muito tempo e precisam ser realizadas em horários específicos.)

Antes de definirmos um padrão mínimo de cuidado, o "Lixo" foi a segunda carta mais polêmica na minha casa. Seth concordou em ficar com ele, e, mesmo assim, várias vezes eu entrava na cozinha de manhã e encontrava o lixo transbordando no chão. Eu ficava furiosa com ele por ignorar essa tarefa, mas, em vez de enfrentá-lo diretamente, deixava um saco de lixo no balcão perto da cafeteira e esperava. Quando ele vinha tomar seu café, eu o encarava e lentamente direcionava meu olhar fulminante para o saco de lixo.

Essa estratégia passivo-agressiva funcionava? Às vezes ela colocava Seth no modo de execução, mas o levava a dizer alguns palavrões enquanto levava a lixeira transbordante para fora.

O fato de sempre empacarmos nessa carta específica me frustrava. Eu reclamava da "tolerância nada razoável para a imundície" e ele rebatia dizendo que minhas expectativas eram altas demais. *Sério?*

Um belo dia, tropecei em uma caixa vazia de pizza que caiu do balcão da cozinha e me lembrei de uma história da juventude de Seth. No meio do primeiro ano de faculdade, um colega dele chamado Kevin saiu do alojamento estudantil para um apartamento fora do campus, que rapidamente virou o lugar para eles assistirem a competições esportivas nos fins de semana. Seth e seus colegas se amontoavam no pequeno apartamento de Kevin até acabar a cerveja e o jogo. Na época, eles decidiram fazer uma competição amigável: quantas caixas de pizza da Domino's eles conseguiriam empilhar na porta do Kevin até o final de março? Eles definiram um objetivo de 100 caixas. (Lembrando que para empilhar isso tudo primeiro era preciso comer o conteúdo das caixas. Uma pizza giga com oito fatias multiplicada por cem em trinta dias. Façam as contas.) Eles conseguiram conquistar o objetivo? Claro que sim, e Seth adora contar essa história. A imagem das 100 caixas de pizza empilhadas na porta do Kevin foi a minha gota d'água. Meu marido e eu não tínhamos o mesmo padrão de limpeza na cozinha. Para Seth, uma caixa vazia de pizza no chão é *razoável*. Depois eu entendi: enquanto não definíssemos explicitamente um padrão mínimo de cuidado em nosso lar pós-faculdade, continuaríamos a discordar sobre o comportamento de uma "pessoa razoável" em relação ao lixo.

Reconheça que você e seu parceiro podem ter definições muito diferentes do que é razoável e aceitável em sua casa. E, até vocês conseguirem definir um padrão mínimo de cuidado, as frustrações e decepções provavelmente vão continuar. Para ser bem clara: não estou defendendo que você eleve seus padrões, que o seu marido siga a sua diretriz, e muito menos sugerindo que você diminua suas expectativas e aceite menos do que considera confortável ou justo. Em vez de debater qual é o melhor padrão, trabalhem em conjunto para definir o que é razoável dentro de sua casa.

TESTE DO PADRÃO MÍNIMO DE CUIDADO DO FAIR PLAY

Se vocês não conseguem chegar a um acordo em relação ao padrão mínimo de cuidado, façam as seguintes perguntas:

1. Uma pessoa razoável (nesse caso, o seu parceiro, cônjuge, babá, cuidador, pais e parentes) faria o mesmo que eu nas mesmas circunstâncias?
2. Qual é o padrão da comunidade? Queremos adotar esse padrão em nossa casa?
3. Qual é o dano causado por fazer ou não fazer a tarefa dessa forma?
4. Qual é o nosso "por quê"?

QUAL É O SEU "POR QUÊ"?

Quando você e seu parceiro discutirem o padrão mínimo de cuidado para as cartas que escolheram, **pense em termos de longo prazo** para vocês dois e sua família. Esse é o momento de se aprofundar e perguntar: por que fazemos as tarefas do jeito que fazemos? Quais são nossos valores? Estamos criando um conjunto de padrões que desejamos transmitir aos nossos filhos? Quando olho para o futuro, como vejo a nossa família? E, o mais importante, estamos todos juntos?

De acordo com o best-seller *Como chegar ao sim*, as negociações em que todos saem ganhando começam em torno de interesses em comum para conquistar um objetivo maior, como segurança, saúde, felicidade e construir uma relação de confiança a longo prazo. Voltando à questão do lixo na minha casa, Seth e eu chegamos facilmente a um novo padrão quando perguntamos não só o que é razoável como também: "O que desejamos para nossa família e por quê?" A resposta: *Desejamos que nossa família viva em uma casa limpa. Desejamos que nossos filhos valorizem a limpeza. Desejamos uma relação de confiança mútua a fim de criar um ambiente limpo para nossa família.*

As discussões mais cheias de nuances surgem quando você e o parceiro se concentram nos detalhes motivados por alguma preferência pessoal. Em nosso caso, o que significa "limpo"? Significa que o lixo é colocado para fora todos os dias? Se não for todos os dias, então quando exatamente o saco de lixo precisa ser amarrado e tirado de casa? (Torci para que a resposta de Seth não fosse "quando houver cinco caixas de pizza empilhadas em cima dele.")

Se isso parece uma negociação excessivamente meticulosa, posso garantir que o tempo gasto com seu parceiro estabelecendo quando o lixo precisa ser colocado para fora vai acrescentar muitas horas à vida de vocês no futuro. Ao mudar a conversa e criar um padrão, vocês eliminam a necessidade de discutir em relação ao lixo pelo resto da vida. Claro, talvez eu esteja exagerando um pouco. Mas o assunto lixo vai aparecer com muito menos frequência no seu lar, porque vocês chegaram a um acordo em relação às expectativas e padrões, e quem tiver essa carta sabe exatamente *o que, quando* e *como* executá-la. E *por que* vocês concordaram em fazer dessa forma.

Agora Seth e eu adotamos o seguinte padrão mínimo para o cuidado com o lixo: ele é colocado para fora diariamente, às 19 horas. Como esse novo padrão funciona? Nada de tristeza silenciosa ou lembretes passivo-agressivos da minha parte, nem comentários do tipo "larga do meu pé" feitos por Seth. Simplesmente, o lixo é colocado para fora todos os dias às 19 horas.

É sério. E essa mudança também pode acontecer na sua casa.

PARA PENSAR:
O CASO DA CAIXA DE AREIA DO GATO

Emily e Paul tinham uma briga eterna em relação à caixa de areia do gato. Quando o casal se conheceu, Paul tinha dois gatos e assumia a responsabilidade total por eles. O problema foi quando eles viraram um casal, e então um casal com filhos, e mais tarde um casal com *dois* filhos, e Paul relaxou no cuidado com a carta "animais de estimação". Muitas vezes ele esqueceu de que era responsável por essa tarefa. Quando falei com Emily em particular, ela reclamou:

— Se eu não lembrar o Paul de comprar ração para os gatos, trocar a água e esvaziar a maldita caixa de areia, isso não vai ser feito. Então geralmente eu vou lá e faço.

Perguntei a Emily:

— Por que deixar a caixa de areia limpa é importante para você?

Ela me lançou um olhar que dizia *dãa*.

— Porque cocô de gato fede!

Eu quis saber mais:

— Algum outro motivo?

Ela pensou um pouco.

— Porque não é seguro para os animais nem para os humanos deixá-la suja e acumulando fezes. O cheiro pode fazer mal e os gatos podem ficar doentes se comerem as próprias fezes. E Deus me livre se um dos nossos filhos entrar na garagem e decidir que aquela caixa de areia é um local a ser explorado.

— Parece que para você e para sua família o motivo mais importante para limpar a caixa de areia é a segurança.

— Eu concordo — respondeu Emily.

— E você acha que o Paul também concorda com isso?

— Sim, eu acho que ele concorda, mas no dia a dia ele não enxerga a situação como um todo. Ele vê isso como uma tarefa que não deseja ou não "se lembra" de fazer, porque faltam cinco minutos para terminar o jogo e ele pensa: "Isso pode esperar até amanhã."

Eu posso ter dado um suspiro audível quando ela falou em "enxergar a situação como um todo". Eu me lembrei do que o escritor Dan Ariely me disse sobre pensar a longo prazo: "Pense no objetivo a longo prazo como um casamento feliz em que as duas partes se revezam de maneira justa para limpar a caixa de areia do gato."

Ariely estava falando no contexto de valorizar o *tempo* um do outro e eu finalmente entendi: o tempo é apenas uma parte da equação da justiça. Estabelecer um padrão mínimo de cuidado, em que os dois parceiros se alinham a um objetivo mais amplo, como a segurança familiar, estimula o compromisso a longo prazo no lugar do ressentimento a longo prazo. Em vez de considerá-la uma chateação diária, se Paul mudasse o pensamento e pensasse na tarefa de esvaziar a caixa de areia como a garantia de que sua família e animais de estimação vão ficar sempre saudáveis, limpos e seguros, ele ficaria mais disposto a pegar a pá.

Pelo menos essa era a minha teoria, e convidei Emily para testá-la.

— Quando Paul "esqueceu" de limpar a caixa de areia de novo, eu prendi a respiração. Depois que a raiva passou, imitei o Darth Vader e disse algo como: 'Isso é maior do que a caixa de areia do gato. Vai além das fezes do gato. É uma questão do futuro da nossa família e da MINHA CONFIANÇA EM VOCÊ!' Paul riu da minha tentativa de imitar James Earl Jones, e, como eu não tinha partido para a briga, consegui explicar por que essa responsabilidade era importante para manter a família saudável, limpa e segura, além de evitar que eu o matasse — contou ela.

Assim que Emily definiu o benefício a longo prazo de fazer essa tarefa da Luta Diária, as ações e atitudes de Paul mudaram. Ele passou a esvaziar a caixa de areia sem lembretes ou reclamações a esposa, pois agora sabia exatamente *por que* estava fazendo isso.

A VITÓRIA DA CONFIANÇA

A quarta regra pede que você e seu parceiro deixem as expectativas bem claras para minimizar a decepção e maximizar a confiança no relacionamento. Para cada carta que você e seu parceiro consideram valiosa e digna de entrar no jogo (mas só depois de começarem a jogar para valer, no Capítulo 8), é preciso decidir, em comum acordo, um padrão mínimo de cuidado, que atenda aos interesses da sua casa em termos de longo e curto prazo, e ter a confiança mútua de que será possível aplicar esse padrão. Segundo o Professor Forell, "Tudo se resume à confiança. Se você não tiver a confiança de que o carro vai parar no sinal vermelho, não vai se sentir seguro para atravessar a rua. Da mesma forma, se você não confiar no parceiro para cuidar da casa segundo os padrões mínimos da sua família, não vai se sentir segura, ouvida ou compreendida no relacionamento."

Quando eu era Tradicionalista acidental com ascendente em O meu jeito é o melhor, sempre caía no discurso "vai ser mais fácil se eu fizer" porque não conseguia imaginar meu marido concebendo, planejando e executando uma tarefa de um jeito que atenderia minhas expectativas ou meu padrão de cuidado. Várias mulheres que testaram o Fair Play também admitiram a relutância em ceder o controle por medo de que as cartas entregues aos parceiros não fossem feitas adequadamente ou talvez nem fossem feitas. Como consequência natural desse comportamento, vários homens com quem conversei admitiram a derrota e pararam de oferecer ajuda, porque temiam ser criticados. "Eu parei de tomar a iniciativa ou agir sem instruções da minha esposa porque ela simplesmente refazia tudo o que eu fazia", revelou Carl, do Arkansas.

Estabelecer um padrão mínimo de cuidado alivia isso. Chega de desculpas do tipo "Eu não sabia o que fazer". **Agora você pode confiar no parceiro para tomar a iniciativa de conceber, planejar e executar tudo cuidadosamente.** Chega de reclamações do tipo "Por que você faz isso desse jeito?" e de contar pontos. Ao abrir mão do controle e trocá-lo pela confiança, seu parceiro pode agir tranquilamente, sabendo que o novo padrão decidido em conjunto é o caminho para o sucesso. É isso que significa vocês dois vencerem.

» PARTE III «

COMO VENCER O FAIR PLAY

Jogar para valer

7.

AS 100 CARTAS DO FAIR PLAY

Prepare-se para vencer.

Antes de começar o jogo, dê uma olhada com atenção nas "100 cartas do Fair Play", veja do que elas falam e, o mais importante: pense em como a Concepção, o Planejamento e a Execução (CPE) de cada uma delas acontecerá em sua casa, com base nos valores que vocês têm em comum.

O Fair Play é composto por 100 cartas de tarefas que dividem o ecossistema doméstico em cinco grupos: **Vida Doméstica, Vida Exterior, Cuidados, Magia** e **Furacão,** além do importantíssimo **Espaço do Unicórnio,** que todos os parceiros precisam jogar.

Lembre-se: não necessariamente *todas* as cartas do Fair Play serão usadas em sua família, mas é importante saber o conteúdo de cada uma delas para que você e seu parceiro possam adaptar o conjunto de cartas da forma que funcionar melhor para a casa de vocês.

***Dica!** As descrições das tarefas nas cartas a seguir aparecem mais detalhadas e em formato de lista no site fairplaylife.com [em inglês]. Nem tudo que está nessas listas vai se aplicar a você e sua família, mas, caso você não saiba fazer o CPE de uma carta, esse será o seu material de pesquisa.*

100 CARTAS DO FAIR PLAY EM NÚMEROS

60 cartas que podem ser jogadas por casais sem filhos
40 cartas adicionais que podem ser jogados pelos casais com filhos
30 cartas com tarefas da Luta Diária espalhadas por todo o conjunto

100 CARTAS DO FAIR PLAY

100 CARTAS DO FAIR PLAY®

VIDA DOMÉSTICA

Ajuda para cuidar das crianças ☕
Faxina
Louça ☕
Lavagem de roupas a seco
Lixo ☕
Compras de super-mercado ☕
Cama, mesa e banho
Bens e suprimentos para a casa ☕
Manutenção da casa ☕
Pagamento de prestação de compra/aluguel e seguros para a casa
Receber/entreter visitas em casa
Lavar e secar roupas ☕
Jardim e plantas
Correspondência ☕
Refeições (café da manhã durante a semana) ☕
Refeições (lanches para a escola) ☕
Refeições (jantar durante a semana) ☕
Refeições (fins de semana)
Recordações e fotos
Administração financeira
Armazenamento, garagem e itens sazonais
Arrumação, organização e doações ☕

VIDA EXTERIOR

Carro
Festas de aniversário (outras crianças)
Cuidar da agenda ☕
Dinheiro e contas ☕
Caridade, serviço à comunidade e boas ações (adultos)
Engajamento cívico e enriquecimento cultural
Equipamentos eletrônicos e tecnologia em geral
Atividades extracurriculares (não esportivas) ☕
Atividades extracurriculares (esportivas) ☕
Primeiros socorros, segurança e emergência
Arrumar bolsas e mochilas (dia a dia) ☕
Fazer e desfazer malas (viagens)
Pontos, milhas e cupons de desconto
Devoluções e créditos de lojas
Férias e feriados escolares (durante o ano letivo)
Férias escolares (fim do ano)
Comunicação com a escola
Eventos sociais (casais)
Transporte (crianças) ☕
Viagens
Aulas de reforço e outras atividades
Eventos sociais no fim de semana (família)

CUIDADOS

Banho e arrumação (crianças) ☕
Beleza e vestuário (ela)
Rotina da hora de dormir ☕
Controle de natalidade
Roupas e acessórios (crianças)
Dentista (crianças)
Fraldas e ensinar a usar o banheiro ☕
Planejamento para compra de imóveis e seguro de vida
Amizades e redes sociais (crianças) ☕
Beleza e vestuário (ele)
Plano de saúde
Lição de casa, projetos e material escolar ☕
Consultas médicas e vida saudável ☕
Rotina matinal ☕
Pais e parentes próximos
Animais de estimação ☕
Serviços para a escola
Mudança de escola
Cuidados pessoais (ela) ☺
Cuidados pessoais (ele) ☺
Necessidades especiais e saúde mental (crianças) ☕
Comunicação com professores

100 CARTAS DO FAIR PLAY®

MAGIA

Amizades adultas (ela)
Amizades adultas (ele)
Festas de aniversário (filhos)
Disciplina e controle de tempo de telas
Parentes distantes
Diversão e brincadeiras
Gestos de amor (crianças)
Presentes (família)
Presentes (VIPs)
Perguntas difíceis
Cartões de Natal
Natal, Ano-Novo e outras festividades
Educação informal
Seres mágicos
Casamento e romance
Conforto no meio da noite
Ajuda para o parceiro
Estar presente e participar
Espiritualidade
Bilhetes de agradecimento
Valores e boas ações (crianças)
Tomar conta das crianças

FURACÃO

Pai/mãe doente ou envelhecendo
Morte
Primeiro ano da vida do bebê
Falhas na matrix/imprevistos
Reformas em casa
Perda de emprego e problemas financeiros
Mudança de casa
Emprego novo
Gravidez e nascimento do bebê
Doença grave

ESPAÇO DO UNICÓRNIO

ESPAÇO DO UNICÓRNIO

VIDA DOMÉSTICA

Definição: É impressionante a quantidade de CPE necessária para administrar uma casa com crianças: as roupas sujas que não acabam nunca, as compras de supermercado, refeições para preparar, colocar o lixo para fora, fazer faxina... Sem falar das nove mil fotos guardadas na nuvem que você gostaria de colocar em álbuns algum dia. Bem-vinda à seção **Vida Doméstica.** Alguém precisa saber quando vocês estão quase sem papel higiênico, qual é a boneca favorita da sua filha, e, sim, já faz um ano que você fez a declaração do imposto de renda.

AJUDA PARA CUIDAR DAS CRIANÇAS

É preciso uma aldeia inteira para criar uma criança, e você tem sorte se a sua aldeia inclui babás, pais ou outros que ajudem com as crianças. Esse tipo de auxílio pode salvar a sua vida, mas ainda exige alguém que conceba e planeje para que a Babá Poppins ou a Vovó Shirley possa executar. Elas não aparecem magicamente quando você deseja, então é preciso gerenciar agendas, fazer pagamentos, delegar responsabilidades e ter uma comunicação constante. Atenção: quando a sua ajudante desmarcar ou se demitir, o detentor desta carta não necessariamente precisará largar tudo: basta usar o Fair Play imediatamente para redistribuir as cartas envolvidas, como “transporte (crianças)” e “tomar conta das crianças”.

FAXINA

A massa de panqueca que caiu naquele buraquinho na lateral do forno semana passada? Continua lá. O xixi no assento da privada porque seu filho ainda não acertou a mira? Continua lá. O rastro de areia no corredor depois da praia? Continua lá. Se você tiver alguém para ajudar na faxina do banheiro e da cozinha, fique feliz, mas ainda é sua responsabilidade gerenciar a agenda, a lista de tarefas, o pagamento etc. Recomenda-se redistribuir esta carta com frequência, porque é um trabalho dos grandes.

> ***Dica!*** *Combine com o detentor da carta "bens e suprimentos para casa" para que os produtos de limpeza estejam em casa quando você precisar deles.*

LOUÇA ☕

Não surpreende que tantos artigos sobre trabalhos domésticos comecem e terminem com a louça, o fio condutor metafórico das tarefas. O detentor dessa carta é responsável por lavar e secar manualmente e/ou encher e esvaziar a lava-louças em todas as refeições. A vantagem? O parceiro não poderá criticar você por ter colocado os pratos do jeito "errado". É bom redistribuir esta carta com frequência para evitar que pratos sejam arremessados em alguém.

LAVAGEM DE ROUPAS A SECO

Mesmo um assunto tão aparentemente direto quanto a lavagem de roupas a seco exige um CPE detalhado. A carta envolve ter um cesto ou saco em casa, garantir que as roupas certas estejam nesse cesto ou saco, encontrar uma lavanderia a seco, saber quando ela está aberta para levar e buscar as roupas e tirar o plástico antes de guardá-las no armário. Se o padrão mínimo de cuidado definido por vocês dois é que todas as roupas voltem para casa, o detentor desta carta fica responsável por encontrar a camisa favorita do parceiro quando ela se perder ou negociar um reembolso (e talvez procurar uma nova lavanderia a seco depois disso).

LIXO

Sério, quanto lixo uma família consegue criar? É assustador. Fazer o CPE desta carta significa, no mínimo, colocar o lixo para fora antes que o caminhão vire a esquina da sua rua (*que dia o lixeiro passa mesmo?*). O detentor dessa carta é responsável por saber quando os sacos de lixo estão acabando. E uma dica: nem pense em voltar ao sofá antes de colocar outro saco de lixo no cesto!

COMPRAS DE SUPERMERCADO

Sua família precisa comer. Todo mundo concorda com isso, certo? Ótimo. Então como a despensa e a geladeira são abastecidas regularmente? Por meio de CPE, que inclui saber o que está prestes a acabar ou vencer, manter uma lista de compras atualizada e ir ao supermercado, de preferência antes de perceber que não tem leite na geladeira. Mesmo se a sua família fizer as compras pela internet e o seu jantar favorito for pizza congelada, esta carta exige que se faça o CPE quase 365 dias por ano. Consulte o detentor regular das várias cartas relacionadas a "refeições" a fim de garantir que os ingredientes estejam na despensa para as refeições de cada dia.

CAMA, MESA E BANHO

Fazer o CPE desta carta pode envolver atividades básicas, como garantir que todas as camas tenham travesseiros, que as toalhas estejam no banheiro e os copos rachados sejam trocados antes que alguém quebre um dente. Esta carta não é para ser feita uma vez só, pois é preciso avaliar regularmente o que você tem em casa e saber qual é o melhor momento para usar aquele cupom de 20% de desconto da sua loja favorita. Converse com o detentor da carta "pontos, milhas e cupons de desconto" para fazer a próxima visita à loja devidamente preparada.

BENS E SUPRIMENTOS PARA A CASA

O CPE desta carta envolve desde sabão para a lava-louças, pilhas e lâmpadas até pasta de dente, filtros de papel para café e sacos de lixo! Você vai se espantar ao pensar como a geração dos seus pais fazia isso sem a Amazon.

MANUTENÇÃO DA CASA

Quantas pessoas são necessárias para trocar uma lâmpada? Neste jogo, apenas uma: a que está com esta carta. Você também será responsável por desentupir vasos, chamar o técnico quando o ar-condicionado quebrar (inevitavelmente no auge do verão), encontrar o manual do aspirador de pó que está cuspindo poeira, além de todas as tarefas de manutenção da casa que exigem colocar a mão na massa.

PAGAMENTO DE PRESTAÇÃO DE COMPRA/ALUGUEL E SEGUROS PARA A CASA

Se você quiser realizar o sonho da casa própria algum dia, terá que fazer o CPE do processo de compra. Se vocês já tiverem uma casa financiada, o detentor desta carta cuidará de uma imensa quantidade de prestações e talvez do refinanciamento. Se estiver procurando casa para alugar, você ficará responsável por pesquisar os anúncios, agendar com os corretores e visitar os imóveis. Você também vai lidar com os seguros relacionados à casa (seja própria ou alugada), incluindo a escolha da apólice adequada, e acionar a seguradora em caso de sinistro. Pegue essa carta rapidamente se lidar com papelada e burocracia for o seu ponto forte.

RECEBER/ENTRETER VISITAS EM CASA

Seja um churrasco no quintal, festa do tipo "cada um traz alguma coisa para comer ou beber" ou qualquer outra reuniãozinha, receber/entreter visitas em casa geralmente envolve mandar convites, planejar o cardápio, encher os vasos de flores e arrumar a mesa (além de talvez arranjar outra para as crianças). O lado ruim de ter esta carta: você pode não se divertir na própria festa porque está se desdobrando para garantir que todos se divirtam. A vantagem: poder faltar à academia em dias de reunião, pois você provavelmente vai chegar aos dez mil passos antes de sentar para comer (se conseguir fazer isso).

LAVAR E SECAR ROUPAS

Se você nunca fez o CPE desta carta, gostaria de adivinhar quantas levas de roupa sua família lava semanalmente? Um montão, esse é o meu palpite. Se você não tem problemas para encontrar meias limpas e sua filha sempre consegue achar a camisa favorita de arco-íris, agradeça a quem detém esta carta, que não só coloca a roupa para lavar como também coloca para secar, dobra e guarda. Se a roupa suja tende a se acumular e multiplicar na sua casa, é hora de redistribuir esta carta e criar um novo padrão antes que seja tarde demais.

JARDIM E PLANTAS

Se você tiver um jardim, quintal, hortinha na varanda ou apenas uma suculenta lutando desesperadamente para sobreviver na janela da cozinha, então sabe que é preciso um CPE cuidadoso para manter as plantas vivas. Mesmo que você tenha um jardineiro para dar uma ajuda, é responsabilidade sua ficar de olho em plantas fracas, que podem precisar de uma dose de fertilizante.

CORRESPONDÊNCIA

O detentor desta carta não é apenas o responsável por pegar a correspondência todos os dias na entrada da casa ou prédio. O que acontece quando ela está *dentro de casa* é o mais importante. O CPE para isto envolve um sistema para buscar e abrir a correspondência, prestando atenção às datas, e entregar aos devidos destinatários os convites, contas, convocações para ser jurado, reembolsos de planos de saúde, demonstrativos para o imposto de renda etc. Vantagem: o detentor desta carta poderá escolher entre usar selos comemorativos de Guerra nas Estrelas e do Elvis para as cartas da família, porque terá a função de comprá-los e colá-los.

REFEIÇÕES (CAFÉ DA MANHÃ DURANTE A SEMANA)

Uma das mães com quem conversei lamentava por estar com essa carta todos os dias desde quando os filhos começaram a comer alimentos sólidos. Todo. Santo. Dia. Prepare-se para redistribuir frequentemente o CPE desta tarefa inegociável da Luta Diária, a menos que servir flocos de aveia e torradas na velocidade da luz seja o seu estilo. Os pratos deixados na pia e o leite derramado no balcão não são responsabilidade sua a menos que você tenha as cartas de "louça" e "arrumação." Mesmo assim, seja respeitosa e evite a bagunça exagerada.

REFEIÇÕES (LANCHES PARA A ESCOLA)

Se você está com esta carta, pode esquecer a ideia de uma noite relaxante, pois essa é a hora de preparar o lanche das crianças. Não se deixe abalar por todas as imagens no Instagram com a hashtag #lanchedaescola. O seu padrão mínimo de cuidado do Fair Play pode ser uma barra de cereais, uma maçã e uma garrafa de água, caso o seu filho prefira isso. E mesmo que a escola dele tenha cantina, você ainda terá que fornecer o dinheiro do lanche.

REFEIÇÕES (JANTAR DURANTE A SEMANA)

Se você nunca fez o CPE do jantar em uma família com filhos (particularmente filhos pequenos), não há palavras capazes de fazer justiça a esse circo noturno. O detentor desta carta planeja o cardápio semanal, consulta quem está com a carta "compras de supermercado" para ter os ingredientes em casa, depois cozinha e garante que a comida realmente seja consumida; e o ideal seria aproveitar esse momento em família obrigatório para ter conversas "de qualidade" sobre o dia de todo mundo. Homens: se cozinhar é uma de suas contribuições domésticas, parabéns, mas essa é apenas uma palavra nesta carta imensa. Você não ganha o status de herói apenas por fritar algo.

REFEIÇÕES (FINS DE SEMANA)

Por que as refeições no fim de semana parecem mais trabalhosas? Ah, vamos contar os motivos: porque elas acontecem duas vezes mais do que em um dia de semana, amplificam exponencialmente a bagunça da cozinha e porque o sábado à noite representa só a metade do caminho. As refeições do fim de semana merecem uma carta própria. E atenção: servir o almoço às 16 horas não dá certo, exceto se um ataque de birra no meio do dia estiver nos seus planos.

RECORDAÇÕES E FOTOS

Deus abençoe os pais que fazem álbuns de fotos todos os anos e podem garantir que todas as fotos antigas estão escaneadas e têm cópias de segurança na nuvem se o apartamento inundar. Não é preciso sonhar tão alto, mas, se você for o detentor desta carta, as lembranças de toda a vida da sua família estão em suas mãos. Quando uma colagem de fotos é necessária para a escola, é hora de colocar uma música e dar adeus a boa parte do seu tempo. Quando as caixas com os desenhos de seus filhos que você coleciona desde o jardim da infância ameaçam ocupar todos os cantos da casa, é hora de consultar o detentor das cartas "armazenamento" e "organização". *Guardar tudo ou mandar para a reciclagem?*

ADMINISTRAÇÃO FINANCEIRA

Se esta carta estiver em suas mãos, você tem coragem, porque gerenciar o orçamento familiar é uma proeza e tanto. Planejar o presente e preparar-se para o futuro é um bom começo, mas fazer o CPE desta carta envolve muito mais do que isso: fazer orçamento de curto e longo prazo, pagar dívidas, planejar a aposentadoria, economizar para a faculdade e para investir, além daquele momento divertido com o Leão que acontece todos os anos. O "dinheiro e contas" do dia a dia são uma carta separada, e aqueles que tiverem essas duas cartas vão precisar trabalhar juntos com frequência.

ARMAZENAMENTO, GARAGEM E ITENS SAZONAIS

Se você tem uma garagem ou um local para armazenamento, faz alguma ideia do que existe lá dentro? Se não fizer, agora é o momento para organizar tudo e colocar um plano de CPE em vigor antes que alguém pergunte: "Amor, onde está o saco de dormir do Zach? Ele vai acampar com os amiguinhos neste fim de semana."

ARRUMAÇÃO, ORGANIZAÇÃO E DOAÇÕES

Esse trabalho que nunca termina inclui arrumar camas, guardar brinquedos, encontrar os Legos que estão embaixo do sofá (de preferência antes de comprar uma nova caixa) e guardar a metade da banana que está no balcão da cozinha antes que as moscas invadam a casa. Esta carta é uma batata quente para muitos casais, que muitas vezes discordam em relação ao que significa "arrumado", então, antes de escolhê-la, sejam bem específicos em relação ao tempo que ambos conseguem viver com o armário de brinquedos transbordando, os objetos aleatórios acumulados na escada e as sacolas com roupas e objetos para doar que estão no porta-malas do carro da família há meses. A menos que você deseje estrelar um episódio de *Acumuladores* (e o seu parceiro concordar em ser o outro protagonista), é melhor maratonar alguns episódios de *Ordem na casa com Marie Kondo.*

VIDA EXTERIOR

Definição: O que acontece em casa fica em casa (na maioria das vezes). Então, se você estiver sem roupas íntimas limpas, ninguém mais vai saber, mas a **Vida Exterior** significa estar fora de casa, então é hora de encontrar uma roupa limpa e encarar a rua. Esta seção se refere às diversas atividades que acontecem fora de casa ou do trabalho e são necessárias para fazer com que a vida fora de casa seja possível. De levar cada criança para as respectivas atividades extracurriculares no dia e hora certos até ir a compromissos sociais e cívicos, fazer o CPE de uma vida familiar fora de casa exige um alto nível de organização.

CARRO

Sabe o que acontece se alguém não colocar o novo documento do carro no porta-luvas? Você recebe uma multa que poderia ser facilmente evitada. O detentor desta carta lida com todos os itens relacionados ao(s) carro(s) da família, incluindo cuidar e renovar o documento no prazo, pagar a maldita multa, renovar o seguro, lidar com a manutenção, levar o carro para lavar, encher o tanque regularmente e verificar o óleo para você se sentir seguro e tranquilo no carro da família.

FESTAS DE ANIVERSÁRIO (OUTRAS CRIANÇAS)

De confirmar presença a comprar presentes, o circuito de festas de aniversário para crianças está repleto de oportunidades para cometer erros, como perceber que a festa é a fantasia com tema de princesas só quando está saindo de casa. Oops. E por que ninguém contou quantas horas de fins de semana você gastaria em aniversários de outras crianças batendo papo furado com pais que você mal conhece? Faça a dancinha da felicidade se todos os irmãos forem convidados, para que você consiga ter duas crianças no mesmo lugar ao mesmo tempo.

Observação! *Se você tiver dois ou mais filhos que precisem estar em festas de aniversário diferentes, você e seu parceiro podem dividir esta carta. Uma divisão por filho significa que ambos farão o CPE da mesma carta ao mesmo tempo, mas para crianças diferentes.* *Veja a página 234 para saber mais sobre a divisão de cartas.*

Pós-observação! *Esta carta está associada a "transporte (crianças)" e "presentes (VIPs)", o que significa que, se você confirmou a presença na festa de aniversário, será o responsável por levar o filho até o salão de festas (com o presente nas mãos) e buscá-lo depois.*

CUIDAR DA AGENDA

Os executivos têm uma secretária para agendar todas as reuniões e eventos, não é? A sua família tem uma rotina mais agitada que eles, mas você não tem ninguém para essa função. Cabe a você criar um sistema funcional para que todos saibam o que está na agenda a cada dia e semana e planejar de acordo com ela. Quando você pensa que fechou e guardou a agenda, descobre que o treino de futebol acontece no mesmo dia das atividades dos escoteiros e volta à estaca zero. Somando os seus compromissos e os do parceiro, você tem um trabalho que se mexe mais do que uma centopeia.

DINHEIRO E CONTAS

Quem vai ao banco para ter a quantidade adequada de dinheiro à mão (depois de consultar o detentor da carta "administração financeira" e definir um padrão para *adequado*)? Quem estiver com esta carta estabelece um sistema para impedir todas as partes interessadas de dizer ou ouvir "Desculpa, amor, eu só tenho cinco reais". O responsável pelo CPE desta carta também vai lidar com o pagamento de todas as contas (no dia certo!), seja pela internet, na agência bancária ou por débito automático, e equilibrar o talão de cheques ou equivalente virtual. Consulte o detentor da carta "correspondência", responsável por garantir que as contas em papel cheguem até você.

CARIDADE, SERVIÇO À COMUNIDADE E BOAS AÇÕES (ADULTOS)

Você quer contribuir para a comunidade, instituições religiosas, a escola dos seus filhos ou alguma causa importante para você ou os outros que pedem a sua ajuda? O detentor desta carta é generoso com seu tempo (cozinhando para algum amigo ou vizinho que esteja incapacitado) e também com o dinheiro da família, portanto consulte quem estiver com a carta "administração financeira" antes de fazer qualquer doação.

ENGAJAMENTO CÍVICO E ENRIQUECIMENTO CULTURAL

Por que todos os seus amigos têm ingressos para a produção do musical *Annie* do seu bairro e você nem sabia que estava em cartaz? Talvez eles tenham alguém pra fazer o CPE desta carta, e agora você também terá. De reuniões da associação de moradores a shows e leituras na biblioteca, o detentor desta carta ficará responsável por pesquisar e planejar eventos comunitários que melhorem a vida da sua família. Porém, lembre-se de consultar o detentor da carta "cuidar da agenda" antes de comprar ingressos para ver sua órfã ruiva favorita no palco.

EQUIPAMENTOS ELETRÔNICOS E TECNOLOGIA EM GERAL

Quando a tela do celular quebra, o wi-fi não está funcionando ou o dispositivo que grava da TV por assinatura está lotado, quem você vai chamar? O detentor desta carta! Não é necessário trabalhar na empresa de TV a cabo ou ter conhecimentos de tecnologia, mas você *precisa* ter muito tempo e paciência para fazer o CPE desta carta, especialmente quando tiver que esperar seis horas pelo cara da TV. Comprar cabos, carregadores e cartuchos para a impressora? Também é com você. Comprar o primeiro celular do seu filho? Responsabilidade sua.

ATIVIDADES EXTRACURRICULARES (NÃO ESPORTIVAS)

Digamos que sua filha implore para estar na peça da escola, com ensaios no mesmo dia em que ela já faz as atividades das escoteiras. O detentor desta carta precisa investigar o que significa esse compromisso extracurricular e como encaixá-lo na agenda da família.

> ***Observação!*** *Esta carta está associada a "transporte (crianças)" e a "arrumar bolsas e mochilas (dia a dia)". Portanto, se você inscrever sua filha nas escoteiras e também na peça da escola, ficará responsável por gerenciar a presença dela nesses dois eventos na hora certa e com o figurino e o uniforme corretos.*

ATIVIDADES EXTRACURRICULARES (ESPORTIVAS)

Se você pensa que esta carta significa apenas aparecer na quadra ou campo certo na hora certa para torcer pelo seu filho, não poderia estar mais enganado. Embora a execução possa ser gratificante quando você assiste o seu filho fazendo um gol, a concepção e o planejamento são mais entediantes e exigem muito planejamento. Quais são os equipamentos necessários para a prática do esporte? Qual é o horário do treino? E quando você tem que fornecer lanches para o time?

> ***Observação!*** *Esta carta também está associada a "transporte (crianças)" e "arrumar bolsas e mochilas (dia a dia)". Além de garantir que as chuteiras estejam na bolsa, você também precisará saber como o seu filho vai chegar à quadra ou campo na hora certa para o treino ou jogo.*

PRIMEIROS SOCORROS, SEGURANÇA E EMERGÊNCIA

Antes de trazer o recém-nascido do hospital para casa, o detentor desta carta já instalou a cadeirinha no carro (sim, é difícil, mas é a lei). A sua família tem um plano de emergência se não houver energia ou sinal de celular e for preciso sair de casa para um lugar mais seguro? Existem lanternas funcionando, velas e fósforos para quando faltar luz? Nem precisava dizer, mas esta carta é uma das grandes e precisa ser levada a sério.

ARRUMAR BOLSAS E MOCHILAS (DIA A DIA)

Se você usar a última fralda que estava na bolsa e não colocar outras, quantas fraldas estarão lá da próxima vez que precisar trocar o bebê após um daqueles cocôs explosivos no meio da rua? Exatamente. A bolsa do bebê precisa ser reabastecida, assim como as mochilas precisam ser arrumadas (e desarrumadas) diariamente com livros, lanches, lições de casa feitas, garrafas de água, roupas para as atividades depois da escola e um milhão de outros objetos que você vai esquecer se não tiver um sistema em vigor. Tarefas bônus: preparar-se para dormir fora de casa, preparar e substituir a muda de roupa no armário/vestiário da escola conforme necessário e entrar em contato com o setor de achados e perdidos do clube quando só uma das chuteiras voltar para casa.

FAZER E DESFAZER MALAS (VIAGENS)

Se a ideia de arrumar as malas para uma viagem com as crianças faz você pensar em desistir da viagem, você não está sozinha. A sensação é a de estar movimentando um exército, mas as suas tropas podem ser jovens demais para fazer as malas e carregar o próprio equipamento. Um erro de principiante comum é perceber que a bateria do iPad está em 1% logo antes da decolagem.

PONTOS, MILHAS E CUPONS DE DESCONTO

Você sabe se tem milhas aéreas suficientes para fazer a próxima viagem de graça e talvez até levar o parceiro? O detentor desta carta controla as milhas, créditos, pontos, cupons e todas essas grandes formas de economizar. Fazer o CPE meticuloso desta carta é fundamental, pois obter aquela promoção incrível de "compre um, leve três" só acontece quando você está totalmente organizado nessa área.

DEVOLUÇÕES E CRÉDITOS DE LOJAS

Se parece que sempre existe algo que precisa ser devolvido ou trocado, geralmente sem a nota fiscal e do outro lado da cidade, o detentor desta carta ficará bem ocupado. Créditos de lojas? Cartas-presentes dados pela sogra? Claro que eles eram para os seus filhos, mas quem vai saber se você usou um deles para comprar aqueles sapatos lindos que estavam em promoção?

FÉRIAS E FERIADOS ESCOLARES (DURANTE O ANO LETIVO)

Você terá bastante tempo de antecedência para planejar as férias de meio do ano das crianças, mas não espere muito. Elas chegam rápido. E, quando se trata de conselhos de classe ou qualquer outra situação que leve você a precisar de creche ou babá, o detentor desta carta precisa ser capaz de se virar e fazer o CPE em cima da hora como um profissional.

FÉRIAS ESCOLARES (FIM DO ANO)

Quem fizer o CPE desta carta precisa pesquisar as opções de colônias de férias ou outras atividades com muita antecedência. O trabalho dura até o minuto em que todos os formulários de inscrição e taxas forem preenchidos e pagos e todos os dias tiverem alguma atividade planejada (por 90 dias, mas quem está contando?)

COMUNICAÇÃO COM A ESCOLA

Todo tipo de comunicação que venha da escola, desde o aviso da biblioteca por atraso na devolução de livro e notificações relacionadas ao desempenho escolar até a autorização para passeios, agora está em suas mãos. Esse tipo de contato pode vir por e-mail (verifique a pasta de lixo eletrônico), estar amassado na mochila do seu filho, ou no site ou aplicativo da escola, no qual você deveria saber entrar e navegar a esta altura, mas continua sendo um dos mistérios da vida. Apenas os documentos e e-mails devem ser preenchidos e respondidos pelo detentor desta carta, pois o contato direto com os professores é responsabilidade de quem tiver a carta "comunicação com professores".

EVENTOS SOCIAIS (CASAIS)

Em tese, é simples: basta mandar uma mensagem para os amigos se reunirem, escolher dia/hora/lugar e aparecer. Mas não é assim que funciona na vida real, especialmente depois de ter filhos. Para começar, você precisa da adesão do parceiro e será necessário arranjar uma babá, então consulte o detentor da carta "Ajuda para cuidar das crianças". Além disso, escolher o melhor horário (antes de as crianças dormirem?

Depois do jogo do campeonato?) vai fazer você questionar se todo o esforço vale a pena. Se vocês conseguirem sair de casa sem cancelar o evento, merecem uma bebida extra para comemorar.

TRANSPORTE (CRIANÇAS)

Independente de se suas crianças pegam o ônibus escolar, vão a pé, de carona com o pai ou mãe de algum coleguinha ou têm um motorista (leia-se: você), gerenciar esta carta pode ser um fardo e tanto. A qualquer dia você poderá passar várias horas transportando as crianças para a escola ou acertando horários com os responsáveis por esse transporte. Adicione à lista levar e buscá-los para brincar na casa de amiguinhos, atividades extracurriculares, colônias de férias e qualquer outro lugar onde eles precisam estar sete dias por semana e chegamos à conclusão: Trabalho. Em. Tempo. Integral.

> ***Observação!*** *A carta "transporte (crianças)" está associada a "festas de aniversário (outras crianças)", "amizades e redes sociais (crianças)", "atividades extracurriculares (não esportivas)" e "atividades extracurriculares (esportivas)". Isso significa que, se qualquer uma dessas cartas envolvem dar carona ao seu filho, você é responsável por transportar ou arranjar transporte de ida e volta para essas atividades.*

VIAGENS

Quando se trata de viajar, a fórmula "quem, onde, quando e como" tem implicações infinitas. Se você acrescentar qualquer parente, boa sorte para fazer todos estarem no mesmo lugar ao mesmo tempo pagando pouco e se divertindo. Até uma viagem de um dia para o casamento de um amigo exige que alguém se encarregue da logística. Em resumo:

o CPE desta carta é obrigatório, mesmo que a viagem não seja para uma praia de areias brancas e águas cristalinas.

> ***Dica!*** *Trabalhe em conjunto com o detentor da carta "fazer e desfazer malas (viagens)" para garantir que as roupas e utensílios adequados estejam nas malas quando vocês chegarem ao destino.*

AULAS DE REFORÇO E OUTRAS ATIVIDADES

Pegue esta carta se você for o responsável pelo enriquecimento intelectual para além do ambiente escolar. Algumas famílias usam as opções oferecidas pela própria escola, enquanto outras procuram aulas de reforço externas ou contratam professores para ajudar nas matérias em que as crianças tenham dificuldade, ou ensinar interesses especiais como tocar um instrumento musical. Seja qual for caso, o detentor desta carta precisará pesquisar as opções, confirmar a disponibilidade de horário com quem tiver a carta "cuidar da agenda" e avaliar continuamente o progresso. Se o seu filho não conseguir tocar um instrumento ou chutar bem a bola depois de algum tempo, talvez seja hora de trocar de professor... ou de esporte.

EVENTOS SOCIAIS NO FIM DE SEMANA (FAMÍLIA)

Socializar em família pode unir o útil ao agradável em vários aspectos, incluindo tirar as crianças de casa, deixá-las longe de aparelhos eletrônicos, ver seus amigos e seus filhos verem os amigos deles. (Se você gostar dos pais do(a) melhor amigo(a) do(a) seu(sua) filho(a), melhor ainda!) Mas tudo isso exige muito CPE, então pense bem antes de se oferecer para organizar um piquenique no parque com os *seus* melhores amigos e um total de 20 crianças.

CUIDADOS

Definição: alguns aspectos da vida doméstica podem ser terceirizados, mas não é o caso dos **Cuidados.** Tanto você quanto seu parceiro são insubstituíveis para fazer o CPE das necessidades dos filhos, família e amigos e também para cuidar de si mesmos. A seção **Cuidados** pode parecer um trabalho ingrato às vezes, mas essas cartas importam, e muito.

BANHO E ARRUMAÇÃO (CRIANÇAS)

A natureza das responsabilidades do detentor desta carta vai depender da idade dos filhos, mas o fato é que as crianças precisam escovar os dentes, tomar banho, lavar o rosto, cortar as unhas e pentear o cabelo. Repetidamente.

> ***Dica!*** *Preste atenção às necessidades de desenvolvimento dos seus filhos. Se você notar um cheiro estranho sempre que o seu adolescente estiver a um metro de distância, provavelmente é hora de o responsável por esta carta comprar desodorante e ensinar ao jovem em questão que é preciso usá-lo todos os dias!*

BELEZA E VESTUÁRIO (ELA)

Ter boa aparência e se sentir bem consigo mesma não é fácil, especialmente depois que os filhos chegam (existe um motivo pelo qual a indústria da beleza vale US$ 445 bilhões de dólares). Mesmo se você for o tipo de mulher que se cuida em casa, aplicar o hidratante no corpo, fazer as sobrancelhas, arrumar o cabelo e passar batom exigem tempo. Se você aumentar o nível, pode adicionar manicure e pedicure, cílios postiços e depilação à rotina de beleza. Acrescente a compra de roupas (em vários tamanhos, para os períodos antes e depois da gravidez, amamentação e todos os motivos pelos quais o seu peso oscila) e você terá uma carta potencialmente cara e que toma muito tempo.

ROTINA DA HORA DE DORMIR

Pode ser muito gratificante quando a hora de dormir envolve fortalecer o vínculo com os filhos, falar dos eventos do dia, fazer carinho como se não houvesse amanhã ou apenas ficar deitada tranquilamente com seu filho querido. Mas não tanto quando essa rotina vira uma batalha sobre a hora de dormir, em que a criança implora por mais um copo de água ou só mais cinco minutinhos de leitura, colocando em xeque sua paciência e coragem. (Não surpreende que *Go the F**k to Sleep* [Vai dormir, p***a, em tradução livre] seja um dos livros mais vendidos.) Embora uma pessoa precise assumir o CPE, a outra não está livre (leia-se: este não é o momento ideal para se ajeitar no sofá e procurar alguma coisa boa na TV), e a colaboração é altamente recomendada. Experimente isso: um dos pais fica com a carta "banho e arrumação (crianças)" para começar a festa, enquanto o outro fica responsável pelos pijamas, contar histórias e apagar as luzes. Tenha em mente que essa rotina não vai durar para sempre. Quando você menos esperar, seus bebês serão adolescentes e você vai dormir muito antes deles.

CONTROLE DE NATALIDADE

Por que esta é uma carta separada em vez de fazer parte dos cuidados pessoais ou médicos? Porque a mulher não deve ser a detentora desta carta e qualquer um de vocês pode tomar conta dela. Se o casal não tiver planos de ter um bebê, o detentor desta carta vai pesquisar os métodos contraceptivos, que podem incluir comprar camisinhas, pílulas anticoncepcionais, DIU ou fazer uma vasectomia. (Não sei se estar cansado demais para fazer sexo é considerado uma forma de controle de natalidade. Pergunte por aí.)

ROUPAS E ACESSÓRIOS (CRIANÇAS)

Atenção: as roupas e sapatos dos seus filhos não aparecem magicamente no armário em tamanhos que sirvam. Alguém precisa fazer o CPE para saber quais roupas e acessórios é preciso comprar, ir às lojas adequadas, limpar as gavetas de tempos em tempos e entregar as roupas usadas e que não servem mais para o detentor da carta "arrumação, organização e doações". Cronograma sugerido: se os pés do seu filho estão com bolhas, provavelmente passou da hora de você comprar sapatos novos. Exceções: caso haja necessidade de roupas para uma ocasião especial na colônia de férias ou na escola (ver o caso da guerra das cores), a responsabilidade fica com o detentor da carta "férias e feriados escolares (durante o ano letivo)" ou "lição de casa".

DENTISTA (CRIANÇAS)

O trabalho do seu filho: escolher a cor da borrachinha do aparelho. O seu trabalho: arranjar tempo de sobra para consultas com o dentista e pagar todas elas. As visitas regulares ao dentista também vão deixar você muito ocupado, porque toda criança precisa de limpezas e check-ups regulares (*já se passaram seis meses?*), além das consultas mais longas para fazer obturações nas cáries. Pelo menos você costuma ganhar uma escova de dente a cada consulta, então há uma vantagem.

FRALDAS E ENSINAR A USAR O BANHEIRO

Vamos ser claros: o detentor desta carta não vai ser o único a trocar fraldas, então é bom redistribuí-la com frequência. Você será responsável por administrar o estoque, o que inclui comprar fraldas novas ou lavar fraldas de pano e tirar as fraldas sujas de casa o mais rápido possível. O detentor desta carta também vai ensinar as crianças a usar o banheiro, incluindo limpar os erros cometidos pelo caminho. Quando vocês finalmente tiverem uma casa sem fraldas, ainda pode ser necessário limpar a bunda do seu filho que está no primeiro ano, que é perfeitamente capaz de fazer isso sozinho. Isso vai acabar um dia, eu juro.

PLANEJAMENTO PARA COMPRA DE IMÓVEIS E SEGURO DE VIDA

Quem vai cuidar dos seus filhos se algo catastrófico acontecer com você e seu parceiro? Claro que ambos vão planejar isso juntos, pensando na segurança da família a longo prazo e tomando decisões médicas importantes, mas no fim das contas o detentor desta carta é o responsável por garantir que todos possam dormir à noite, sabendo que existe um plano devidamente organizado (e um fundo de reserva) caso o pior aconteça.

AMIZADES E REDES SOCIAIS (CRIANÇAS)

Você sabe com quem seus filhos estão brincando na vida real e na internet? A menos que as crianças voltem da escola chorando e confidenciem tudo a você, como saber se eles estão se sentindo excluídos, convivendo com o grupo errado ou sofrendo bullying? Conecte-se à dinâmica social dos seus filhos na internet e também ajude a planejar e supervisionar as idas à casa dos amiguinhos para brincar ou passar a noite e qualquer outra reunião das crianças.

BELEZA E VESTUÁRIO (ELE)

Imagine uma conversa que comece com o marido perguntando inocentemente à mulher: "Amor, cadê o meu terno preto?", seguida por "Deixa pra lá. Já encontrei." (Pausa.) "Droga, não serve mais em mim." O toque final é que o casamento do melhor amigo dele começa dali a uma hora e o tempo está passando enquanto ele culpa a *esposa* por não ter comprado ou alugado um novo. Essa situação é muito comum, pois várias mulheres fazem o CPE desta carta para os maridos. Sim, homens adultos dizem que confiam nas parceiras não só para ajudá-los a se vestir para eventos especiais como também para marcar o barbeiro, fazer a bainha das calças e substituir as cuecas furadas. Se isso realmente funciona para vocês dois, ótimo. Do contrário, por favor, pense em pegar esta carta, meu caro. Você consegue.

PLANO DE SAÚDE

É uma benção ter um plano de saúde. A papelada que vem junto com ele? Nem tanto. A menos que você use a rede da própria operadora ou não tenha um plano em coparticipação, o detentor desta carta precisa saber toda vez que alguém da família vai a alguma consulta ou faz exame, garantir que a papelada adequada seja enviada para reembolso ou que o pagamento da coparticipação seja feito, acompanhar o pagamento do reembolso e agir quando algo sair errado. Sempre que você vir o envelope da operadora do plano de saúde (consulte o detentor da carta "correspondência" para garantir que recebeu), reze para não ser algum problema.

LIÇÃO DE CASA, PROJETOS E MATERIAL ESCOLAR

A lição de casa virou assunto de família. Mesmo que você tenha jurado que jamais seria o tipo de mãe controladora que mexe na mochila para conferir a vida escolar do filho, precisa saber se ele fez mesmo a lição e ficar disponível caso ele precise de ajuda. Fazer o CPE desta carta significa lidar com os exercícios diários e também com os trabalhos escolares e o aprendizado enriquecedor em casa. Se o seu filho precisa de salgadinhos para a festa da escola ou de cartolina para a feira de ciências, isso também compete a você, além de preparar a criança para a festa junina e todas as outras festinhas. Esse é um trabalho eterno, então é bom redistribuir a carta com frequência.

CONSULTAS MÉDICAS E VIDA SAUDÁVEL

Desde manter o estoque de analgésicos em casa e cuidar dos check-ups regulares no pediatra até consultar especialistas caso seja necessário, a saúde das crianças exige muita pesquisa, coordenação e tempo. A vida saudável também pode incluir a compra de vitaminas e lanches saudáveis (em colaboração com o detentor da carta "compras de supermercado") e inspirar um estilo de vida ativo, com exercícios em família ou outras atividades aeróbicas. O detentor desta carta também fica responsável por estocar itens como álcool em gel para as mãos, filtro solar e repelente. Exceção: você não precisa lidar com a carta "plano de saúde", a menos que esta também seja sua.

ROTINA MATINAL

Quando foi a última vez que você dormiu bem, fez cocô em paz ou leu o jornal tranquilamente enquanto tomava o café da manhã? Antes dos filhos, se você estiver com esta carta. Seu detentor precisa estar preparado para o combate diário antes do nascer do sol caso tenha um bebê e ainda mais cedo se tiver crianças em idade escolar, que muitas vezes precisam ser praticamente arrastadas para fora da cama e receber ajuda para se vestir, pentear o cabelo e escovar os dentes, além de aplicar filtro solar e levá-las até o carro ou ônibus escolar. Pelo menos o detentor da carta "refeições (café da manhã durante a semana)" cuida de alimentar as crianças.

PAIS E PARENTES PRÓXIMOS

Não importa se os seus pais ou sogros moram perto ou a milhares de quilômetros de distância, esse relacionamento pode exigir uma boa dose de amor, carinho e CPE. Alguém precisa ligar para eles regularmente, ensiná-los a ligar a TV com um dos controles remotos de 100 anos de idade e convidá-los para as festas de fim de ano e festinhas de aniversário (ou talvez seja melhor não).

ANIMAIS DE ESTIMAÇÃO

Quando você arranjou um animal de estimação, o acordo era que as crianças assumiriam boa parte da responsabilidade. Até parece! Agora você tem um lindo bichinho fofo e um monte de trabalho! A lista de tarefas depende do tipo de animal que vocês têm, mas o detentor desta carta geralmente faz o CPE da compra de ração, consultas veterinárias, banho e tosa, brinquedos e outros acessórios, encontra alguém para cuidar do animal quando vocês estiverem fora e o menos divertido, porém mais importante: limpa a caixa de areia do gato ou fica a postos com o saquinho para tirar da rua o cocô do cachorro.

SERVIÇOS PARA A ESCOLA

Quando você concordou em acompanhar o passeio ao museu, parecia uma boa oportunidade para passar um tempo com seus filhos e os colegas de turma. E era mesmo, até você estar nos últimos bancos do ônibus escolar tentando não vomitar. Esta carta coloca o detentor em um turbilhão sugador de tempo, que inclui ler uma série de 43 e-mails (*era realmente necessário "responder a todos?"*), fazer palestras para a escola (*mais uma?*) e fornecer bolinhos (*sem amendoim?*) para as festinhas. E por que as escolas exigem voluntários para serem "mães" da turma? Os pais seriam ótimos para essa função também, sabia?

MUDANÇA DE ESCOLA

Se o seu filho precisa se matricular em uma escola nova (do jardim de infância à faculdade), esta carta inclui passeios para escolher a escola ou pesquisa em sites de universidades, fazer matrículas, pagar as videoaulas para o Enem e vestibulinhos e muito mais. E esse trabalho só começa depois de muita pesquisa para escolher o melhor local para o seu filho e ajudá-lo a conseguir estudar lá. (*O sorteio é apenas um sorteio mesmo ou tem algo mais? Melhor descobrir.*)

CUIDADOS PESSOAIS (ELA) E CUIDADOS PESSOAIS (ELE) ☺

Vocês dois também precisam de cuidados pessoais, não importa quantos filhos e outras responsabilidades tenham. Para alguns, um multivitamínico diário, um bom livro e um banho quente já bastam. Outros podem precisar fazer terapia ou outras formas de bem-estar uma vez por semana e também reservar tempo regularmente para fazer exercícios físicos. Não é permitido ter culpa nem vergonha em relação a isso. Reserve esse momento importante para *você* e permita que o seu parceiro faça o mesmo.

NECESSIDADES ESPECIAIS E SAÚDE MENTAL (CRIANÇAS)

Obviamente esta carta exige que o CPE seja feito com extremo cuidado caso o seu filho tenha necessidades especiais ou algum transtorno mental. De identificar o problema até descobrir os melhores médicos, agendar consultas, monitorar o uso de remédios, planejar tratamentos, obter um tutor para a escola e muito mais, o detentor desta carta vai comandar o navio que levará seu filho pela vida com segurança e amor. É preciso uma aldeia para criar uma criança, então o seu planejamento deve incluir um sistema de apoio mais amplo para obter auxílio e criar um ambiente que leve ao progresso da criança.

COMUNICAÇÃO COM PROFESSORES

Cada professor e cada criança são diferentes, então a responsabilidade do detentor desta carta pode ser mínima, como aparecer na reunião de pais e mestres uma ou duas vezes por ano. A comunicação também pode envolver uma troca de e-mails semanal ou falar com o professor todos os dias pessoalmente sobre a lição de casa e as necessidades singulares do seu filho em relação ao aprendizado. Como responsável pelo CPE, cabe a você verificar como estão os seus filhos no ambiente escolar, identificar problemas em potencial e trabalhar com a escola para ajudá-los a progredir.

MAGIA

Definição: estas cartas não são mágicas porque você está tirando coelhos da cartola. Não há qualquer magia quando você está acordada às quatro da manhã confortando seu filho para voltar a dormir depois de um pesadelo, mas, ao repensar a própria vida, esses são os momentos de que você e os seus entes queridos vão se lembrar. Segundo os pesquisadores da primeira infância no Simms/Mann Institute, a forma como você se conecta é a pessoa em quem você vai se transformar, mas várias horas de trabalho invisível são necessárias para fortalecer essas conexões e relacionamentos. Então, para o seu bem e o dos seus filhos, largue a porcaria do celular e crie um pouco de **Magia**. Recomenda-se redistribuir estas cartas com frequência, pois é fundamental a presença de ambos os pais para sustentá-las — e as recompensas merecem ser divididas.

AMIZADES ADULTAS (ELA) E AMIZADES ADULTAS (ELE) ☺

Cada um de vocês recebe uma dessas cartas porque os amigos são fundamentais para a saúde, felicidade, adaptabilidade, carreira e sanidade. Seja um café depois de deixar as crianças na escola, um jantar, um evento de *networking* ou uma viagem de fim de semana, nutrir amizades gera dividendos. Ter amigos não é um luxo para o qual você vai arranjar tempo no futuro, então use essa carta sem culpa agora. O ressentimento por parte do parceiro também não é permitido, pois uma noite das mulheres ou dos homens envolve muito mais do que sair para beber. É uma questão de cultivar relacionamentos que vão ajudar e sustentar você, além de dar um gás na saúde do casamento.

FESTAS DE ANIVERSÁRIO (SEUS FILHOS)

Você já tentou enfiar um monte de balões cheios no porta-malas do carro? É como jogar Martelada, só que sem prêmio. E copiar e colar endereços de e-mail para a turma inteira da escola no seu convite pela internet? Haja tempo. Estes são apenas exemplos das várias tarefas que você vai enfrentar ao planejar a festa de aniversário do seu filho. Mesmo se fizer algo simples, como um jantar para a família em casa, o detentor desta carta poderá enfrentar o trânsito da hora do rush para pegar o bolo na confeitaria favorita antes de fechar. Não se esqueça das velas, mas não é preciso comprar presentes, a menos que você também tenha a carta "presentes (família)".

DISCIPLINA E CONTROLE DE TEMPO DE TELAS

Embora não seja divertido disciplinar crianças, a **Magia** está em estabelecer limites cruciais e dar ferramentas que vão ajudá-las a se sentir seguras e definir o comportamento delas pela vida inteira. O objetivo não é que um dos pais seja o responsável pela disciplina, enquanto o outro ficará com a "diversão e brincadeiras" para sempre. É por isso que esta carta exige troca constante entre os pais; cada um fica com a carta por um período. Por exemplo, o tempo diante de aparelhos eletrônicos foi considerado a questão disciplinar mais discutida pelas famílias. É um problema dos grandes, e, se você estiver com esta carta, poderá pesquisar a quantidade adequada de tempo que seus filhos passam diante das telas e consultar seu parceiro em relação a impor limites razoáveis, além dos parâmetros para proibir o acesso. Depois vocês vão aplicar essas regras e lidar com as consequências por violá-las o tempo todo.

PARENTES DISTANTES

Alguém precisa se lembrar de ligar para sua tia-avó Mary no aniversário de 90 anos dela, e o mesmo vale para marcar idas à casa dos primos, se você quiser que as crianças tenham um relacionamento com eles (mesmo que você seja sempre a única pessoa a fazer a viagem de duas horas de ida e volta). Dependendo do quanto você e seu parceiro valorizarem esta carta, a pessoa que faz o CPE poderá planejar vários encontros com os parentes ou apenas ser aquele que se lembra de convidar o tio Norman para a festa de Natal, mesmo sabendo que ele vai beber demais e falar de política a noite toda.

DIVERSÃO E BRINCADEIRAS

Talvez você tenha esquecido que ser mãe é divertido! Tanto que, após levar as crianças ao parque aquático aonde elas imploraram para ir, a infecção urinária que veio depois valeu totalmente a pena. Falando sério agora, a infância deve incluir brincadeiras interativas em família regularmente, e esses momentos e lembranças são mágicos (com infecção e tudo). O detentor desta carta vai fazer o CPE constante do tempo reservado para a diversão, como marcar um dia para jogar bola no parque ao pôr do sol, criar um jogo semanal para brincar em família ou qualquer outra atividade de que seus filhos gostem. Ficar com esta carta pode ser uma delícia, então faça questão de trocá-la com o seu parceiro de tempos em tempos para dividir a diversão.

GESTOS DE AMOR (CRIANÇAS)

Sabe aquela mãe que deixa bilhetinhos escritos à mão na lancheira da filha dizendo "Eu amo você de montão"? Ou o pai que aparece no treino de basquete só para dar um abraço rápido no filho? Com um pouco de planejamento, tempo e esforço (leia-se: um pouco de CPE), este pai ou mãe pode ser você, fazendo cada dia ser um pouco mais especial para todos.

> ***Observação!*** *Vocês dois são igualmente capazes de planejar e reservar um tempo para comprar um buquê de flores antes do recital de dança da sua filha, mas acredite: até os gestos de amor ficam melhores quando alguém toma a iniciativa. Para garantir que a tarefa não seja totalmente esquecida, defina uma pessoa para levar as flores ao recital nesta semana e redistribua a carta ao parceiro na semana seguinte.*

PRESENTES (FAMÍLIA)

Presentear não é comprar qualquer coisa porque uma data no calendário obriga você a fazer isso. Acertar no presente significa apreço e conexão. A **Magia** aqui está em encontrar presentes e escrever cartões que vão fazer os integrantes da sua família se sentirem especiais quando chegar o Natal, a formatura, o aniversário ou qualquer outra ocasião importante. Então, da próxima vez que você vir um cartão com uma mensagem que sua filha vai gostar, compre-o, mesmo que ainda faltem alguns meses para o aniversário dela.

> ***Dica!*** *Redistribua esta carta conforme necessário, de modo a não precisar comprar presentes de aniversário para si mesmo.*

PRESENTES (VIPS)

Quando se trata de presentear as pessoas muito importantes da sua vida, o destinatário poderá ser o professor do seu filho, o técnico do time dele ou os vizinhos que receberam vocês tão bem no novo prédio. Se você gosta de aproveitar os presentes que recebeu e não gostou e repassar para outras pessoas, fazer o CPE desta carta pode ser fácil e direto. Por outro lado, você pode preferir gastar tempo personalizando os presentes e cartas. De qualquer modo, presentear é uma oportunidade de se conectar e agradecer às pessoas importantes, o que exige CPE para o ano inteiro. Exceções: os presentes de aniversário para crianças que não sejam seus filhos ficam com o detentor da carta "festas de aniversário (outras crianças)."

PERGUNTAS DIFÍCEIS

"Por que tem cabelo crescendo embaixo do meu sovaco?" "O que significa 'transar'"? Não precisamos dizer mais nada. Você e seu parceiro podem redistribuir esta carta com base no assunto da pergunta e em qual filho está perguntando, mas, quando for a sua vez, esteja preparado para pesquisar e distribuir sabedoria cuidadosa, precisa e adequada para a idade. Alerta de *spoiler*: as perguntas ficam mais difíceis e arriscadas à medida que as crianças crescem.

CARTÕES DE NATAL

Prepare-se para transformar o período de festas, que já é caótico, em um trabalho com planilha de contatos pessoais (*eles se mudaram?*), etiquetas de endereços e os inevitáveis cartões devolvidos que vão assombrar você até o ano que vem. Mesmo se você mandar cartões pela internet, é uma quantidade de tempo colossal. Sem contar a tarefa quase impossível de tirar uma foto de família em que todos olham para a mesma direção e sorriem! Mas pense bem: é o momento em que a prima Susie vê uma foto da sua família, que está crescendo. Em outras palavras, os cartões de Natal podem ser marcantes, o que faz todo o CPE valer a pena.

NATAL, ANO-NOVO E OUTRAS CELEBRAÇÕES

Só o tempo que leva para tirar a decoração de Natal de onde está guardada e desembalar tudo merece uma taça de vinho (ou três), e isso porque o trabalho árduo nem começou ainda. De cozinhar até fazer a decoração e cuidar de toda a logística, o CPE de qualquer festa é como gerenciar uma empresa de organização de eventos, sem a parte do pagamento. Quando as crianças querem usar fantasias impossíveis (mas lindinhas demais para resistir) no Halloween, o detentor desta carta fará a **Magia** acontecer. Quem ficar com esta carta também decide quem será o anfitrião da festa de Natal, organiza o almoço de Páscoa com os primos distantes de segundo grau e todas as outras festividades e rituais celebrados pela sua família. Uma vantagem: as cartas "viagens", "presentes (família)" e "seres mágicos" não estão incluídas aqui. Em outras palavras, deixar os biscoitos para o Papai Noel não é tarefa sua.

EDUCAÇÃO INFORMAL

Você se lembra de quem ensinou você a prender a respiração embaixo d'água? A jogar bola? A andar de bicicleta? Claro que sim, e o seu filho também vai lembrar assim que o detentor desta carta entrar em ação. Você merece os parabéns pelas horas incontáveis que vai passar agachado atrás de uma bicicleta infantil (essa é a execução), mas preste atenção à concepção e ao planejamento também. Comece a pensar desde já nesses momentos marcantes e nas habilidades que você deseja ensinar às crianças. (Dica: se o seu filho é o único na sala que ainda está usando tênis com velcro, talvez esteja na hora de ensiná-lo a amarrar os próprios sapatos.)

SERES MÁGICOS

Ao ficar com esta carta, você é responsável por manter vivos os sonhos e a imaginação dos seus filhos. Quando se trata da fada do dente, do Papai Noel, do Coelhinho da Páscoa, da Cuca, dos duendes e fadas, do Bicho-Papão ou de qualquer outro ser mágico que você apresente à família, esse tipo de crença desaparece rapidamente. Dedique tempo e esforço agora para trazer a **Magia** para sua vida.

CASAMENTO E ROMANCE

#falhaépica foi como uma das mães entrevistadas descreveu o momento em que o marido reservou uma série de jantares românticos de surpresa nas quintas à noite, sem se dar conta de que ela está com a carta "transporte (crianças)" para os ensaios de teatro da filha nesse dia. As intenções do marido eram as melhores, mas esta carta (como todas as demais) exige concepção, planejamento e execução, com ênfase no planejamento neste caso. O responsável por esta carta pode tomar a iniciativa de estabelecer uma noite de namoro regular (quando os dois estiverem disponíveis!). Planejar ficar um tempo longe das crianças pode parecer um pesadelo logístico (contratar a babá, coordenar as agendas de todos e decidir os detalhes), mas os detentores desta carta que conseguem dar conta de tudo afirmam que vale a pena.

CONFORTO NO MEIO DA NOITE

Defina "meio da noite" como achar melhor, pois, quando o horário de verão começa, você pode chamá-lo de "eu não queria acordar tão cedo assim", ficando exausta e chateada (é incrível como apenas uma hora pode fazer tanto estrago!). Os pesadelos às três da manhã, gritos de "Não consigo dormir!" quando você acabou de se acomodar na cama para ver televisão e a ajuda para ir ao banheiro por causa daquela virose que está rodando por aí, tudo isso fica nas mãos do detentor desta carta. Como uma mulher explicou, "Quando meu marido fica com esse plantão da madrugada, eu chamo isso de 'carta não acorde a mamãe!'."

AJUDA PARA O PARCEIRO

Toda vez que você ajuda a pessoa que ama na vida profissional, está se envolvendo no trabalho altamente invisível que dá nome a esta carta. Quando você revisa um e-mail antes que seu marido o envie ao chefe, ajuda a planejar uma reunião importante com um cliente ou deita na cama à noite pensando em como ajudá-lo a conseguir aquela promoção, está fazendo o trabalho carinhoso e frequentemente não reconhecido de ser "coach" do seu parceiro. Esta carta pode ser de mão única (isto é, a mulher ajuda o marido, mas o contrário não acontece). A ideia é entregar a carta de modo mais justo, para que os dois parceiros possam se beneficiar da ajuda e dos conselhos um do outro.

ESTAR PRESENTE E PARTICIPAR

Um pai admitiu ter passado quase um mês reclamando sobre a dança de pais e filhas na escola, odiando tudo, da conversa fiada com outros pais nos ensaios até o constrangimento de dar os seus passinhos de dança. No fim das contas, o homem topou e acabou sendo pura **Magia** para ele e a filha, que estava na quarta série e crescendo rápido demais. Você precisa estar presente e participar dos eventos do seu filho para que a **Magia** aconteça. Redistribua esta carta frequentemente para que ambos tenham esse prazer.

ESPIRITUALIDADE

Esta carta é diferente para cada pessoa, então você tem mais motivos ainda para consultar o parceiro na hora de planejar e garantir que os dois falem a mesma língua. (Leia-se: você não tem carta branca para entrar em alguma seita só porque está com esta carta.) Ela pode envolver ir à igreja, sinagoga, mesquita, planejar eventos como primeira comunhão ou bar/bat mitzvah, procurar sacerdotes para pedir conselhos, seguir dietas especiais de acordo com a crença religiosa, criar um ritual de meditação para a família ou qualquer outra forma escolhida por vocês para colocar a espiritualidade na vida da sua família.

BILHETES DE AGRADECIMENTO

Por que a odiada tarefa de escrever bilhetes de agradecimento é considerada **Magia**? Porque esses bilhetes são uma oportunidade de expressar gratidão às pessoas. Se você levou a família para jantar com seus amigos, pode mandar um e-mail dizendo a eles o quanto esse tempo que passaram juntos foi maravilhoso. Quando um colega der uma bolsa imensa de roupas de segunda mão para seus filhos, a consideração merece um bilhete. Imagine uma vida em que as mães com privação de sono logo após o parto não sejam obrigadas a escrever bilhetes de agradecimento pelos presentes para o bebê. Essa pode ser a sua realidade, uma vez que qualquer um dos parceiros pode fazer o CPE desta carta.

VALORES E BOAS AÇÕES (CRIANÇAS)

Sabe essas famílias nas quais você se inspira porque os filhos têm valores sólidos? Esse tipo de **Magia** exige tempo e consistência. Em outras palavras, apenas uma saída para servir sopa aos necessitados não leva uma criança a ser boa. Se vocês quiserem ser a família que alimenta os sem-teto todo Natal, comece pesquisando lugares que aceitem voluntários. Para deixar os aniversários mais especiais sem qualquer semblante de materialismo, crie uma tradição em que a família toda se abraça no horário em que seu filho nasceu. (A menos que seja no meio da noite, então é melhor esperar a manhã seguinte.) Em pouco tempo vocês serão a família que estará na boca do povo por um bom motivo.

TOMAR CONTA DAS CRIANÇAS

Se você tem filhos pequenos, então sabe que ficar de olho neles é um trabalho eterno, do nascimento até começarem a engatinhar. As crianças mais velhas também precisam de alguém para tomar conta delas e, por exemplo, impedir o filho de dez anos de espalhar lubrificante WD-40 por toda a sala ao confundir o frasco com o do aromatizador de ambientes (história real), ou passar pela porta do quarto do filho ou filha adolescente para garantir que ela está aberta enquanto o "amigo" ou "amiga" estiver lá. Boa notícia: é incrível o que pode acontecer quando você larga o celular e presta atenção nos seus filhos. Observar uma criança de um ano pode não parecer interessante, mas é nesse momento que você testemunha os primeiros passos do seu filho!

Dependendo do momento em que você estiver com esta carta e da idade do seu filho, você também poderá ser responsável por várias outras cartas, como "fraldas e ensinar a usar o banheiro", "rotina da hora de ir dormir", "refeições", "transporte (crianças)" e "arrumação". (Se você construiu uma cabana na sala de estar enquanto estava tomando conta das crianças, então nada mais do justo do que desmontar e arrumar tudo antes de redistribuir esta carta para o parceiro ou outro cuidador.)

FURACÃO

Definição: Quando você finalmente acha que conseguiu dar conta de tudo, algo grave acontece. SOS! O **Furacão** inclui eventos que viram a vida do avesso. Mesmo se for algo planejado e alegre como ter um bebê, uma carta **Furacão** envolve uma quantidade assustadora de trabalho invisível só para tirar a conta do vermelho. Por isso, quando estiver com uma carta **Furacão** (esperamos que temporariamente), você pode pedir a ajuda do parceiro sem culpa. Recomenda-se que o parceiro procure a sua aldeia para obter ainda mais ajuda, mas o detentor da carta **Furacão** não é o responsável por isso porque seria mais trabalho, entendeu?

PAI/MÃE DOENTE OU ENVELHECENDO

Já ouviu falar na geração sanduíche? Desde gerenciar a administração de medicamentos, refeições e consultas médicas até transformar as visitas em prioridade, cuidar de um pai/mãe doente ou envelhecendo pode consumir muito tempo, sem contar o desafio emocional desse papel inevitável e geralmente inesperado de cuidador. Mesmo que você terceirize uma parte do trabalho ou possa bancar ajuda profissional em casa ou em um lar para idosos com acompanhamento, fazer o CPE desta carta exige todo o amor que há no seu coração e uma boa quantidade do seu tempo.

MORTE

Como se a perda de um ente querido não fosse terrível o suficiente, existem ainda várias tarefas que exigem o seu tempo, como organizar um funeral, um shivá ou outros rituais espirituais ou religiosos, além de agradecer os que expressaram seus pêsames. Se o testamento ou as questões relacionadas a inventário, arrumar a casa e os pertences do seu ente querido forem responsabilidade sua, prepare-se para ficar com esta carta por um bom tempo.

PRIMEIRO ANO DA VIDA DO BEBÊ

Hormônios desorganizados, privação de sono e um corpo destruído bastam para que esta seja uma carta **Furacão**, sem contar que o seu tempo desapareceu totalmente. Ter duas horas consecutivas de tempo livre para ser produtiva é uma vaga lembrança enquanto você se preocupa em cuidar, amamentar, trocar fraldas, confortar o bebê o tempo todo e uma quantidade incontável de outras tarefas, todas causadas pelo seu pacotinho de felicidade. Que fique bem claro: o primeiro ano da vida de uma criança não é só "trabalho da mãe". Existem muitas funções que podem ser feitas pelo pai. Enquanto você tenta sobreviver a mais um dia, deixe que ele mergulhe nas cartas da Luta Diária: "lavar e secar roupas", "lavar a louça", "lixo", "compras de supermercado" e assumir as "refeições (jantar durante a semana)".

FALHAS NA MATRIX/IMPREVISTOS

Tudo o que você não quer na vida é lidar com um problema inesperado, como bater no carro de alguém, vírus no computador, porão inundado ou uma ligação do temido número da escola dizendo: "A sua filha está com piolho. Será que você poderia buscá-la?" Você não tem escolha quando uma carta **Furacão** cai no seu colo, mas pode pedir uma mãozinha ao parceiro quando um imprevisto acaba com o seu dia. Lembre-se: sair do trabalho mais cedo por causa de algum problema não é "obrigação sua" a menos que você esteja com esta carta.

REFORMAS EM CASA

Cartas **Furacão** têm situações que mudam a sua vida e consomem tempo de várias formas. Claro que reformar um banheiro ou colocar armários na cozinha não é tão complicado quanto manter um recém-nascido alimentado ou administrar a agenda de quimioterapia de um pai ou mãe. Mesmo assim, é bom ter banheiro e cozinha funcionando, então alguém precisa fazer o trabalho para que isso aconteça.

PERDA DE EMPREGO E PROBLEMAS FINANCEIROS

Questões financeiras graves como desemprego ou falência exigem trabalho pesado, que pode incluir *networking*, entrevistas de emprego, idas a cartórios e várias outras tarefas que consomem tempo. Claro que ambos serão afetados pelo estresse, mas o detentor desta carta toma a iniciativa de resolver o problema enquanto consulta quem estiver com a carta "administração financeira" para alterar o orçamento da família de acordo com a necessidade.

MUDANÇA DE CASA

Existe um motivo pelo qual mudar de casa geralmente fica entre os dez eventos mais caóticos da vida. Pode ser tão estressante quanto a morte de um ente querido, o divórcio ou o desemprego. O processo de jogar fora o que não precisa, embalar, transportar, organizar e viver no meio da bagunça até arrumar tudo consome muito tempo, perturba a rotina da família e basicamente vira a vida do avesso. A boa notícia: é temporário. A má notícia: é CPE dos grandes. Quem está mais preparado para ficar com esta carta?

EMPREGO NOVO

Quando você começa em um novo emprego, faz o seu melhor todos os dias, o que talvez signifique ser o primeiro a chegar e o último a sair, trabalhar nos fins de semana e fazer o que for necessário para causar uma boa impressão. Peça ao seu parceiro para assumir algumas tarefas relacionadas à casa e aos filhos enquanto você se concentra em arrasar no trabalho.

GRAVIDEZ E NASCIMENTO DO BEBÊ

Não importa o quanto você esteja vomitando e dormindo no sofá às 18 horas. Preparar-se para um bebê aumenta exponencialmente a sua carga mental, física e emocional. Enquanto você vai ao médico o tempo todo e compra produtos dos quais nunca tinha ouvido falar na vida (almofada de amamentação?) ou imaginado que iria precisar (sutiãs para amamentação?), além de ouvir conselhos indesejados sobre maternidade de todas as mulheres que estão comprando algo na seção infantil da loja ou farmácia, peça ao parceiro que está com os hormônios mais equilibrados para ficar com algumas cartas adicionais. Enquanto você estiver em trabalho de parto também porque, bom, você está em trabalho de parto! E ele pode muito bem continuar fazendo isso enquanto você se recupera.

DOENÇA GRAVE

Quando uma criança fica doente, as implicações podem mudar a vida de uma família. Se você estiver lidando com a doença de outra pessoa, isso pode exigir horas de pesquisa, consultas médicas, planos de tratamento e monitoramento de medicações. Ainda bem que você pode pedir a ajuda do seu parceiro. Contudo, se quem estiver doente for você ou ele, a pessoa mais saudável precisa pegar cartas extras, além de segurar este **Furacão**. Em vez de abrir espaço para o ressentimento ou o medo, peça o que você precisa e redistribua as cartas à medida que as circunstâncias mudarem.

ESPAÇO DO UNICÓRNIO ☺

Definição: o que faz de você uma pessoa singular e como dividir isso com o mundo? O **Espaço do Unicórnio** diz respeito à paixão e ao propósito que levam você a ser a melhor versão de si. O que está em jogo é a sua identidade, realização e até o casamento, se essa área da vida não for satisfeita. Pode parecer fantasioso conseguir tempo para voltar a tocar piano ou pesquisar a ideia de empresa que você deixou em segundo plano desde que teve filhos, mas é hora de retomar seus interesses para além da carreira e da família sem precisar de permissão ou se sentir culpada por isso. Observação: ir à academia, fazer as unhas no salão, ir ao bar com uma amiga para beber e ver um jogo ou colocar as redes sociais em dia não faz parte do **Espaço do Unicórnio.** A sua carreira até pode ser, caso o trabalho forneça uma tempestade categoria cinco de paixão. Seja realista, mas pense grande, ao descobrir ou reconquistar sua essência e talentos. Esta carta é *obrigatória* para você e seu parceiro.

8.

COMEÇAR O JOGO

Todas as cartas estão na mesa.

O JOGO COMEÇOU!

Parabéns! Você leu as quatro regras do Fair Play, sabe que o tempo é igual para todos, está empolgada para conquistar ou descobrir seu Espaço do Unicórnio. Além disso, você definiu suas intenções para envolver o parceiro no jogo e começou a pensar nos valores compartilhados pela sua família e no padrão mínimo de cuidado para as cartas que você tem no momento. É hora de começar a primeira rodada do Fair Play, e isso significa chamar a sua cara-metade para discutir um novo jeito de pensar a vida doméstica. Ao fazer isso, lembre-se do que ambos vão ganhar a longo prazo: tempo para se comprometer com amizades significativas, cuidados pessoais, interesses que definem vocês além dos filhos e, no fim das contas, que vocês dois sejam felizes como indivíduos e como casal. **Esse é o objetivo.**

Convido vocês a jogarem durante a próxima semana. Considere esses próximos sete dias um período de teste e avaliem como vocês se sentem. Espero que a experiência seja positivamente transformadora para o relacionamento e para *vocês dois como pessoas.*

Você já deve ter tido a conversa inicial com o parceiro sobre o Fair Play, mas, se ainda não o fez (ou se precisa de um pouco mais de estímulo), escrevi uma breve mensagem que define tudo o que o seu parceiro vai ganhar ao se envolver em um novo sistema de organização e gerenciamento da vida doméstica, que abandona a competição rumo à verdadeira colaboração.

Para: O incrível e sensacional parceiro/marido/pai que está lendo isto
De: Eve Rodsky, especialista em Administração de Empresas, autora deste livro e *sua* defensora

---

Em nome da sua parceira, MUITO OBRIGADA por estar nesta mesa. O convite para que você participe do Fair Play prova a dedicação dela ao relacionamento, e a sua disposição em atender a este convite mostra que o comprometimento é recíproco. Tiro o chapéu para vocês dois. A participação em conjunto é um ótimo começo para o que vem a seguir.

Agora você e sua parceira vão explorar um novo jeito de falar sobre a vida familiar e trabalhar juntos para diminuir a loucura, criando mais equilíbrio e eficiência em sua casa. Isso é alguma armação ardilosa em que sua parceira joga mais tarefas no seu colo e você sai da conversa se sentindo incomodado de novo? Desta vez não.

Em menos tempo do que gasta para olhar as redes sociais em um dia, você vai aprender um novo sistema para a vida doméstica, que usa princípios comprovados da administração de empresas e não necessariamente pede para fazer *mais*. A ideia é pensar em um jeito de fazer as tarefas de outro modo (e, ao aumentar a eficiência, você pode acabar fazendo menos).

Você pode ter visto o livro *Método Fair Play* na cabeceira da sua mulher e considerado mais um manifesto de autoajuda que não lhe diz respeito, mas não se engane: eu escrevi este livro para que vocês dois possam vencer. Na verdade, o objetivo do jogo é fazer vocês dois se beneficiarem diretamente.

Veja o que *você* vai GANHAR ao se envolver no Fair Play:

- Um novo vocabulário sobre a vida doméstica que faz sentido. (Finalmente você e a sua parceira vão falar a mesma língua.)
- Papéis e expectativas claramente definidos. Ninguém vai ficar sem saber *quem* está fazendo *o quê*.
- Permissão para tomar a iniciativa, incluindo uma parceira que confia em você.
- Responsabilidade e independência total para fazer suas tarefas.
- Tempo extra (sem culpa) para buscar amizades e interesses pessoais fora do seu papel de parceiro, marido e pai.
- Uma parceria mais feliz e duradoura.
- Uma experiência mais gratificante na criação dos filhos.
- Um aumento na plasticidade cerebral e na longevidade como um todo.

Parece ótimo, não é? E ainda tem mais: veja o que você vai PERDER ao se envolver no Fair Play:

- A sensação de ser constantemente importunado e receber ordens.

- A sensação de que não confiam em você e as críticas pelo seu esforço.
- Discussões constantes sobre todos os detalhes de vida doméstica.
- Contagem diária de pontos sobre quem está fazendo mais ou *fazendo melhor*.
- A sensação de estar sobrecarregado.
- O medo de que sua mulher diga "já chega!".

Você não trocaria de bom grado esta lista por algumas conversas breves, para deixar as interações diárias com sua parceira menos beligerantes e obter a melhor recompensa de todas: **a felicidade como casal e individualmente, além de servir de modelo de relacionamento saudável para seus filhos**?

Supondo que você aceite, eu lhe apresento o manual de instruções do Fair Play. (Não se preocupe, é muito menos complicado do que Banco Imobiliário. Vai ser moleza.)

FAIR PLAY
MANUAL DE INSTRUÇÕES

JOGADORES: 2

OBJETIVO:
Reequilibrar a divisão de trabalho por meio de 100 cartas com as tarefas domésticas e relacionadas ao cuidado com os filhos, que são distribuídas estrategicamente entre os dois jogadores conforme os valores compartilhados pelo casal e as expectativas definidas em comum acordo, além dos pontos fortes e habilidades de cada indivíduo. Nenhum jogador recebe qualquer carta de modo automático: as responsabilidades

de cada pessoa são definidas de modo explícito e os dois parceiros precisam ganhar.

COMO JOGAR: SETE ETAPAS FÁCEIS

Primeira etapa: definir as regras
Segunda etapa: personalizar o conjunto (jogar para obter valor)
Terceira etapa: preparação para o jogo
Quarta etapa: distribuição dos cartas (jogar pelo CPE)
Quinta etapa: estabelecer um padrão mínimo de cuidado
Sexta etapa: reivindicar o seu Espaço do Unicórnio
Sétima etapa: fazer um novo juramento

DURAÇÃO DO JOGO

A primeira rodada dura sete dias. O jogo é feito para ser praticado por toda a vida.

Dica! Não desista. Com o tempo você vai dominar o jogo.

PRIMEIRA ETAPA: DEFINIR AS REGRAS

Antes de você e seu parceiro colocarem as cartas na mesa, é preciso definir as regras. Em minha prática de aconselhamento, chamamos isso de *acordo comunitário,* que serve para orientar você e seu parceiro a jogar de modo limpo e justo. Leia as seguintes frases em voz alta e acredite nelas:

Nós concordamos em ouvir um ao outro enquanto conversamos cuidadosamente sobre tudo o que é necessário para gerenciar uma casa.

Nós concordamos em pensar no tom, concisão e escolha de palavras ao dividir informações e falar de nossas perspectivas individuais.

Nós concordamos em explorar um novo jeito de trabalhar juntos e de modo colaborativo para criar mais eficiência e justiça em nosso ecossistema doméstico.

Nós concordamos em valorizar o tempo de cada um da mesma forma.

Nós concordamos em tirar os celulares da mesa e manter o foco um no outro.

É isso, mas é muito. Se vocês puderem começar a partir dessas intenções, todo o processo do Fair Play ficará muito mais fácil. Na verdade, isso é essencial para a vitória.

SEGUNDA ETAPA: PERSONALIZAR O CONJUNTO (JOGAR PARA OBTER VALOR)

Você e seu parceiro vão analisar as 100 cartas do Fair Play nas páginas 120-124 ou, se preferir, baixá-las no site fairplaylife.com. **Não pule esta etapa!** Ela é essencial para o processo do jogo. Embora eu fique feliz com a sua ansiedade para começar a reequilibrar a carga de trabalho, dividindo e atribuindo cartas, é preciso ir devagar. Primeiro vocês precisam determinar quais cartas são importantes e beneficiam a sua família para depois **personalizar o conjunto de cartas para a sua casa.**

ANÁLISE DAS CARTAS

Analisem as cartas de tarefas uma a uma para os cinco grandes grupos, **Vida Doméstica**, **Vida Exterior**, **Cuidados**, **Magia** e **Furacão**, e anote ou separe todas as que são essenciais para sua família, começando por:

Cartas inegociáveis e da Luta Diária: essa rodada inclui as trinta cartas da Luta Diária (marcadas com uma caneca de café), que acontecem todos os dias ou são altamente repetitivas, e frequentemente acontecem em um horário muito específico, como dar café da manhã às crianças e mandá-las para a escola. Essas cartas são uma luta, e, gostando ou não, muitas delas não podem ser feitas só quando der vontade.

Também incluídas nesta rodada estão as cartas que não têm horários tão específicos, mas são inegociáveis para sua família porque você e seu parceiro concordam em relação a isso. Façam a pergunta: esta tarefa precisa ser feita por alguém? Ela é necessária para manter a casa em ordem? Se a resposta for sim, então é um uso valioso de tempo de vocês, sendo justo que ambos dividam este trabalho.

Faça uma declaração de valor: *o tempo é igual para todos. O meu tempo é tão valioso quanto o seu. Jogar limpo significa distribuir as cartas inegociáveis e da luta diária.*

ESCREVA TODAS AS CARTAS INEGOCIÁVEIS E DA LUTA DIÁRIA QUE ESTÃO EM JOGO:

Primeira carta: ________________
Segunda carta: ________________
Terceira carta: ________________
etc.

Cartas valorizadas por vocês dois: essas tarefas podem não ser essenciais para o funcionamento da casa, mas ambos os parceiros consideram importantes. Por exemplo, "Receber/entreter visitas em casa", "caridade, serviço à comunidade e boas ações (adultos)", "equipamentos eletrônicos e tecnologia em geral" e "eventos sociais (casais)" podem gerar contentamento individual, além de um casamento mais feliz.

Façam a pergunta: *o que minha família valoriza?* Aproveite a oportunidade para diminuir a correria de uma atividade para outra e a sensação de ter que fazer tudo. Sejam bem claros: quais cartas ficam e quais vão embora? Se você não planeja tirar férias até as crianças conseguirem carregar a própria bagagem ou se a família não tiver um integrante de quatro patas, então as cartas "viagens" e "animais de estimação" poderão sair do jogo, porque não se aplicam ou não têm importância em sua vida agora (isso pode mudar, pois as circunstâncias ou preferências mudam). Você e seu parceiro precisam considerar esta etapa como um exercício importante de definição de valores e definir os aspectos da vida doméstica que são relevantes para sua família. Só depois de *atribuir valor* às cartas, vocês poderão determinar quais serão colocadas em jogo.

Façam uma declaração de valor: *não precisamos fazer tudo. Vamos nos dedicar às cartas importantes para nós dois e descartar as que não nos servem. Agora que adicionamos essas cartas ao nosso conjunto, vamos buscar mais eficiência e pensar na melhor forma de dividir essa carga de trabalho.*

ESCREVA TODAS AS CARTAS VALORIZADAS POR AMBOS QUE ESTÃO EM JOGO:

Primeira carta: ________________
Segunda carta: ________________
Terceira carta: ________________
etc.

Cartas valorizadas por apenas um de vocês: se uma carta for importante para apenas um de vocês, defenda-a! Se você acredita que ir à igreja todo domingo é fundamental para sua família e seu parceiro discorda, então a carta "espiritualidade" vai para você. Crie uma lista ou separe essas cartas.

***Faça uma declaração de valor*:** as horas da minha vida valem tanto quanto as da sua, e nós decidiremos a forma de usar nosso tempo. Vou incluir você no planejamento, mas, como sou a única a valorizá-la, vou ficar com esta carta.

LISTAS DE CARTAS VALORIZADAS POR APENAS UM DE VOCÊS:

Primeira carta: ________________
Segunda carta: ________________
Terceira carta: ________________
etc.

O CONJUNTO DE CARTAS DA SUA CASA

Combine as **Cartas inegociáveis e da Luta Diária** e as **Cartas valorizadas por vocês dois** e some tudo. Com quantas cartas você e seu parceiro estão jogando no total? Lembre-se: menos é mais! Quanto menos cartas de tarefas vocês tiverem, mais fácil será administrar a carga de trabalho de cada um, portanto **não jogar com todas as cartas é vantajoso e recomendável.**

SOME O TOTAL DE CARTAS E ESCREVA O NÚMERO: ____________

Dica! *Se depois desse exercício você e seu parceiro ainda ficaram com um número entre 85 e 100 cartas, vejam se é possível deixar alguma de lado, mesmo que seja apenas uma.*

HORA DO INTERVALO!

Faça uma pausa! Muitas vezes é nessa hora que um ou ambos os parceiros desejam fazer um intervalo, então confirmem um com o outro: é melhor fazer uma pausa ou continuar jogando? Vocês podem precisar de um tempo para pensar na resposta. O simples fato de definir e contar todas as pequenas e grandes tarefas do seu ecossistema doméstico é uma grande conquista, especialmente se vocês nunca fizeram isso antes! Então, se você e o seu parceiro precisarem de um intervalo, não se acanhem. Deixem o baralho de lado e marquem um encontro de acompanhamento para voltar à mesa em outro momento.

CUIDADO!

Se o intervalo for longo demais, vocês correm o risco de perder o embalo. Pelo que observei, os homens costumam voltar à mesa duas vezes. Por outro lado, se o seu parceiro não se interessar ou ficar remarcando eternamente o segundo encontro, lembre a ele os motivos pelos quais vocês estão jogando: a continuação do casamento. Esse incentivo simples geralmente motiva boa parte dos homens. A psicoterapeuta clínica Marcia Bernstein aconselha: "Muitas mulheres poderosas se expressam uma vez, são interrompidas e recuam, voltando atrás justamente quando deveriam dar um passo à frente." Quando falei com Marcia sobre essa etapa específica do Fair Play, ela recomendou tentar duas vezes. "Se o seu parceiro não voltar à mesa para conversar após duas tentativas, comunique a ele o que está em jogo se vocês não explorarem o Fair Play como sistema para reequilibrar a vida doméstica. Use sua voz para reafirmar a importância desse exercício: melhorar comunicação, gerar menos ressentimento e um jeito para que ambos obtenham o que precisam."

TERCEIRA ETAPA: PREPARAÇÃO PARA O JOGO

Com o conjunto de cartas da sua casa definido, você e seu parceiro vão se preparar para jogar e aplicar o sistema Fair Play. **Esta é outra etapa que não pode ser pulada. É necessário um pouco de preparo!** Antes de negociar e distribuir estrategicamente todas as cartas, organize os conjuntos individuais, para que você e seu parceiro se lembrem das cartas que estão com vocês (por enquanto). Reserve um tempo para experimentar e determinar o arranjo que funciona melhor para os dois.

Alguns casais pegam uma cópia da tabela das 100 cartas do Fair Play e escrevem suas iniciais naquelas que estão com eles no momento. Outros criam listas ou colunas personalizadas para ele e para ela em quadros brancos, quadros-negros ou diários lindamente decorados. Muitos casais usam aplicativos de anotações, agendas virtuais e espaços compartilhados na nuvem para acesso rápido. A forma de listar as cartas de tarefas e seus respectivos detentores cabe inteiramente a vocês, mas eu recomendo seguir esta diretriz: **faça com que a disposição das cartas seja claramente visível e acessível.** Uma lista que se perde embaixo de uma pilha de correspondências inúteis ou acaba indo parar junto com a autorização para que seu filho faça o passeio da escola vai paralisar o processo de jogo. A longo prazo, criar uma lista de tarefas em que os papéis e responsabilidades sejam transparentes vai minimizar a quantidade de lembretes diários e a ineficiência causada por esquecimentos, confusões ou duplicidades.

Aqui está uma das primeiras versões da nossa lista semanal do Fair Play:

100 CARTAS DO FAIR PLAY®

Semana de 11 de março. A discutir: Redistribuir (?) Verificação – sexta-feira 'as 17h

VIDA DOMÉSTICA

- Ajuda para cuidar das crianças E
- Faxina E
- Louça S
- Lavagem de roupas a seco E
- Lixo S 19h
- Compras de super--mercado E
- Cama, mesa e banho E
- Bens e suprimentos para a casa E
- Manutenção da casa S
- Pagamento de prestação de compra/aluguel e seguros para a casa S
- Receber/entreter visitas em casa S Noite da NBA na terça
- Lavar e secar roupas E
- Jardim e plantas S
- Correspondência S
- Refeições (café da manhã durante a semana) E online!
- Refeições (lanches para a escola) S
- Refeições (jantar* durante a semana) Redistribuir: → Sáb S Dom: E
- Refeições (fins de semana)
- Recordações e fotos E
- Administração financeira S
- Armazenamento, garagem e itens sazonais E
- Arrumação, organização e doações E

* Redistribuir: Seg-Qua: S Qui-Sex: E

VIDA EXTERIOR

- Carro S
- Festas de aniversário (outras crianças) S 14h Dom. amigo do Ben.
- Cuidar da agenda E
- Dinheiro e contas S
- Caridade, serviço à comunidade e boas ações (adultos) E
- Engajamento cívico e enriquecimento cultural E
- Equipamentos eletrônicos e tecnologia em geral S
- Atividades extracurriculares (não esportivas) E
- Atividades extracurriculares (esportivas) S
- Primeiros socorros, segurança e emergência E
- Arrumar bolsas e mochilas (dia a dia) E
- Fazer e desfazer malas (viagens) E
- Pontos, milhas e cupons de desconto E
- Devoluções e créditos de lojas E
- Férias e feriados escolares (durante o ano letivo) S
- Férias escolares (fim do ano) E
- Comunicação com a escola E
- Eventos sociais (casais) S (esse mês)
- Transporte (crianças) →
- Viagens S
- Aulas de reforço e outras atividades S
- Eventos sociais no fim de semana (família) E (esse mês)

CUIDADOS

Divisão por filho S (Zach) E (Ben) E (Anne)

- Banho e arrumação (crianças)
- Beleza e vestuário (ela) E
- Rotina da hora de dormir
- Controle de natalidade E
- Roupas e acessórios (crianças) Divisão por filhos, ver acima
- Dentista (crianças) E
- Fraldas e ensinar a usar o banheiro S
- Planejamento para compra de imóveis e seguro de vida S
- Amizades e redes sociais (crianças) S
- Beleza e vestuário (ele) S
- Plano de saúde S
- Lição de casa, projetos e material escolar E
- Consultas médicas e vida saudável E (Eve faz o café da manhã)
- Rotina matinal S
- Pais e parentes próximos S
- Animais de estimação
- Serviços para a escola E (esse mês)
- Mudança de escola
- Cuidados pessoais (ela) E
- Cuidados pessoais (ele) S
- Necessidades especiais e saúde mental (crianças)
- Comunicação com professores Divisão por filho E(Z) S(B)

Redistribuir:
E: (Seg e Qui)
S: (Ter, Qua, Sex)

100 CARTAS DO FAIR PLAY®

MAGIA	FURACÃO	ESPAÇO DO UNICÓRNIO
Amizades adultas (ela) ☺ E Amizades adultas (ele) ☺ S Festas de aniversário (filhos) Disciplina e controle de tempo de telas S E (A) E (B) E (Z) Parentes distantes S Diversão e brincadeiras S Gestos de amor (crianças) S → Se necessário Presentes (família) E Presentes (VIPs) E Perguntas difíceis S ~~Cartões de Natal~~ Natal, Ano-Novo e outras festividades Pêssach chegando: a discutir Educação informal S Seres mágicos E Casamento e romance S (esse mês) Conforto no meio da noite S Ajuda para o parceiro → Seth para Eve (ler email por favor) Estar presente e participar S (esse mês) Espiritualidade E ~~Bilhetes de agradecimento~~ Valores e boas ações (crianças) E Tomar conta das crianças E: manhã S: tarde, Sáb, Dom	Pai/mãe doente ou envelhecendo Morte Primeiro ano da vida do bebê Falhas na matrix/imprevistos → Eve está de plantão esta semana Reformas em casa Perda de emprego e problemas financeiros Mudança de casa Emprego novo Gravidez e nascimento do bebê Doença grave	E: 4h (13-17h Domingo)
		ESPAÇO DO UNICÓRNIO S: 4h (8-12h Sábado)

"Seguindo as suas indicações, marcamos uma data na agenda para distribuir nosso conjunto de cartas com base no que aprendemos sobre o sistema Fair Play. Como preparação, começamos a fazer anotações no quadro-negro da cozinha. Essa parede é basicamente o centro da casa, onde escrevemos o que vamos assistir na noite de filmes com a família, quando os livros precisam ser devolvidos à biblioteca e agora incluímos uma lista de tarefas 'dele' e 'dela' que mostram de modo bem claro quem está fazendo o quê."

— Beverly, de Minnesota

•

"Gostamos de tecnologia, então foi fácil entrar nessa. No aplicativo de anotações mantemos uma lista de todas as cartas que estamos jogando, além de mostrar quais cartas estão com quem e por quanto tempo. Este método é acessível para nós, fácil de editar e ajuda a dar conta de tudo."

– Hudson, do Tennessee

•

QUARTA ETAPA: DISTRIBUIÇÃO DAS CARTAS (JOGAR PELO CPE)

Depois de personalizar o conjunto do Fair Play, você e seu parceiro vão começar o processo de distribuir as cartas entre vocês. Para cada carta entregue, ambos precisam concordar sobre o que significa conceber, planejar e executar esta tarefa doméstica. Vamos relembrar o que é o CPE:

Concepção: é a carga mental de bastidores em que você avalia as necessidades gerais da família, depois concebe e define a tarefa que vai atendê-las. *A época das chuvas está chegando. Preciso ver se as capas de chuva e galochas das crianças ainda servem.*

Planejamento: é quando você faz a lição de casa e cria um plano de ação detalhado, definindo tudo o que é necessário para fazer a tarefa. Esta etapa também pode exigir o gerenciamento do plano, além de eventuais modificações pelo caminho. Muitas vezes planejar também inclui consultar as outras partes interessadas (o parceiro e talvez os filhos, cuidadores, pais, sogros etc.) para saber o que elas acham antes de finalizar esta etapa. *As capas de chuva e galochas do ano passado já não servem mais nas crianças. Faça uma lista de possíveis fontes: primos mais velhos, lojas de segunda mão, comprar novas. Caso você compre capas e galochas novas, pergunte às crianças se elas têm alguma preferência de cor.*

Execução: é a etapa final para fazer o trabalho em horário adequado, seguindo os padrões e as expectativas explicitamente definidas por ambas as partes. *Como família, consideramos importante ficar aquecidos, secos e saudáveis, então vou adquirir essas capas de chuva e galochas antes da primeira chuva da estação!*

Ao distribuir as cartas, consulte as descrições no Capítulo 7: As 100 cartas do Fair Play e **pense no que significa fazer o CPE de cada tarefa.** Lembre-se: não haverá entrega autoritária de cartas ("Pegue esta!" "Não, *você* pega essa!"). Ambos estão decidindo cuidadosamente e concordando com o que cada um tem nas mãos.

Observação! *Ao distribuir os conjuntos individuais de cartas, defina com seu parceiro por quanto tempo as cartas vão ficar sob sua responsabilidade. Lembrem-se: não há obrigatoriedade! Uma carta não vai ficar com você ou seu parceiro para sempre. A janela negociada anteriormente pode ser de uma semana, um dia ou até algumas horas. Na verdade, recomendo reavaliar as cartas da Luta Diária com frequência, visto que elas são particularmente exigentes. Como um pai me disse: "Não quero ser o motorista da família pelo resto da vida!" E quem quer? Outra mãe admitiu: "Se ficar com a carta 'tomar conta das crianças' por várias horas sem intervalo, eu começo a perder a linha." Eu entendo! Ninguém deve ficar com uma carta indefinidamente.*

Certo, agora é hora de começar a distribuir! Começando com:

Cartas inegociáveis e da Luta Diária: conversem sobre quem é o mais preparado para fazer o CPE dessas cartas com base nas **habilidades e disponibilidade** individuais. Essas diretrizes significam que você ou seu parceiro serão inelegíveis para algumas cartas. Por exemplo, se você sai para trabalhar antes do horário de dar banho e arrumar as crianças para a escola de manhã, esta carta da Luta Diária não ficará com você nessa rodada. Contudo, sair cedo para trabalhar não dá a você um passe livre total. **Existem 30 cartas da Luta Diária, e ninguém deve ser responsável por todas.** Bata o pé ao negociar essas cartas, para garantir que nenhum de vocês vire o detentor obrigatório de cartas nesta categoria. **Cada parceiro deverá ficar com uma quantidade justa das cartas da Luta Diária e pelo menos uma de cada grupo.** Isso garante que vocês dois cuidem dos aspectos mais trabalhosos da vida doméstica que você não poderia fazer sozinho, pois têm horários específicos para serem realizados.

***Dica!** Se você estiver dividindo uma carta (isto é: os dois estão cuidando de uma mesma tarefa), coloque-a em uma pilha separada por enquanto.*

Cartas valorizadas pelos dois: para as outras cartas dos grupos **Vida Doméstica, Vida Exterior, Cuidados** e **Magia**, converse sobre quem está mais preparado para ficar com elas com base nas **preferências, habilidades** e **disponibilidade** individual. Mais uma vez, pode ser fácil definir quem vai pegar quais cartas restantes. Por exemplo, se você gosta de números e de equilibrar o orçamento, vai servir bem à família como administradora financeira. Se você trabalha com tecnologia, provavelmente estará mais equipado para lidar o departamento de tecnologia da sua casa (quando a internet cair, você saberá como salvar o dia).

Cartas que só uma pessoa valoriza: se uma carta é importante para apenas um de vocês, a pessoa que a valoriza deve ficar com ela. Volte às listas que separam as cartas importantes para cada parceiro e acrescente-a a elas.

☺

Trio da Felicidade: cuidados pessoais, amizades adultas e Espaço do Unicórnio. Com base em minhas entrevistas, essas cartas são as mais importantes para a felicidade do casal e de cada indivíduo e vão criar forte ressentimento entre você e seu parceiro caso algum dos dois fique sem ela (além da divisão por filho, essas são as únicas cartas que vocês mantêm ao mesmo tempo). A felicidade é um direito igual para todos, assim como o tempo. Vocês dois merecem e *precisam* de tempo para amizades significativas, cuidados pessoais importantes e os interesses que definem vocês além do papel de mãe e pai. Se já não fizeram isso, coloquem as cartas de cuidados pessoais e amizades adultas em suas respectivas pilhas. Por enquanto, deixe as cartas do Espaço do Unicórnio de lado. Eles serão as últimas a serem jogadas, e as mais importantes.

Cartas do grupo "Furacão": se você estiver com uma destas cartas que viram a vida do avesso, como uma mudança de emprego, parente doente ou administrar reformas em casa, peça, sem culpa, um pouco de ajuda ao parceiro (o que pode significar pedir para ele assumir algumas cartas a mais) até as circunstâncias melhorarem ou mudarem.

⚠

CUIDADO!

Atribua todas as cartas!

Se existem cartas sem dono em seu conjunto, é provável que vocês tenham caído em uma armadilha da duplicidade. Não deixe cartas sem dono! Se você não souber qual dos dois parceiros deveria fazer o CPE de alguma tarefa, consulte as **Perguntas Frequentes do Fair Play** na página 243: "E se ficarmos empacados porque cada um faz determinados aspectos de uma carta?"

CONTE AS CARTAS DE CADA PESSOA E ESCREVA OS TOTAIS:

Jogador 1: ____________

Jogador 2: ____________

Parabéns! Você distribuiu com sucesso todas as cartas do Fair Play que você e seu parceiro consideram valiosas. Se houver alguma dúvida sobre o jogo, consulte as **Perguntas Frequentes do Fair Play** na página 243. Se não for o caso, vá para as próximas etapas e prepare--se para uma situação em que TODOS VENCEM!

QUINTA ETAPA: ESTABELECER UM PADRÃO MÍNIMO DE CUIDADO

Além de esclarecer o que significa fazer o CPE de cada carta, você e seu parceiro vão discutir o padrão mínimo de cuidado, além dos valores envolvidos em cada uma. Essa etapa garante que todas as cartas do Fair Play em seu conjunto serão **feitas a tempo, com competência e atenção.** Sucesso!

Para ser extremamente clara, essa etapa não dá aos jogadores permissão para elevar seus padrões e exigir que o parceiro os atenda. Muito menos é uma oportunidade para pedir que o parceiro diminua seus padrões. **Em vez de debater quem tem os padrões "certos", trabalhem juntos para decidir o que é razoável dentro da *sua* casa com base nos valores da sua família.**

Para cada carta que você e seu parceiro consideram valiosas e dignas de serem jogadas, converse sobre o padrão mínimo para a execução dele. Se não conseguirem chegar a um acordo, use o teste do padrão mínimo de cuidado do Fair Play.

1. Uma pessoa razoável (nesse caso, seu parceiro, babá, cuidadores, pais ou sogros) faria o CPE desta carta da mesma forma e nas mesmas circunstâncias?
2. Qual é o padrão da comunidade? Nós queremos adotar esse padrão em nossa casa?
3. Qual é o dano por fazer ou não fazer isso desta forma?
4. Qual é o nosso "por quê"?

Dica! *Para ajudar você nessa etapa, consulte o Capítulo 6: Quarta regra: defina seus valores e padrões.*

O "Por que" de fazermos as tarefas desta forma

Damon e Gabe costumavam brigar sobre a desorganização do armário. No apartamento de Nova York, esse espaço era a única opção de armazenamento e por isso virou o lugar genérico para guardar casacos, chapéus, guarda-chuvas, sapatos, sacolas de brinquedos antigos e livros para serem doados a uma organização de caridade local. Quando Gabe adicionou caixas de fotos da família à bagunça, Damon perdeu a paciência: "Nossas fotos estão sendo esmagadas pelas galochas do Teddy!" Eles trabalharam juntos para chegar a um acordo sobre um padrão mínimo. Nada transbordando, usar caixas organizadoras e a porta precisa fechar. O "por que" deles para manter um armário gerenciável? Preservar as lembranças da família com organização e cuidado.

Após montar a árvore de Natal, pendurar os pisca-piscas na porta da frente e no teto e montar uma cena do presépio inflável no jardim da frente, Alan perguntou à mulher, exausto: "Por que precisamos decorar tanto todos os anos?" Jill parou para pensar. Será que o aroma de pinheiro fresco espalhado pela casa, junto com a insistência dela em colocar um elfo na prateleira em cada quarto (incluindo o banheiro), era um pouco exagerado? Por outro lado, "Natal, Ano-Novo e outras festividades" e "seres mágicos" eram algumas das cartas favoritas dela. Jill aceitou diminuir os padrões exagerados após uma conversa com o marido, e ambos definiram o que valorizavam mais: criar magia, curiosidade e nostalgia futura para os filhos. Jill finalmente entendeu que poderia conseguir isso sem transformar a casa em um parque temático natalino.

SEXTA ETAPA: REIVINDICAR O SEU ESPAÇO DO UNICÓRNIO

Após ter negociado e distribuído estrategicamente todas as cartas em sua mesa, a última etapa da aplicação do sistema Fair Play exige que vocês dois joguem as cartas do Espaço do Unicórnio. **Esta é uma carta importantíssima que ambos precisam jogar.** O Espaço do Unicórnio é essencial para a sua identidade, a saúde do seu relacionamento e a sua capacidade de transmitir aos filhos o que é uma vida plena.

Você e seu parceiro vão conversar sobre os seus objetivos do Espaço do Unicórnio em termos de tempo, dinheiro e ajuda para cuidar das crianças. Consulte o Capítulo 11: Como viver no Espaço do Unicórnio e crie um plano factível e passo a passo para conseguir isso.

> ***Dica!*** *É necessário entrar em acordo como casal para permitir que cada um tenha seu respectivo Espaço do Unicórnio. O seu parceiro não dá palpite na sua forma de gastar o tempo e vice-versa. Mesmo assim, vocês precisam ter uma conversa sobre a criação desse espaço valioso. Se um parceiro sentir que está com muitas cartas de tarefas para reivindicar o Espaço do Unicórnio, voltem à estaca zero e redistribuam, para que ambos possam ficar com essa carta essencial. Consulte a página 220 para relembrar os detalhes da carta Espaço do Unicórnio e estimule seu parceiro a ler essa parte também.*

SÉTIMA ETAPA: FAZER UM NOVO JURAMENTO

Parabéns! Agora vocês dois estão aplicando um novo sistema que prioriza a colaboração em vez da competição, deixa os papéis, responsabilidades e expectativas bem claros, além de melhorar a eficiência e a harmonia no lar. Agora que vocês reequilibraram a carga de trabalho doméstico, poderão começar a jogar limpo.

Ao chegar a essa etapa, façam os seguintes votos um para o outro:

Eu prometo abandonar o ressentimento em relação ao passado.

Eu prometo jogar minhas cartas fazendo inteiramente a concepção, o planejamento e a execução (CPE).

Eu prometo ceder o controle das cartas que não são minhas. Nada de mexer nas suas cartas no último minuto.

Eu prometo aderir ao nosso padrão mínimo de cuidado (que decidimos em comum acordo) para cada carta que pegar, além de acabar com as críticas e reclamações quando as tarefas não forem feitas do "meu jeito".

Eu prometo redistribuir as cartas conforme necessário por meio de uma comunicação clara e colaborativa.

Eu prometo reivindicar meu Espaço do Unicórnio e apoiar você na reivindicação do seu.

Eu prometo arrumar um dia e horário para acompanhar regularmente o progresso do jogo com você. A prática leva à perfeição.

PERGUNTAS FREQUENTES DO FAIR PLAY

P: Estou confusa em relação ao CPE e tudo o que está envolvido na concepção, planejamento e execução de uma tarefa. Pode me ajudar?
R: Muitas vezes o trabalho invisível de concepção e planejamento é o que consome mais tempo e cansa mais a mente. Se você quiser ficar com uma carta, pense em tudo que ela envolve. Volte ao Capítulo 7 e veja uma breve descrição de todas as cartas do Fair Play, incluindo o que é necessário para conceber, planejar e executar cada responsabilidade. Para obter informações mais detalhadas sobre o CPE em forma de lista, acesse fairplaylife.com.

P: Se eu pegar uma carta, por quanto tempo fico com ela?
R: Algumas cartas podem ficar indefinidamente com você, outras por um determinado número de semanas, apenas por um dia ou até por algumas horas. Não existe obrigatoriedade! Redistribua conforme necessário.
Por exemplo, se o sistema da sua família diz que um de vocês faz o jantar às segundas, terças e quartas-feiras e o outro às quintas e sextas-feiras, a redistribuição da carta "Refeições (jantar durante a semana)" funciona da seguinte forma: o detentor desta carta fica responsável por fazer a comida, além de planejar as refeições e informar com antecedência o detentor da carta "compras de supermercado" do que precisa. A pessoa que assume essa tarefa nos outros dias ficará responsável pelo CPE total dela quando estiver com a carta. Faz sentido?
Ao distribuir as cartas entre vocês, é preciso entender que, como o Fair Play é fluido, você e seu parceiro vão avaliar (consulte o Capítulo 9 para entender a importância dessa verificação) e redistribuir as cartas periodicamente, conforme a necessidade e as circunstâncias.

P: Como assim redistribuir? Não sei se entendi direito.

R: A redistribuição é a entrega de uma carta a um parceiro de modo explícito e negociado com antecedência, com todo o CPE envolvido na realização dessa tarefa. Algumas cartas, como "animais de estimação", podem ser redistribuídas no meio da semana ou até a cada dia.

Por exemplo:

Quando meu pai contou que se dispôs a deixar e buscar o cachorro na creche para que minha madrasta pudesse trabalhar mais cedo, fui direta:

— Pai, isso não ajuda em praticamente nada.

— Como assim? Ela deve ganhar pelo menos uma hora com isso hoje — argumentou ele.

— Isso pode até ser verdade, e certamente ela fica feliz com a sua oferta de ajuda, mas a pergunta é: você também vai alimentar a Sadie antes de sair? Separou mais ração para levar e se lembrou dos petiscos e vitaminas? E você vai se responsabilizar se alguém na creche para cães tiver alguma pergunta ou problema?

— Não, a Marcia cuida de tudo isso — admitiu ele.

— Então você não assumiu a responsabilidade total pela carta. Apenas pegou um aspecto da execução de "animais de estimação" ao levar a Sadie para a creche canina e buscá-la depois, mas a Marcia ficou com todo o trabalho de preparação, que consome tempo e gera carga mental. Ela pensou em todas as necessidades que Sadie pode ter hoje e talvez esteja com medo de você se esquecer de buscá-la sem um lembrete para fazer isso.

Expliquei ao meu pai que para ser útil de verdade ele precisava tirar completamente essa tarefa da lista de Marcia ao conceber, planejar e executar todos os aspectos relacionados a cuidar de um animal de estimação *apenas por aquele dia.*

— Hoje é o seu dia de cuidar totalmente do cachorro. Amanhã você vai redistribuir esta carta e devolvê-la para a Marcia — enfatizei para meu pai, que se tornou um parceiro muito mais prestativo em casa em relação aos meus tempos de infância e estava sinceramente tentando aplicar o Fair Play.

— Se você vai ficar com essa carta na segunda-feira, assuma a liderança e seja responsável por *tudo* relacionado à Sadie: ração, vitaminas, coleira, caixinha de transporte, levá-la e buscá-la na creche *e* passear com ela quando voltar, incluindo pegar o cocô.

— Isso é muito trabalho — reclamou ele.

— É mesmo. A questão é justamente essa! Mas lembre-se de que você só está com esta carta por um dia, depois você pode redistribuí-la.

P: E se ficarmos empacados porque cada um faz determinados aspectos de uma carta?
R: Um princípio básico do Fair Play é redefinir o trabalho em equipe. Para que sua casa seja administrada com eficiência e responsabilidade, é preciso negociar quem fará toda a concepção, planejamento e execução para a carta que tem em mãos. Se ambos estão com uma carta e não conseguem decidir quem ficará com ela, vocês correm o risco de cair em uma Armadilha da Duplicidade, que pode ter dois tipos: Duplicação ou Separação. Falaremos mais sobre isso a seguir:

» Duplicação

O que poderia dar errado se vocês dois ficarem com a mesma carta? Tudo. Vejam esta situação:

Maria e Paoula recebem um e-mail da escola dizendo que a quarta série vai começar uma unidade de química chamada Pós Misteriosos.

A professora do filho delas mandou esta mensagem: *Nossos registros dizem que seu filho tem alergias alimentares. Como vamos experimentar seis Pós Misteriosos diferentes, preencha o formulário a seguir para sabermos se o seu filho poderá tocar e experimentar os pós sem prejuízos à saúde dele.* Quem está com esta carta? Como a carta "comunicação com a escola" não foi distribuída, tanto Maria quanto Paoula preenchem o formulário e clicam em "enviar". Dupla eficiência, certo? Errado. O que aconteceu foi que as duas receberam um telefonema da enfermeira da escola, porque uma delas escreveu que o pó número 2 causaria alergia no menino e a outra disse que não havia problema. Agora elas precisam preencher um *terceiro* formulário para esclarecer a questão. No dia seguinte elas brigam para decidir quem entregaria o formulário na escola, pois o formulário correto exige a assinatura das duas e entrega em pessoa. Se apenas uma delas tivesse preenchido o formulário, elas teriam economizado tempo e evitado muita discussão!

Outra duplicação muito comum: Ali e Ben vão juntos ao hipermercado local: "Gostamos de dividir as decisões e é divertido passar um tempo juntos", alegam eles. O que realmente acontece? Ali vai direto para o corredor 3 com a lista de itens básicos. Ben vai direto à seção refrigerada e volta com carne para churrasco e um pote de sorvete. Isso acontece até o carrinho estar cheio e se passarem duas horas. Só quando Ali e Ben estão em casa e liberam os avós que estavam tomando conta das crianças, começam a desempacotar tudo e percebem que ninguém se lembrou de comprar fraldas!

O risco da Duplicação é ninguém assumir a liderança e começar a culpar o outro: *Pensei que* você *fosse fazer isso. Não! Você disse que ia cuidar disso! Espere aí, eu já fiz isso. Não, eu já fiz. Ah, não, nós dois fizemos!* Repito: essa abordagem de duas pessoas com uma carta para dividir a carga de trabalho doméstica é ineficiente e indica que você não confia no seu parceiro para fazer uma tarefa por conta própria. Mesmo quando os parceiros agem em duplicidade, tentando ser úteis ou ajudar sem ter uma responsabilidade atribuída de modo específico, isso costuma ser um desastre. Quando você e o seu parceiro abordam a tarefa como se fossem um, os esforços são duplicados, os detalhes tendem a passar despercebidos e ninguém se livra da carga mental.

» Separação

Quando uma pessoa supervisiona a concepção e o planejamento e a outra cuida da execução de uma tarefa, eu chamo de Separação. Evite isso a todo custo. É aí que mora o perigo.

Pense na seguinte situação. A mulher escolhe o produto de limpeza ABC porque é mais barato (e porque o anterior acabava com as camisas). Isso é a concepção. Ela reúne todas as roupas que precisam ser lavadas a seco e coloca em uma sacola que deixa na porta da frente. Esse é o planejamento. Depois, ela pede ao marido para deixar a sacola na lavanderia, entregando o jogo na execução. O que acontece? O marido concorda em ajudá-la e passa na lavanderia na segunda-feira de manhã a caminho do trabalho, mas ao chegar lá descobre que a loja está fechada. Ele manda uma mensagem indignada para a mulher: "Por que você não me avisou que a lavanderia a seco estava fechada hoje?"

Quando existe uma Separação, ninguém assumiu a responsabilidade total pelo CPE da tarefa e quem fez a execução provavelmente não teve contexto suficiente para realizá-la com sucesso. A abordagem de duas pessoas com a mesma carta para dividir tarefas é desorganizada e ineficiente no fim das contas. Quando os parceiros não sabem quem está fazendo o quê, dificilmente algo será feito! No caso da lavanderia a seco fechada, se o marido tivesse feito a concepção e o planejamento não teria precisado consultar a parceira, pois já saberia quando a loja estava aberta e usaria seu tempo de modo mais eficiente, deixando as roupas lá na terça-feira. Se a mulher tivesse feito a execução, também teria deixado as roupas na terça-feira e não receberia uma mensagem irritada.

P: Por que não posso pedir ao meu parceiro para executar uma tarefa para mim? O que há de errado em pedir um pouco de ajuda?

R: Porque sua casa vai ficar infectada de RATOs. Veja o Caso dos Legos da Marvel.

— Estou saindo para buscar a Isabella na casa da minha mãe. O Luis está brincando na sala. Pegue os Legos da Marvel antes de eu voltar — disse Jill, às pressas e na porta do banheiro, para o marido, que estava acabando de tomar banho.

David fechou o chuveiro, rapidamente se enxugou e se vestiu. Em seguida, ele foi procurar o filho de 8 anos, Luis, que estava lendo uma revista do Homem-Aranha na sala. David estava doido para passar o sábado à tarde com o filho. Quando se sentou ao lado de Luis, olhou para o chão e não viu nenhum prego.

— A mamãe disse para pegar os *pregos*, não foi?

— Claro, papai! — respondeu Luis, fechando a revista e correndo para a cozinha.

Nos minutos seguintes, David procurou pregos no chão e chegou até a levantar o tapete. Como não achou um prego sequer, foi para a cozinha e começou a fazer o almoço para Luis e Isabella. Vinte minutos depois, Jill voltou. Assim que entrou pela porta da frente, carregando a filha de seis meses, ficou indignada:

— Eu falei para você pegar os Legos da Marvel. Por que eles ainda estão espalhados? Se a Isabella colocar um desses na boca, vai sufocar! — gritou ela, apontando alguns blocos espalhados pela sala.

— Pensei que você tivesse falado "prego"! — gritou David de volta.

— Eu só pedi para você fazer uma tarefa!

Em defesa de David, essa *única tarefa* não foi explicada com clareza e a execução foi entregue de modo injusto e em cima da hora em vez de a própria parceira fazer isso.

O ideal seria que Jill assumisse a responsabilidade por pegar os Legos antes de sair, porque ela está com a carta "arrumação", mas ela preferiu fazer o Repasse Aleatório de Tarefa Obrigatória (RATO) e culpou David por não tê-la executado de acordo com suas expectativas.

Se você deseja que o seu parceiro vire um colaborador dedicado, independente e capaz de ter sucesso, é preciso abandonar o hábito de emitir RATOs. A maior parte dos homens que entrevistei contou receber críticas diárias por não fazer as tarefas direito.

— Não aguento mais receber ordens o tempo todo — comentou um homem.

— Ela só fala comigo para me criticar — reclamou outro.

— Minha mulher brinca que eu preciso de "adestramento". Olha, eu admito que não sou perfeito, mas não sou um *cachorro* — protestou um terceiro.

Embora um RATO apareça de tempos em tempos, quando a casa fica infestada por eles adivinha o que acontece. Alguém inevitavelmente declara: "Eu não vou viver assim. Estou fora!" Após conversar com vários homens, os dados ficaram bem claros: o Repasse Aleatório de Tarefas Obrigatórias era **um dos principais motivos de ressentimento dos maridos em relação às mulheres, levando à infidelidade e a pensar em divórcio.** *Caramba!* Essa foi uma descoberta dolorosa, e vale a pena falar mais sobre isso antes que seja tarde demais. Felizmente os RATOs desaparecem quando o CPE entra em jogo, porque as **tarefas deixam de ser aleatórias.** Após negociar com antecedência e atribuir todas as cartas, os dois parceiros sabem quais são as responsabilidades de cada um a cada minuto do dia, sete dias por semana, para que ninguém seja pego de surpresa, precise de lembretes ou receba a ordem de resolver isso *agora*. Assim que vocês assumirem a responsabilidade total pelas cartas que estão em suas mãos, deixarão de criticar, gritar ordens aleatórias e recrutar um "ajudante" que apenas cumpre instruções pensadas por outra pessoa, que dedicou tempo e energia para fazer isso. Na parceria do Fair Play e seus papéis explicitamente definidos, ambos os parceiros estão preparados para fazer tarefas com sucesso de modo consistente.

P: Se eu estou com uma carta e realmente preciso de ajuda na execução, o que faço?

R: Caso um de vocês precise de ajuda para chegar à linha de chegada, em vez de entregar um RATO e dizer: "Preciso que você...", peça ajuda para alguém da sua aldeia *que não seja o seu parceiro*, sempre fornecendo o contexto total e pedindo explicitamente. Mesmo que você seja responsável pela execução de todas as cartas que escolheu, isso não necessariamente significa que você precise terminar a tarefa. Afinal, todo gerente de projeto que se preza convoca ajuda em alguns aspectos do trabalho, basta não pedir ao seu parceiro para fazer isso! O ideal é evitar essa ajuda externa na última hora redistribuindo a carta na avaliação semanal.

P: E se ficarmos empacados porque ninguém quis fazer o CPE de determinadas cartas?

R: Isso não pode acontecer. É preciso negociar até que todas as cartas *valorizadas* em sua casa tenham um dono. Lembre-se: não é uma sentença de morte. Se vocês estiverem empacados porque ninguém quer pegar uma carta, façam um cara ou coroa e depois renegociem e redistribuam conforme necessário.

P: E se nós dois quisermos ficar com uma carta porque gostamos de alguns aspectos dela, como ir aos jogos de basquete do nosso filho?

R: Para muitas pessoas a alegria está na execução, o que nesse caso significa os dois irem ao jogo e sentarem lado a lado na arquibancada para torcer pelo filho. Não há problema nisso, e nem significa que o seu parceiro ficará excluído e vai perder a parte divertida quando você assumir a responsabilidade por uma carta. Este sistema é feito para a inclusão. Mesmo assim, todas as cartas do conjunto precisam ter um responsável, ou vocês sofrerão as consequências da duplicação ou separação. Nesse exemplo do basquete, sugiro que um de vocês fique com a carta "atividades extracurriculares (esportivas)" e o outro com o "estar presente e participar". Assim, ambos dividirão esse momento gostoso que fortalece os vínculos familiares, mas apenas um de vocês será responsável por dar carona aos coleguinhas de time do filho e levar um lanche para o jogo, enquanto o outro simplesmente estará presente.

P: Se tivermos mais de um filho, como devemos distribuir ou "separar" os cartas relativas às crianças?
R: Caso seus filhos tenham compromissos com amiguinhos diferentes ou eventos esportivos no *mesmo dia e hora*, é permitido que os dois pais fiquem com a *mesma carta* para filhos diferentes, desde que a concepção, planejamento e execução dos eventos separados fiquem com o detentor da carta. Chamo de **Divisão por filho** quando ambos ficam com a mesma carta *ao mesmo tempo* para filhos diferentes. Nesse caso, as cartas do Fair Play serão divididas porque existem duas ou mais crianças em sua casa que estarão em lugares diferentes em diversos momentos, envolvendo as cartas "festas de aniversário (outras crianças)", "atividades extracurriculares (esportivas)", "atividades extracurriculares (não esportivas)", "amizades e redes sociais", "arrumar bolsas e mochilas (local)", "transporte (crianças)", "aulas de reforço e outras atividades", "tomar conta das crianças",

e, se os seus filhos frequentarem escolas diferentes, vocês também podem dividir as cartas "comunicação com a escola", "comunicação com professores" e "serviços para a escola".

Observação: *Dividir as cartas para crianças diferentes não é obrigatório, mas é permitido.*

P: O que é "justo"? Com quantas cartas cada pessoa deve ficar?
R: O que é justo nem sempre é igualitário e o que é igualitário nem sempre é justo, então não espere uma divisão do tipo 50/50. **O objetivo do Fair Play é a equidade, não a igualdade.** A regra básica é a seguinte: ninguém pode ficar com todas as cartas, mesmo se um dos parceiros não trabalhar fora de casa. Os dois jogadores precisam ficar com as cartas de amizades adultas, cuidados pessoais e Espaço do Unicórnio. *Além disso*: cada parceiro precisa ficar com uma quantidade justa das cartas da Luta Diária, de preferência uma de cada grupo. Isso garante que vocês dois estejam envolvidos nos aspectos da vida doméstica que consomem mais tempo, responsabilizando-se pelas tarefas que dão mais trabalho e para as quais não se consegue fazer o CPE sozinho, porque têm horários específicos para serem realizadas.

P: Por que não tentar uma divisão 50/50 das cartas?
R: O Fair Play não foi feito para contar pontos; o objetivo é a personalização. Além do mais, quando perguntei às mulheres o que faria mais diferença na vida conjugal, elas disseram que a satisfação nessa área depende muito menos da divisão igualitária das tarefas. O importante é o parceiro fazer toda a concepção, planejamento e execução das cartas que escolheram com competência e cuidado. "Meu marido ter assumido a responsabilidade pela carta 'carro' vale dez cartas, porque isso me

livrou de vários minutos de carga mental. Não ter que planejar, lembrar ou mesmo *pensar* em fazer seguro, trocar o óleo e ir ao Departamento de Trânsito renovar documentos é libertador!"

Esta é a notícia que vai mudar o jogo, meninas: a revolução nos papéis de gênero pode ser medida pelo CPE.

É verdade, uma simples carta pode mudar tudo. Quando meu marido assumiu as "atividades extracurriculares (esportivas)" para Zach e Ben, eu ganhei *oito horas por semana*. Apenas redistribuindo uma carta! Preciso acrescentar que Seth gosta dessa carta, porque adora esportes e ver os filhos envolvidos na prática deles. Quando Seth entendeu que a responsabilidade total pelo CPE dessa tarefa o levaria a ter um papel mais ativo e gratificante como pai, além de assumir a liderança em vários aspectos da vida doméstica que ele valoriza, meu marido escolheu as cartas voluntariamente.

P: Mas é sério. Para ter justiça, com quantas cartas os homens devem ficar?

R: Após testar exaustivamente o sistema Fair Play, um número mágico se revelou: os casais sentiram que a divisão era equitativa quando os homens fazem o CPE de 21 cartas. **Como num jogo de baralho!**

Independentemente de 21 cartas representarem apenas um quarto de um conjunto típico (ou seja, bem longe da divisão 50/50), quando os homens ficaram com 21 cartas ou mais as mulheres consideraram a divisão do trabalho equitativa e justa. E não de um jeito "foi o que deu para arrumar". A maioria das mulheres com quem conversei cujo parceiro pegava um mínimo de 21 cartas sentia o apoio e não ficava mais esgotada de tanto ressentimento e fadiga diários. (Esse objetivo se aplica a todos os casais, não importa se alguém trabalha fora ou fica em casa em tempo integral.)

— Sempre gostei da disposição do meu marido para executar, mas, quando ele assumiu a concepção e o planejamento, eu me senti livre — contou minha amiga Chelsea.

O ressentimento mais profundo em relação ao CPE está no C e no P, porque eles concentram a maior parte da carga mental e emocional. Por isso, quando os parceiros tiram a concepção e o planejamento da nossa cabeça, os aspectos mais pesados do trabalho doméstico subitamente desaparecem. Além disso, os homens mais confiantes, envolvidos e felizes no relacionamento são os que têm o apoio e confiança total das parceiras para assumir totalmente o CPE das tarefas!

Meu conselho às mulheres: enquanto vocês dois negociam e distribuem o seu conjunto, não espere nem exija que ele pegue 50 cartas. Pegar mais cartas do que ele tinha *ontem* já é lucro, e trabalhar rumo à 21 ou até mais costuma ser um processo lento e gradual, dependendo do seu ponto de partida.

Meu conselho aos homens: resista à tentação de pegar um número excessivo de cartas nessa primeira rodada. Pense cuidadosamente no que você tem nas mãos antes de se dispor a pegar mais uma. Ao jogar e redistribuir as cartas a cada semana, o seu conjunto vai se formar aos poucos. Até que um belo dia você estará como o cirurgião-geral Gene, que está feliz da vida cuidando de impressionantes 46 cartas!

P: Qual a diferença entre o CPE e o padrão mínimo de cuidado?

R: A concepção, o planejamento e a execução (CPE) envolvem todos os passos invisíveis necessários para terminar uma tarefa. Já o padrão mínimo de cuidado (PMC) é a expectativa de que você vai seguir o padrão de competência e cuidado escolhido pela família num prazo que funcione para todos em sua casa.

P: E se eu não confiar que o meu parceiro vai jogar limpo?
R: O Fair Play só funciona quando as duas partes alinham as expectativas e seguem um padrão mínimo de cuidado definido em comum acordo. Se puderem descartar algumas cartas, ótimo, mas, se ambos decidiram jogar uma carta, ela precisa ser feita de acordo com o PMC. Veja o Capítulo 6 e relembre como definir seus valores e padrões.

9.

REDISTRIBUIR AS CARTAS

Jogue para vencer.

Parabéns! Você e o seu parceiro começaram o sistema Fair Play. O casal distribuiu estrategicamente as cartas de acordo com os valores e expectativas definidos em comum acordo, levando em consideração os pontos fortes, preferências e capacidades individuais. Agora que vocês reequilibraram a carga de trabalho doméstico e estão jogando pela igualdade de tempo, equidade e justiça, o que vem depois?

Vocês continuam a conversa.

Não há como voltar atrás agora, certo?

A VERIFICAÇÃO IMPORTANTÍSSIMA

Na primeira semana de aplicação prática do Fair Play em sua casa, **marque uma data para voltar à mesa e fazer a primeira verificação.** Todo sistema precisa de manutenção, e as regras do Fair Play dizem que preservar a justiça exige uma comunicação aberta e direta. Antes que muitos dias se passem, defina data, hora e local para recolocar todas as cartas na mesa. Pense na verificação como se fosse o próximo episódio do seu seriado favorito: você não pode perder! Estou falando sério. Entre os participantes iniciais do sistema, os casais que arranjam tempo para trocar feedback sobre o Fair Play regularmente conseguiram o ápice da felicidade e eficiência. Na verdade, esse é o fator fundamental para o sucesso a longo prazo.

CONVITE PARA A VERIFICAÇÃO

Data:
Hora:
Local:

» O poder do feedback

No ambiente corporativo, profissionais de recursos humanos e líderes de equipe adoram debater o método mais eficaz para dar feedback a funcionários e colegas: direto, carinhoso, cuidadoso, transformar críticas em perguntas, entre outros. Independentemente da escolha, várias empresas de sucesso concordam em um aspecto: o feedback é vital para o progresso. É o motivo das reuniões de equipe nas manhãs de segunda-feira e das avaliações regulares de desempenho. Sem um feedback consistente, como saber o que está dando certo e o que precisa ser corrigido? O mesmo vale para o lar. A verificação semanal é a oportunidade valiosa de receber e fornecer feedback ao parceiro. Ela cria o tempo e espaço necessários para tirar dúvidas sobre papéis, tarefas e expectativas, ajustando o sistema a fim de garantir que ambos continuem vencendo. Afinal, o Fair Play é uma mudança na forma de abordar o relacionamento pelo resto da vida.

» Espere o momento certo

No ambiente doméstico, muitos não têm o costume de esperar para fornecer feedback aos parceiros, preferindo resmungar, criticar, reclamar e às vezes gritar. De vez em quando, podemos até sair batendo portas, dar indiretas e proferir RATOs. E, quando não somos ouvidas ou nossas expectativas não são atendidas, algumas de nós fazem greve de sexo até a louça ter sido lavada.

Todos esses são exemplos de feedback imediato, e eu imploro: controle a raiva, segure a língua e *espere*.

Fornecer o feedback imediatamente nunca ajuda. Claro que pode haver algum mérito em expressar quando você *sente* algo, mas isso não é recomendável no sistema Fair Play, a menos que exista um perigo iminente, como o seu parceiro estar prestes a aplicar pomada para assaduras no rosto do bebê pensando que é filtro solar. Quando você se comunica durante o que o economista comportamental Dan Ariely chama de "cascatas emocionais", pode facilmente destruir o objetivo a longo prazo de ter duas pessoas felizes que se sintam valorizadas, ouvidas e tratadas com justiça.

Quando falamos pelo telefone sobre esse assunto, ele me indicou esta citação de seu livro de sucesso *Positivamente irracional*:

> "Eu penso que os relacionamentos românticos ilustram melhor o perigo das cascatas emocionais. Quando os casais tentam lidar com problemas conversando (ou gritando) sobre dinheiro, filhos ou o que fazer para o jantar, eles não só estão discutindo os problemas como desenvolvendo um *repertório comportamental*. Esse repertório determina a interação deles ao longo do tempo."

Eu vi esse repertório comportamental aparecer de forma oposta nos casais que testam o sistema Fair Play. Os que continuam a dar feedback imediato tendem a manter uma dinâmica de competição e perdem a confiança no processo, enquanto os casais que criam o novo hábito de *esperar* para fornecer o feedback tiveram interações mais colaborativas ao longo do tempo.

Os renomados psicólogos John e Julie Gottman defendem a vantagem de esperar para fornecer o feedback. Segundo as descobertas feitas por eles, os casais em conflito que tiram um breve período para acalmar os ânimos têm uma perspectiva melhor em termos cognitivos. A professora Darby Saxbe tem a explicação neurológica para isso:

> "É difícil pensar com clareza quando você está estressado ou transtornado. O córtex pré-frontal ajuda a fazer um argumento lógico e trabalha de modo menos eficaz quando os centros de resposta à ameaça do cérebro, como a amígdala, estão ativados. Em minha pesquisa, descobri que casais em relacionamentos infelizes eram mais reativos fisiologicamente um ao outro, isto é, mostravam níveis semelhantes de cortisol, o hormônio do estresse. Essa descoberta sugere que o estresse pode ser contagioso. Quando um parceiro fica transtornado, é fácil se deixar levar pela emoção dele. Então, se você não puder reagir com calma na hora, encontre outro momento, em que ambos estejam mais tranquilos."

Kim Davis trabalhou comigo no JPMorgan Chase, onde forneceu consultoria ao presidente e CEO, e agora é executiva sênior da National Hockey League. Ela já administrou centenas de funcionários e repete as recomendações de Saxbe: "Eu vivo dizendo 'Quando a emoção está em alta, a cognição está em baixa.' Meu conselho é voltar à mesa quando vocês puderem ter uma conversa calma e ser verdadeiramente ouvidos."

» Grandes sentimentos

A sugestão de aguardar para fornecer o feedback pode parecer difícil no início do Fair Play. Muitas das primeiras mulheres que aplicaram o sistema relataram sentimentos negativos nas primeiras semanas de teste:

> Estou com medo de o meu parceiro não "jogar" suas cartas. E se ele simplesmente não fizer as tarefas?
>
> E se ele fizer besteira?
>
> E se ele esquecer? Devo lembrá-lo?
>
> Estou com medo de que "jogar limpo" não funcione e nós voltemos à estaca zero e às brigas.
>
> Mesmo após entregar algumas das minhas cartas, estou com dificuldade para me desapegar delas.
>
> Estou tentando confiar no processo, mas no fundo estou só observando se o meu parceiro vai falhar.
>
> E se a gente não conseguir mudar?

Enquanto espera a data da verificação, reconheça que a mudança pode trazer grandes emoções à tona. É normal ter sensações sutis ou fortes de:

- Resistência
- Desconforto
- Medo e ansiedade
- Tristeza
- Perda de controle
- Impaciência
- Desânimo
- Desconfiança e dúvida

"Se você tiver dificuldade com qualquer um desses sentimentos, lembre-se de que está em pleno processo de mudança e que corrigir o rumo ao longo do caminho faz parte desse processo", aconselha a psicóloga clínica Marcia Bernstein.

VERIFICAÇÃO SEMANAL

Primeira etapa: definir uma data para a verificação
Segunda etapa: avaliar e refletir
Terceira etapa: redistribuir ou manter
Quarta etapa: planejar com antecedência

PRIMEIRA ETAPA: DEFINIR UMA DATA PARA A VERIFICAÇÃO

O ideal é agendar a verificação para quando você e seu parceiro estiverem sozinhos, em um horário que possa ser facilmente repetido toda semana (ou mais que uma vez por semana, se necessário). No fim da tarde de sexta-feira aparece um lembrete da agenda no meu telefone: » **Verificação semanal com o Seth, 17h-17h30.** Meu marido e eu vamos ao nosso restaurante mexicano favorito, cada um pede um prato de tacos de dois dólares e meia hora depois nós sabemos exatamente quais cartas estamos jogando e quem vai ser responsável pelo quê. A verificação é um grande impulso para começar o fim de semana e nos coloca no espírito colaborativo. Outros casais fazem a verificação semanal do Fair Play tomando café, passeando com os cachorros no quarteirão ou aconchegados na cama depois que as crianças dormiram. Ter essa conversa pessoalmente é melhor, mas não obrigatório. Vocês podem fazer a verificação via Skype ou por telefone. O *quando, onde* e *como* não é tão importante quanto dar atenção total um ao outro. Embora a primeira verificação possa levar algum tempo, esses encontros vão ficar mais curtos à medida que vocês ganharem familiaridade com o sistema e se acostumarem ao novo ritmo e rotina da casa.

> *Dica!* **Prefira a sexta-feira em vez da segunda.** *Muitos casais dizem que fazer uma verificação na sexta-feira é melhor do que na segunda-feira, porque no início da semana a maioria dos casais está exausta. Iniciar uma conversa sobre reequilibrar a carga de trabalho doméstico nesse estado pode abrir as portas para uma discussão. Os casais que testaram o sistema Fair Play se mostraram exponencialmente mais dispostos a participar de conversas que exigem uma mentalidade colaborativa no último dia útil da semana.*

SEGUNDA ETAPA: AVALIAR E REFLETIR

Agora você e seu parceiro vão rever o conjunto de tarefas da casa. Revise cada carta atualmente em jogo e determine se a atribuição dela ainda faz sentido para sua família. Se houver alguma carta que não seja mais relevante ou tenha valor, deixe-a de lado. Essa é outra oportunidade para ajustar o seu conjunto. Lembre-se: quanto menos cartas, mais fácil de gerenciar a carga de trabalho de uma pessoa, então **tirar os excessos do seu conjunto é vantajoso.**

CONTE TODAS AS CARTAS EM JOGO EM SUA CASA E ESCREVA O TOTAL: ______________

Agora revise as cartas de tarefas que vocês estão segurando nos cinco grupos: **Vida Doméstica, Vida Exterior, Cuidados, Magia** e **Furacão.** Esse é o momento adequado para dar aquela cutucada sutil no parceiro e lembrar quais cartas cada um concordou em pegar.

CONTE AS CARTAS ESCOLHIDAS INDIVIDUALMENTE E ESCREVA OS TOTAIS:

Jogador 1: ________________
Jogador 2: ________________

Dica! *Reconheça que este é o momento perfeito para dar crédito ao seu parceiro por todas as cartas que ele está jogando direito.*

Fale do que é positivo! Em uma verificação recente com Seth, eu disse:

— Amor, muito obrigada por cuidar da carta "Equipamentos eletrônicos e tecnologia em geral'" e consertar nossa conexão de TV a cabo antes de começar o Globo de Ouro.

Seth devolveu o elogio com:

— Obrigado por cuidar tão bem do trabalho doméstico diário. Eu sei que é uma luta e reconheço todo o tempo que você passa tomando conta do Zach e do Ben.

Dentro do ambiente corporativo existe um método popular de feedback chamado "sanduíche", no qual uma crítica fica sempre entre dois elogios. Quando se trata de feedback no ambiente doméstico, eu sugiro um sanduíche aberto. Na verificação, abra a conversa com algo positivo e depois mude para as áreas que precisam de ajustes (veja a terceira etapa).

TERCEIRA ETAPA: REDISTRIBUIR OU MANTER

Após revisar as cartas que cada um de vocês escolheu e está jogando bem, tenham uma conversa em três partes durante o processo de "redistribuir ou manter":

> Existem cartas que podem ser redistribuídas porque as tarefas precisam ser divididas, mas não podem ser feitas por duas pessoas ao mesmo tempo?

Existem cartas em que você e seu parceiro caíram na armadilha da duplicidade?

Existem cartas polêmicas?

» Tarefas que precisam ser divididas (Cartas da Luta Diária)

Lembre-se: não existe obrigatoriedade. Você ou seu parceiro não vão ficar com uma carta para sempre (a menos que você deseje cuidar da "louça" pelo resto da vida). O Fair Play é fluido. Isso significa que o tempo negociado para cada carta do seu conjunto sempre pode mudar de acordo com a vontade ou necessidade.

Dito isso, veja as cartas da Luta Diária que são uma ocorrência diária ou altamente repetitiva. Essas cartas devem ser redistribuídas com frequência, e agora é o momento de negociar a configuração para a semana seguinte. Lembre-se: existem algumas cartas que podem ser redistribuídas no meio da semana ou mesmo de um dia para outro. Se ficar com a carta "refeições (lanches para a escola)" por vários dias de uma vez é um fardo insuportável, redistribua em nome da justiça. Quando se trata do conforto no meio da noite, ninguém deve ficar sem dormir direito por vários anos. No Fair Play não existe propriedade exclusiva de cartas, e, ao trocar frequentemente as tarefas da Luta Diária, ambos terão a oportunidade de vivenciar tudo o que faz parte da vida doméstica. Sorte a sua!

Três dias depois de pegar a carta "transporte (crianças)", Alan confessou à mulher: "Sinto muito por você ter ficado nesse ciclo eterno de dar carona a um bando de crianças todos os dias. Eu não fazia ideia de quanto tempo esse trabalho exigia."

Dica! *Antes de redistribuir qualquer carta da Luta Diária, você e seu parceiro precisam concordar com o que significa conceber, planejar e executar cada aspecto da tarefa em questão.*

Forneçam contexto. Isso é o oposto do "se virar para descobrir". E determine com o seu parceiro por quanto tempo cada um vai ficar com as cartas antes da próxima redistribuição. Defina quando ocorrerá a redistribuição durante a avaliação semanal e lembre a pessoa com a carta "cuidar da agenda" de anotar o status das cartas de acordo com o dia ou a hora na agenda do casal. Claro que os planos mudam e às vezes você precisa fazer ajustes em cima da hora. Mesmo assim, avisar com pouca antecedência é melhor do que nenhuma.

ESCREVA TODAS AS CARTAS DA LUTA DIÁRIA QUE SERÃO REDISTRIBUÍDAS PORQUE SÃO FEITAS PARA SEREM DIVIDIDAS:

Primeira carta: ____________________
Segunda carta: ____________________
Terceira carta: ____________________
etc.

Não redistribua cartas para se livrar da carga de trabalho!

A verificação semanal é uma oportunidade para diminuir o conjunto que está em jogo, mas não use isso como desculpa para jogar cartas em cima do seu parceiro. **O principal objetivo é redistribuir ou manter**. Existem 30 cartas da Luta Diária, e ninguém pode ficar responsável por todas. Defenda sua posição ao negociar essas cartas, para garantir que ninguém vire o detentor padrão de cartas nessa categoria. **Cada parceiro deve ficar com uma quantidade justa de cartas da Luta Diária, preferencialmente**

uma de cada grupo. Isso garante que ambos cuidem dos aspectos mais trabalhosos da vida doméstica, que você não poderia fazer sozinho porque têm horários específicos para serem realizados.

» CARTAS QUE CAÍRAM NA ARMADILHA DA DUPLICIDADE

Depois de redistribuir as cartas da Luta Diária e revisar as cartas que estão com cada um de vocês, **separe as cartas em que você e seu parceiro caíram na armadilha da duplicidade**, o erro comum que acontece quando uma pessoa cuida da concepção e do planejamento de uma carta (por exemplo, "animais de estimação") e depois pede ajuda com a execução (mandar mensagem para você comprar a ração do gato), causando uma separação ou uma duplicidade de CPE quando os dois parceiros tentam ficar com uma carta ao mesmo tempo. Lavar e secar a roupa? Contas? Comunicação com a escola? Ah, *nós dois* fazemos isso. Essa é a receita para o desastre. (veja a página 245 para relembrar por que isso não é uma boa ideia.)

Antes de começar a jogar culpa, atacar ou acusar o outro, parem e pensem.

Pensei que você estivesse com essa carta!

Eu só pedi para você...

Eu falei que estava tomando a iniciativa!

Eu só estava tentando ajudar *você*...

Substitua as frases com "você", assumindo a responsabilidade pessoal e reconhecendo o papel que cada pessoa teve em uma separação ou duplicação. Depois de você e seu parceiro terem identificado algum passo em falso ou omissão (e repito: sem acusações ou críticas), reflitam e analisem. Tenham uma conversa cuidadosa e colaborativa sobre o que significa conceber, planejar e executar a carta (ou cartas) em questão. O CPE para uma determinada carta é feito por uma pessoa de cada vez, então esclareça quem terá total responsabilidade pela carta (ou cartas) daqui para a frente. A pergunta a fazer é: quero continuar com esta carta ou renegociar quem ficará com ela?

Desde que vocês começaram a aplicar o Fair Play ou desde a última verificação, você pode ter percebido que está com uma carta em desacordo com suas habilidades ou disponibilidade individual. Provavelmente não era a sua intenção, mas, se uma tarefa não for feita de modo adequado, reconheça que isso é um problema em potencial para sua casa e (o mais importante!) o relacionamento. A fim de manter a harmonia doméstica, negocie e redistribua a carta (ou cartas) à pessoa mais bem preparada para fazer o CPE completo dessa tarefa (ou tarefas).

ESCREVA TODAS AS CARTAS QUE CAÍRAM NA ARMADILHA DA DUPLICIDADE:

Separações:

Anote a(s) carta(s) ________________ e quem vai assumir a responsabilidade por ela(s) ________________.

Duplicações:

Anote a(s) carta(s) ________________ e quem vai assumir a responsabilidade por ela(s) ________________.

» Cartas polêmicas (falha do sistema)

Por fim, façam a pergunta: temos alguma carta polêmica? Durante a análise do seu sistema, é normal encontrar imperfeições. Permita as meias que não combinam, mas aperte o botão de pausa se algum dos seguintes problemas aparecer:

Falha de CPE: seu parceiro não completa etapas cruciais da tarefa pela qual está responsável ou não joga a carta que está com ele. (*Esqueci! Você devia ter me lembrado! Não tive tempo. Eu ia fazer, mas...*) Por exemplo, a geladeira da sua casa está vazia porque o detentor da carta "compras de supermercado" não fez as compras da semana. Você constata o problema e reclama: "O que raios vamos comer hoje?"

Falha de PMC: seu parceiro não faz a parte dele em um período de tempo razoável ou *com cuidado*. Por exemplo, o detentor da carta "compras de supermercado" até vai ao mercado, mas não segue a lista de compras que foi decidida em comum acordo entre vocês. Muitos dos alimentos básicos de que sua família precisa para o café da manhã não estão na geladeira, mas uma bandeja imensa de asinhas de frango foi parar no carrinho, estourando o orçamento alimentar da casa. E nem tem jogo na TV esta semana!

Caso aconteça uma falha de CPE ou PMC, as perguntas a serem respondidas são:

- Este foi um erro razoável e isolado?
- Este é um padrão repetitivo e irracional?

Em outras palavras: com quanta raiva eu devo ficar? Se for um erro razoável e isolado, deixe para lá. Não coloque a casa abaixo a cada erro não intencional. Claro que você ainda pode ficar decepcionada porque não há leite para o café da manhã e alguém precisa voltar ao supermercado, mas, em vez de fornecer o feedback negativo na hora, guarde-o para a verificação, quando vocês dois poderão discutir calmamente o padrão razoável para essa carta e decidir em conjunto quem é a melhor pessoa para assumir o CPE dele. Talvez seja uma boa ideia redistribuir essa carta.

PONTOS BÔNUS!

Conserte o erro

"O problema só pode ser resolvido quando alguém assume pessoalmente a responsabilidade pelos próprios atos", aconselha a Dra. Phyllis Cohen. Então, se você cometeu uma gafe, assuma e depois resolva. Volte ao supermercado com a lista nas mãos (e não apareça em casa até ter comprado todos os itens)! Corrija o erro antes que o seu parceiro conclua: **É melhor que eu faça ou refaça**. Isso não só resolve um problema como também reconstrói a confiança do seu parceiro. Lembre-se: o objetivo final é a confiança a longo prazo em vez do ressentimento.

No início do Fair Play, algum esquecimento ou falha no cumprimento das tarefas é normal. Contudo, se um padrão repetitivo de "Esqueci" ou "Não tive tempo" virar rotina ou se abandonar o padrão mínimo de cuidado se tornar a *norma*, toque o alarme! A declaração do imposto de renda não foi feita a tempo? O aluguel não foi pago? A criança foi esquecida na escola? Você não só vai ficar bufando de raiva nesses casos como **está prestes a enfrentar um colapso no sistema porque a confiança está totalmente comprometida.** É preciso bater o martelo! E com isso não estou me referindo a introduzir consequências monetárias, como a que uma mulher me relatou: "Meu marido não esvaziou a lava-louças de novo, então comprei um novo par de sapatos para mim com o cartão de crédito dele." Em vez de punir o parceiro, convide-o para sentar-se à mesa e diga o seguinte:

Para que eu deixe de reclamar, contar pontos, fazer acusações e controlar você, **preciso ter certeza de que você vai jogar as suas cartas.** Isso significa assumir o CPE total de cada tarefa que está nas suas mãos, além de atender às expectativas que foram explicitamente definidas e aderir aos padrões de cuidado que nós definimos de comum acordo.

Novamente, se você ou seu parceiro não se sentirem preparados para lidar com o CPE total de uma carta, redistribua para obter o máximo de eficiência. Se alguma carta gerar discordância em relação ao padrão mínimo de cuidado ou se esse padrão ainda não foi definido, trabalhem juntos para decidir o que é razoável para sua casa. Se ficarem empacados, lembrem-se do motivo de valorizarem a tarefa em questão. Toda carta polêmica precisa ser levada para a verificação. Repita o processo semanalmente até o Fair Play passar a ser normal para vocês.

TESTE

O que você faria?

Imagine esta situação: você está com a carta "atividades extracurriculares (esportivas)". Isso significa que para fazer o CPE deste trabalho você precisará pesquisar o esporte, matricular seu filho e pagar todas as mensalidades. Como a carta está associada a "arrumar bolsas e mochilas (dia a dia)" e "transporte (crianças)", você também fica responsável por fornecer os sapatos, uniformes e equipamentos adequados e levar a criança para treinos regulares e jogos ou campeonatos, além de fornecer os lanches, hidratação adequada, uma possível muda de roupa e cerca de um milhão de outros detalhes que você vai esquecer se não tiver um sistema em funcionamento. É muito trabalhoso, sem dúvida, mas, se você estiver com esta carta, a concepção, o planejamento e a execução de tudo isso são responsabilidade sua.

Mas o que acontece se, na pressa para sair de casa e chegar ao treino na hora, você pegou a bolsa com os equipamentos da sua filha, que estava na porta da frente, mas esqueceu de verificar se o capacete de proteção estava lá dentro (não estava) e uma semana depois você descobre que a menina está cheia de piolhos originários do capacete que precisou pegar emprestado para praticar o esporte naquele dia? O simples engano de esquecer um capacete significa que todo o resto do trabalho feito para essa tarefa gerou uma falha de CPE ou PMC? Se você e seu parceiro concordam que passar o dia lavando tudo na casa e catando piolhos da família inteira **é uma droga**, então, sim, o capacete esquecido é um exemplo de expectativas não atendidas. Contudo, é um erro razoável que seu parceiro, babá, pais ou sogros também poderiam ter cometido.

P: Como resolver essa situação?

R: Você assume a responsabilidade pelo erro e toma a iniciativa de eliminar os piolhos da cabeça da sua filha com xampu adequado, além de lavar e dobrar todas as roupas que foram desinfetadas.

P: Como seu parceiro reage?

R: Se esse for um erro isolado, a chateação inicial vai embora assim que você assumir a responsabilidade pelos piolhos indesejados. O seu parceiro vai deixar para lá.

P: Na verificação, você negocia para redistribuir a carta "atividades extracurriculares (esportivas)"?

R: Não. Você não finge incapacidade e afirma: "Eu cuido disso." Aquele erro simples ajudou você a entender melhor o que significa fazer o CPE desta carta, e você se sente totalmente preparada para lidar com ela da próxima vez.

P: O seu parceiro vai confiar em você para separar todos os itens necessários para o próximo treino?

R: Sem dúvida.

P: Nesse caso, quais serão as consequências para o seu relacionamento?

R: O Fair Play foi criado para minimizar as decepções e maximizar a responsabilidade e a confiança. Você ganhou essa rodada! Continue jogando!

QUARTA ETAPA: PLANEJAR COM ANTECEDÊNCIA

Depois que você e o seu parceiro revisaram todas as cartas do seu conjunto e fizeram a redistribuição para obter justiça e eficiência, planeje a semana seguinte. O detentor da carta "cuidar da agenda" vai liderar essa parte da discussão, citando os próximos eventos e as cartas que podem ser afetadas por eles. Por exemplo, uma festa de aniversário, uma mudança de escola, uma visita de parentes distantes ou arrumar as malas para uma viagem de fim de semana serão lembrados para quem tiver essas cartas específicas. Se o detentor de alguma carta solicitar feedback ou ajuda, esta é a hora de pedir a opinião do parceiro. Por exemplo: *devemos convidar a turma inteira ou só alguns amiguinhos para a festa de aniversário? Qual é o melhor dia para fazer uma visita à escola em que nós dois possamos ir? Em qual restaurante os seus pais gostariam de jantar no sábado à noite?* Se alguém precisar de apoio extra para executar a carta completa ou uma subtarefa dela (como pegar o bolo de aniversário e levá-lo até a festa), este é o momento de pedir ajuda ou redistribuir o CPE completo da carta. Se for o primeiro caso, lembre o seu parceiro de pedir a outra pessoa que não seja *você* para ajudar na execução. E não se esqueça: delegar a execução é responsabilidade do detentor da carta, mas, quando chegar a hora de cantar "Parabéns a você", ele será o responsável final por trazer o bolo com as velinhas em cima.

> ***Observação!*** *Quem tiver a carta "cuidar da agenda" apenas mantém um registro visível e acessível dos próximos eventos em uma agenda vista por toda a família. O agendamento dos eventos em si entra na parte de Concepção e Planejamento e pertence ao detentor da carta do evento específico.*

Por fim, quando planejar a semana seguinte ou a próxima verificação, prepare-se para redistribuir as cartas caso a sua família enfrente uma carta **Furacão** ou um **Imprevisto.** Não é possível planejar um pneu furado, um detector de fumaça que precisa de pilhas novas ou se o seu filho vai sair mais cedo da casa do amiguinho com quem for brincar. Esses imprevistos diários precisam ser resolvidos por alguém, então, antes que você se torne a responsável padrão e diga "essa função é minha", negocie antecipadamente com o seu parceiro quem estará mais preparado para assumir o problema e lidar com o inesperado entre hoje e a próxima verificação.

ESCREVA O NOME DAS CARTAS IMPORTANTES QUE ESTÃO EM JOGO ESTA SEMANA:

Primeira carta: ____________

Segunda carta: ____________

Terceira carta: ____________

* Carta Furacão: ______________
* Caso aconteça um imprevisto, o detentor padrão da carta será: ______________

» Mantenha o rumo

O objetivo final do sistema Fair Play não é a perfeição para você ou seu parceiro. Tudo pode (e vai) dar errado quando se tem uma vida ocupada com filhos. Fazer isso no contexto de uma parceria que respeite todas as contribuições nem sempre perfeitas de cada um exige que vocês mantenham o rumo e o corrijam quando necessário.

Quando o trabalho penoso de limpar a caixa de areia do gato ameaça acabar com o seu compromisso com o sistema e o seu humor, lembre-se dos *valores compartilhados* e do *conjunto de padrões* que você e seu parceiro atribuíram às suas cartas. E, por fim, lembrem-se do objetivo de jogar limpo a longo prazo.

Por mais estranho que pareça, jujubas são o meu lembrete do Fair Play. Vou explicar: há pouco tempo encontrei meu antigo livro de exercícios da terceira série. Na página 17, eu escrevi: *Comida favorita da Eve: jujubas.* Fiquei muito feliz ao descobrir que o meu gosto continua o mesmo depois de tantos anos. Meu marido pode afirmar que eu compro sacos de jujuba na promoção no supermercado e devoro metade antes de entrar na garagem, mas, depois de ter filhos e definir um padrão de alimentação saudável em casa, mudei os hábitos. Embora eu adore essas bolinhas de puro açúcar, tenho consciência de que uma dieta de jujubas pode muito bem levar ao diabetes tipo 2 ou, no mínimo, ao mau humor depois que acabar o efeito do açúcar. Quando passo perto de uma loja de doces, compro um saquinho em vez de dez e me lembro do longo prazo: ser um modelo de vida saudável para meus filhos e manter todos os dentes.

» Como manter essa mentalidade a longo prazo?

Na faculdade de Direito eu aprendi que os economistas são obcecados por incentivos a longo prazo, então voltei ao professor Dan Ariely e perguntei; O que incentiva pessoas a pensar em termos mais amplos? Ele citou quatro fatores: (1) um conjunto de regras (ótimo! Você já aprendeu as quatro regras do Fair Play); (2) imaginar-se em uma data posterior (quero estar casada e feliz daqui a dez, vinte, trinta anos); (3) manter uma reputação positiva (você é considerada uma boa parceira por amigos, família, sua comunidade e, mais importante *seu parceiro*) e, por fim; (4) substituir recompensas.

Neste último fator, muitos dos primeiros participantes do Fair Play disseram que colocar recompensas de curto prazo no sistema os estimulou a manter o rumo.

> Na verificação de sexta-feira à noite, nós redistribuímos as cartas e depois curtimos um delicioso jantar a dois.
>
> — Carl

> Uma vez por mês, meu marido e eu nos recompensamos por dividir o trabalho de casa com uma massagem nos pés para casais.
>
> — Susan

> Eu e meu parceiro maratonamos o nosso seriado favorito *só depois* de terminar a verificação semanal.
>
> — Miriam

A “noite do namoro” que fazemos frequentemente nos motiva a enfrentar a semana e nos mantém unidos a longo prazo.

— Robert

Fazer sexo significa que jogamos nossas cartas corretamente!

— Caitlin

10.

OS 13 MAIORES ERROS DOS CASAIS E AS SOLUÇÕES DO FAIR PLAY

Mantenha o castelo de cartas em pé.

Os sistemas precisam ser testados, e o Fair Play não é diferente. No início eu conversei com pequenos grupos de amigos a fim de criar as "100 cartas do Fair Play" e conseguir participantes para o sistema. Depois, falei com casais dos Estados Unidos e de outros países, pelo telefone e por Skype. Graças a essas entrevistas e interações, o sistema de organização doméstica recebeu ajustes com base em experiências reais e na ajuda de casais como *vocês*, que aplicaram as quatro regras do Fair Play na prática. Com o feedback deles, descobri o que funciona melhor e quais são os problemas e erros comuns que ameaçam paralisar ou até sabotar o sistema. A seguir estão os 13 maiores erros cometidos pelos casais, junto com as soluções do Fair

Play para garantir que você e seu parceiro continuem jogando limpo e vencendo pelo resto da vida!

1. A SEPARAÇÃO DO CPE

A mulher diz ao marido na manhã de sábado: "A aula de natação do Michael é no mesmo horário da festa de aniversário da Lucy. Que tal você levar a Lucy à festa da amiguinha enquanto eu vou com ele para a natação?" O que realmente acontece: Lucy não vai à festa porque o pai não tem o endereço novo, nem o telefone de contato da anfitriã, e, quando ele manda a mensagem à mãe para perguntar, ela já está na piscina e não pode ver o celular. A culpa é dele? Não! Esse é um caso clássico de gerenciamento de projeto ineficiente. Como detentora da carta "festas de aniversário (outras crianças)", a mãe fez a concepção e o planejamento (respondendo ao RSVP da festa, gerenciando toda a comunicação com a anfitriã e comprando um presente para a amiga de Lucy), mas na última hora ela errou na execução ao não levar Lucy à festa na hora certa e com o presente. Sem o contexto adequado, o pai fracassou, e pior ainda: Lucy perdeu toda a diversão.

» A solução do Fair Play

Deixar a concepção, o planejamento e a execução com uma só pessoa. Parece que eu não sei falar de outro assunto, mas isso é importantíssimo. Quando você tiver filhos, equilibrar as idas à casa dos amiguinhos para brincar, festas de aniversário e atividades extracurriculares pode consumir todo o seu fim de semana, então a estratégia de "dividir para conquistar" faz sentido. Contudo, a divisão de trabalho precisa ser clara, para maximizar a eficiência e minimizar as decepções.

Apenas uma pessoa cuida das cartas que recebe, e o detentor de cada carta assume a responsabilidade total pela concepção, planejamento e execução da tarefa. Nessa situação, a mulher sabia com antecedência que não estaria livre para levar Lucy à festinha de aniversário porque, além da carta "festas de aniversário (outras crianças)", ela também ficou responsável pela "educação informal", o que significa que marcou a aula de natação de Michael para todos os sábados às 11 da manhã. Ao saber com antecedência que haveria eventos paralelos, ela deveria ter redistribuído a carta "festas de aniversário (outras crianças)" para o pai na verificação semanal, fornecendo a ele todos os detalhes da concepção, planejamento e execução. Embora você fique tentada a entregar apenas a execução ao marido, pedindo "só" para levar a menina à festa de aniversário, resista! Ao manter a concepção, o planejamento e a execução com apenas uma pessoa, a sua casa será regida por mais contexto e menos controle. Além disso, ao esclarecer tarefas e dividir bem os papéis, os dois parceiros terão sucesso de modo consistente.

> ***Dica!* Divisão por filho.** *Se as crianças tiverem compromissos diferentes no mesmo dia e hora, os pais podem ficar com a mesma carta para filhos diferentes, desde que toda a concepção, planejamento e execução de cada evento fique com o detentor do respectiva carta. Por exemplo, se Lucy e Michael tiverem festas de aniversário de amigos diferentes para ir ao mesmo tempo, a mãe e o pai podem ficar com a carta de "festas de aniversário (outras crianças)" apenas para esse dia. A mãe assume o CPE completo para a festa de Michael, enquanto o pai lida com todos os detalhes da festa de Lucy, do início ao fim.*

2. A FESTA DO RATO

São três horas da tarde e a mulher liga para o marido no escritório: "Oi, amor. Você pode passar em algum lugar e comprar cola no caminho para casa?" Para o marido, isso veio do nada e ele se ressente por ter que cumprir as instruções da esposa. Algumas horas depois, ele esqueceu totalmente o pedido e, quando entra pela porta da frente às seis da tarde sem a cola nas mãos, a mulher reclama: "Mas era só para comprar a cola! Eu fiz todo o resto do projeto da Zoe para a escola e só pedi uma tarefa a você." Ele se sente criticado, ela se sente explorada. É o início de uma briga.

» A solução do Fair Play

Sinto cheiro de RATO! Quando você deixa um deles entrar na casa, é certo que outros vão acompanhar. Para convidar seu parceiro a ser um colaborador bem-sucedido, **é preciso abandonar o hábito de fazer Repasses Aleatórios de Tarefas Obrigatórias (RATOs).** "Mas eu só precisava de cola" é uma diretiva isolada e aleatória que será facilmente esquecida pelo parceiro devido à falta de contexto. Além disso, pedir cola na última hora é uma Separação clássica e um erro ao executar a carta "lição de casa, projetos e material escolar". Fazer a execução é responsabilidade sua. Não peça ao seu parceiro para salvar o dia. Arranje a cola você! Se precisar de ajuda na execução ou em um detalhe da tarefa, peça uma mãozinha a alguém diferente do seu parceiro, fornecendo diretivas claras. Ou, o ideal: no dia da verificação, a mulher pediria ajuda ao marido, negociando a redistribuição com antecedência e entregando o CPE total da carta "lição de casa, projetos e material escolar", mesmo que apenas para esse projeto.

A atribuição aleatória de tarefas vira um problema do passado quando a concepção, o planejamento e a execução andam juntos,

pois as tarefas passam a não ser mais aleatórias. Após negociar com antecedência e atribuir todas os cartas, os dois parceiros sabem todas as suas responsabilidades com antecedência, então ninguém será pego de surpresa com um pedido aleatório de "será que você podia fazer só isso aqui para mim?".

3. A DUPLICAÇÃO DE CPE

"Onde está a babá? Vamos nos atrasar para o jantar!" Nesse caso, não existe babá porque houve uma duplicação na carta "ajuda para cuidar das crianças" e a responsabilidade por ela não foi atribuída com clareza. Cada um dos parceiros pensou que o outro estivesse fazendo o planejamento para a noite do namoro e adivinha só: ninguém fez! Quando não há quem assuma a liderança, fica fácil jogar a culpa no outro: *Pensei que você fosse fazer isso! Não! Você disse que iria cuidar disso!*

» A solução do Fair Play

É preciso definir cartas e papéis. Mesmo quando os parceiros fazem uma duplicação como tentativa de dividir o trabalho porque "gostamos de fazer tarefas juntos", quando vocês abordam as cartas como responsabilidade dos dois ao mesmo tempo, os esforços são duplicados, os detalhes tendem a passar despercebidos e ninguém faz a tarefa nem fica livre da responsabilidade. Alguém precisa tomar posse da carta, ou a ineficiência vai acontecer. Em um jantar recente com meu marido, dois garçons pegaram nosso pedido. Adivinha o que aconteceu. Não recebi o meu prato, porque os dois garçons pensaram que o outro tivesse digitado o pedido no computador. Esse tipo de duplicidade fica dez vezes pior em casa!

4. O VETO DE ÚLTIMA HORA

— Espere aí! Acabei de passar duas horas do meu "horário de folga" pesquisando escolas, saindo para visitá-las, encontrando professores e diretores, falando com outros pais, lendo várias exigências para os novos alunos e atualizando a carteira de vacinação para matricular a Vivian no jardim de infância antes do primeiro dia de aula e agora *você* decide que prefere uma escola do outro lado da cidade? Você disse que aceitaria a minha escolha e agora está vetando na última hora o que eu decidi?

» A solução do Fair Play

Desistir ou assumir. Na etapa de planejamento das suas cartas, sempre peça ajuda do parceiro. Na verificação semanal, deixe bem claro que esse é o melhor momento para dar opinião ou feedback sobre qualquer carta que esteja em suas mãos. Se a pessoa que não estiver com a carta tiver opiniões ou preferência pela forma de execução de alguma tarefa, deverá deixar isso claro na etapa do planejamento e depois se calar para sempre. Quando você faz mudanças de última hora em uma carta que não é sua, acaba desvalorizando todo o trabalho feito pelo parceiro até ali, além de prejudicar o seu relacionamento a e eficiência do sistema. Uma parte crucial do planejamento consiste em consultar os demais interessados (especialmente o parceiro, mas talvez as crianças, cuidadores, sogros etc.) em busca de opiniões e palpites. Se a pessoa que não estiver com a carta não se importar com a execução dela, ela poderá se omitir do planejamento. Seja qual for o caso, vocês precisam chegar a um acordo para executar todas as cartas do seu conjunto antes que o trem saia da estação.

5. NÃO SEGUIR OS PLANOS

O marido reclama:

— Acabei de falar no telefone com a minha mãe e ela disse que você está planejando a cerimônia de bar mitzvah do Sam em Israel. Você está doida? Primeiro, eu não consigo tirar tanto tempo de férias no trabalho. Segundo, meus pais já estão velhos para uma viagem tão longa. Por fim, você está propondo uma despesa imensa! Precisamos tomar essa decisão *juntos.*

A mulher argumenta:

— Quando jogamos pelos nossos valores, você disse que não *valoriza* a carta "espiritualidade", então eu fiquei com ela e assumi a liderança em relação ao Shabat. Sou eu que levo as crianças à sinagoga e planejo as festividades judaicas, então decidi sozinha que fazer o bar mitzvah do Sam em Israel é importante para o crescimento espiritual do nosso filho.

O marido rebate:

— Mas você não seguiu os planos. Você não pode tomar uma decisão desse porte sozinha! Somos parceiros, não somos?

» A solução do Fair Play

Se uma carta é importante para apenas um de vocês, a pessoa fica com ela. Contudo, **é preciso incluir o parceiro no planejamento, mesmo se você tiver uma carta que ele não valoriza.** O Fair Play não foi feito para um só jogador, é preciso jogar como equipe. Consultar os outros interessados sempre faz parte do planejamento, especialmente quando afeta outras cartas. No exemplo do bar mitzvah, a mãe não levou em conta ou consultou o marido em várias cartas sob responsabilidade dele: "administração financeira", "viagens", "pais e parentes próximos", que precisariam ser jogadas além da carta da "espiritualidade". Durante a verificação semanal, pense em todas as cartas a serem jogadas naquele período.

5A. A FALHA ÉPICA

O marido surpreende a mulher:

— Amor, arranjei uma universitária para ser babá, e vamos poder ter as noites de quinta-feira só para nós. Já deixei o serviço pago pelas próximas 12 semanas!

Ela responde:

— Querido, isso foi muito gentil, mas a Ally está prestes a começar os ensaios para a peça da escola justamente nas quintas-feiras à noite. Só vamos chegar em casa às nove, e aí já fica muito tarde para sair.

O esforço bem-intencionado para executar a carta "casamento e romance" foi em vão, porque ele não consultou a parceira antes de conceber e planejar. O erro foi só dele? Não! A mulher, que tem a carta "atividades extracurriculares (não esportivas)", esqueceu de avisar o marido com antecedência de que os ensaios da peça estavam prestes a começar.

» A solução do Fair Play

A falha épica é a versão bem-intencionada de não seguir os planos, portanto exige a mesma solução: **sempre consultar o parceiro na etapa de planejamento das suas cartas.**

6. FUGIR DOS PADRÕES

É domingo à tarde e o marido é o responsável pelas cartas "tomar conta das crianças" e "refeições (fins de semana)". A mãe chega do supermercado e as duas crianças estão no meio de um ataque de birra. Há fortes evidências de que o pai conseguiu entreter bem as filhas, pois existe um projeto de arte na mesa de jantar, fantasias espalhadas pela sala de estar e purpurina no cabelo da filha adolescente. Mesmo assim, algo saiu errado. Quando a filha de cinco anos surge da despensa devorando um saco de M&M's, os dois olham para o relógio e percebem que são 14h30 e elas ainda não almoçaram. Enquanto o pai se apressa para fazer sanduíches, argumentando que faz as tarefas em um horário diferente do dela, a mãe se esforça para não responder: "... que está longe de ser o horário certo."

Nesse caso, o pai não seguiu o padrão mínimo de cuidado estabelecido *em comum acordo* de que o almoço nos fins de semana precisava acontecer entre meio-dia e uma da tarde para evitar ataques de birra cataclísmicos no meio do dia que podem persistir até a hora do jantar e ainda atrapalhar o sono noturno.

» A solução do Fair Play

Reestabelecer o padrão mínimo de cuidado. Durante a verificação semanal, após ter revisado individualmente as cartas que estão com vocês, façam as seguintes perguntas:

> *Existe alguma carta em jogo para a qual precisamos reestabelecer o padrão mínimo de cuidado?*
>
> *Existe alguma carta em jogo sobre a qual temos uma discordância relacionada ao padrão mínimo de cuidado?*

Redefina o padrão por meio de um acordo colaborativo sobre o que é razoável. Por exemplo, "Eu sei que as crianças só comeram depois das duas da tarde porque elas viraram uns monstrinhos, capazes de assustar qualquer um que entre em nossa casa, incluindo os gatos. Para tranquilidade geral da família, podemos concordar que o almoço precisa sair antes da uma, devidamente acompanhado por um copo de leite?"

7. COLOCAR A CASA ABAIXO

— No fim do dia, me senti sufocada por não dar feedback imediato. Antes de o meu marido dormir, comecei a listar tudo o que ele esqueceu de fazer ou não fez de acordo com o padrão, rápido como uma metralhadora. Comecei com "Eu não ia falar nada, mas fiquei com muita raiva quando você..." Quando finalmente acabei, ele disse: "Ótima conversa" e desligou a luz.

» A solução do Fair Play

Lembre-se: quando a emoção está em alta, a cognição está em baixa. Decida com calma o momento de se comunicar antes de colocar a casa abaixo. **O ideal é esperar pela verificação.** "Se você simplesmente não conseguir segurar o feedback, adiante a data da verificação para voltar à mesa e ter um diálogo colaborativo", sugere a Dra. Phyllis Cohen. **É preciso prestar muita atenção ao tom, à brevidade e a escolha das palavras durante a conversa sobre qualquer carta polêmica.** Abra com algo positivo. Diga ao seu parceiro tudo o que ele está fazendo certo. Depois, caso seja preciso redistribuir uma carta, negocie em nome da parceria, lembrando o acordo que vocês fizeram para explorar um novo jeito de trabalhar em equipe a fim de criar mais eficiência e justiça no lar.

8. MENSAGENS NOCIVAS SOBRE O TEMPO

— Meu marido agora reconhece que nosso tempo é igual, mas, nas últimas duas vezes em que o nosso filho ficou doente, ele disse: "Não tenho tempo para levá-lo ao médico." Então eu levei. Além disso, precisei me afastar do trabalho por dois dias quando ele ficou gripado. Fiquei feliz por conseguir faltar para ficar em casa e cuidar do meu filho, mas, no fim das contas, por que esse trabalho era *responsabilidade minha*?

» A solução do Fair Play

Defender a igualdade do seu tempo. Os imprevistos podem facilmente levar a mensagens nocivas, como estas, que você pode ouvir:

- Não tenho tempo.
- Preciso trabalhar, então será que você pode...?

Ou as que você pode dizer a si mesma:

- É função minha, pois o meu parceiro [ganha mais dinheiro, não tem tempo, sai cedo para trabalhar etc.]
- Eu não tenho tempo, mas vou *arranjar* tempo.
- Não quero aborrecê-lo, então prefiro ir lá e fazer.
- Isso é função minha, de qualquer forma.

Não vire a detentora padrão de uma carta. Cada imprevisto precisa ser resolvido por alguém, então, antes de dizer "é função minha", lembre-se de que o seu tempo e o do seu parceiro são iguais. Como *toda* tarefa doméstica exige tempo, a justiça está em dividir a carga de trabalho. Na próxima verificação, negocie com antecedência com o parceiro quem estará mais preparado para ficar com a carta "imprevistos" na semana seguinte.

9. ACREDITAR QUE SISTEMAS NÃO SÃO DIVERTIDOS

— A administração corporativa da casa não acaba com a diversão e o romance do relacionamento? Tenho medo que uma abordagem regrada para a vida doméstica mate a espontaneidade. Preferimos deixar a vida nos levar.

» A solução do Fair Play

Um aviso: o caos não é divertido, muito menos a decepção e o ressentimento. **As regras permitem diversão e realização.** Só quando você e o seu parceiro reconquistarem o seu tempo por meio de um sistema será possível criar espaço (que provavelmente não existia antes) para se divertirem juntos, sem contar o Trio da Felicidade (amizades adultas, cuidados pessoais e o Espaço do Unicórnio). Na verdade, quanto mais vocês destrincharem os detalhes da carga de trabalho doméstico, estabelecendo expectativas e padrões em comum acordo, maiores serão as recompensas pelo sistema Fair Play. Frases venenosas como "Você não é mais divertida" e "Você realmente está precisando relaxar" ficarão no passado, porque, depois de sistematizar a carga de trabalho doméstico e jogar pela igualdade de tempo, o aumento da eficiência, a justiça e a *diversão* vão retornar à vida de vocês. Como descobriu Jill, de Montana: "Quando entramos no ritmo do sistema Fair Play, meu marido e eu finalmente começamos a ter tempo para curtir a dois!"

10. JOGAR PENSANDO NOS NÚMEROS

— Eu disse a ele: Você *tem* que pegar 21 cartas.

Se você fica deitada na cama à noite pensando na quantidade de cartas que estão com você e o seu parceiro, pare aí mesmo. Caso esteja obcecada pela contagem de cartas, comentando os totais com as amigas e exigindo que seu parceiro "fique com a parcela justa", lembre-se: o Fair Play não é um exercício de contagem de pontos.

» A solução do Fair Play

Jogar pela justiça, sem pensar nos números. Contar suas cartas ou fazer uma lista medindo o quanto você trabalha mais em relação ao parceiro estimula a competição em vez da colaboração, o que aumenta o ressentimento e não alivia a carga de trabalho. Embora minha pesquisa tenha descoberto que tanto mulheres quanto homens percebem um aumento na igualdade e contentamento na relação quando o parceiro tem um mínimo de 21 cartas, ter mais do que *ontem* é um ganho. Redistribuir *uma carta* pode ser transformador, como aconteceu quando meu marido assumiu as "atividades extracurriculares (esportivas)". Ter redistribuído essa carta mudou o jogo no meu casamento, porque liberou várias horas do meu tempo por semana e deu ao meu marido uma oportunidade de participar de um aspecto da criação dos filhos do qual ele realmente gosta.

O que é justo nem sempre é igualitário, e o que é igualitário nem sempre é justo. **Os casais só vencem esse jogo quando enfatizam a justiça**, e a divisão do trabalho não precisa ser 50/50 para dar a sensação de justiça. Contudo, se você achar a divisão injusta e desigual, negocie para redistribuir cartas na próxima verificação.

11. O CICLO DAS CONSEQUÊNCIAS

— Meu marido não esvaziou a lava-louças de novo, então comprei um novo par de sapatos para mim com o cartão de crédito dele como "indenização" por não ter feito as tarefas corretamente.

Nas etapas de teste do Fair Play, pensei em acrescentar recompensas e indenizações ao sistema porque muitas mulheres estavam estabelecendo punições em casa quando as cartas não eram jogadas adequadamente ou de modo justo, segundo elas. Frases como "Ele me deve uma", "Vou atingi-lo onde realmente dói: no bolso" ou "É preciso sofrer consequências por não seguir os padrões que definimos para nossa família" eram argumentos comuns. Mas rapidamente ficou claro que estabelecer uma moeda para comportamentos bons e ruins levava a mais contagem de pontos e incentivos mal-intencionados. "Um sistema de punição e vingança não cria proximidade", destaca o professor Dan Ariely.

» A solução do Fair Play

Substituir as consequências pela redistribuição. É a única solução viável. Dentro do sistema Fair Play, mesmo no caso de uma falha de CPE ou PMC, a melhor forma de agir é assumir o próprio erro e depois ter uma conversa cuidadosa e colaborativa sobre os padrões razoáveis e o que significa conceber, planejar e executar as cartas polêmicas. Para evitar erros futuros, assuma a responsabilidade total pela carta ou volte à mesa com o parceiro para redistribuir a(s) carta(s) com base nos pontos fortes, preferências e capacidades individuais.

12. RESSENTIMENTO DO TRIO DA FELICIDADE

— Eu sei que deveria cuidar de mim, mas já cuido da casa, dos filhos e de uma lista infinita de tarefas mentais. Mesmo quando arranjo tempo para mim, eu raramente consigo usá-lo por ser mais uma tarefa *a fazer*, mas é claro que meu marido arrumou um horário para correr nesse fim de semana.

Ironicamente, as três cartas que nos deixam mais felizes fora da vida familiar (amizades adultas, cuidados pessoais e Espaço do Unicórnio) podem ser as que geram mais ressentimento por parte dos parceiros. Se você está ressentida com o tempo gasto pelo parceiro no Trio da Felicidade, provavelmente não está reivindicando ou arranjando tempo igual para você, gerando a inevitável sensação de inveja e criando ainda mais disputa no casamento.

» A solução do Fair Play

A felicidade é um direito igual para todos. Vocês dois merecem e precisam de tempo para amizades, cuidados pessoais e o Espaço do Unicórnio. Quando pergunto o que deixa homens e mulheres mais felizes, muitos citam prazeres simples, como “tempo para ler um livro sossegado", "passear com meu cachorro na praia" e "a sensação depois de escovar os dentes". O que os cuidados pessoais significam para você? A escritora de autoajuda Brianna Wiest sugere: "Os verdadeiros cuidados pessoais não envolvem sais de banho e bolo de chocolate, e sim construir uma vida que não precise de fugas regulares." Amém! Criar tempo para os cuidados pessoais e realização provavelmente vai parecer uma tarefa impossível até que você e seu parceiro reequilibrem a carga de trabalho. Estimulem essa necessidade essencial um do outro alocando mais tempo e espaço para essas três cartas, diminuindo o conjunto total e reequilibrando a divisão das cartas restantes. O Trio da Felicidade é vital para o contentamento de cada um e um casamento feliz. Além disso, a menos que vocês tenham uma divisão por filho, são apenas três cartas que os dois precisam assumir ao mesmo tempo.

13. PULAR A ETAPA DOS VALORES

— Eu precisava tirar tarefas da minha lista com urgência, então fui direto para a divisão das cartas com meu marido. Passar por todas as etapas preliminares parecia *mais trabalho* do que eu já estava fazendo!

Vá devagar! Eu entendo a ansiedade para reequilibrar a carga de trabalho e distribuir as cartas ao parceiro, mas pular a parte dos valores (a segunda etapa em Começar o Jogo) só vai levar vocês ao fracasso no Fair Play. Além do mais, o jeito mais rápido de aliviar a sua carga é jogar pelos valores, porque isso vai determinar quais cartas serão jogadas ou não em seu conjunto.

» A solução do Fair Play

Sempre jogar pelos valores. Você e seu parceiro precisam pensar nessa etapa como um exercício importantíssimo de definição de valores, no qual conversam atentamente sobre os aspectos da vida doméstica que são prioridade para cada um de vocês individualmente e para a família como um todo. Ao pegar cada carta, façam a pergunta: *Esta carta agrega valor à nossa vida?* Só depois de atribuir *valor* a todas as tarefas que beneficiam sua casa vocês vão conseguir determinar quais cartas estarão em jogo. A boa notícia é que atribuir valor às cartas muitas vezes gera um conjunto mais leve e menos trabalho para você e seu parceiro. Lembre-se: você não precisa fazer tudo! Essa é a oportunidade para decidir o que é importante e evitar uma vida literalmente esgotada. Por exemplo, quando Jenny e Ken perceberam que mandar o cartão de Natal anual era algo que eles não desejavam fazer, eliminaram essa carta. "Tirar essa tarefa simples da nossa lista foi transformador. Costumávamos passar horas e horas nesse projeto, tirando a foto, fazendo o design do cartão, endereçando envelopes, comprando os selos certos e mandando todos a tempo. Agora usamos essas horas em eventos natalinos e nossa família aproveita muito mais!", contou Jenny. **Em resumo: simplifique a vida ao jogar apenas as cartas que tenham valor para você e sua família.**

RODADA BÔNUS: JOGAR PELA VIDA INTEIRA

— Jogamos umas rodadas por alguns meses, mas depois ficamos com preguiça e voltamos aos maus hábitos de sempre.

» A solução do Fair Play

O jogo é para a vida toda. Se vocês pararem de jogar, correm o risco de dar um passo para trás e retomar os antigos padrões de comunicação ineficiente, cheios de críticas e acusações mútuas, estilo controlador, lembretes constantes, além dos RATOs e do feedback indesejado na hora errada. Vocês voltam ao que não estava funcionando! Segundo o conselheiro matrimonial e reverendo Stephen Treat: "Em minha experiência, quando os casais param de se comunicar bem, as mulheres ficam doentes e os homens ficam bêbados."

Não deixe isso acontecer com você e seu parceiro! Joguem de olho no longo prazo. Ao continuar negociando com antecedência e redistribuindo as cartas com o planejamento necessário, vocês vão refinar um sistema de administração da vida que vai fortalecer a sua individualidade e parceria. Seth e eu jogamos toda semana, discutindo cada carta e se a atribuição dela ainda faz sentido para nossa família enquanto saboreamos tacos e margaritas. Esse tempo que passamos juntos é um presente que damos um ao outro e que dedicamos à parceria, à família e a cada um de nós individualmente.

11.

COMO VIVER NO ESPAÇO DO UNICÓRNIO

A verdadeira vitória é ser mais feliz e saudável.

REIVINDIQUE O ESPAÇO DO UNICÓRNIO

Você conseguiu. Colocou as cartas na mesa, reequilibrou e redistribuiu esse conjunto algumas vezes com seu parceiro até descobrir o ponto ideal da divisão de trabalho em sua casa. Você está mais feliz, seu parceiro está mais independente. Vocês estão arrasando no Fair Play.

E agora?

Você se lembra do objetivo do Fair Play? Não é só ter menos brigas ou melhorar o sexo com a sua cara-metade (embora essas sejam ótimas vantagens). O objetivo final, que você realmente está trabalhando para conseguir, é tempo e espaço para retomar (ou descobrir) e estimular os dons e interesses naturais que fazem de você uma pessoa **singular**, levando à *expressão mais completa de si mesma e fazendo a vida valer* *a pena.* O Espaço do Unicórnio! Mas às vezes encontrar o espaço que "traz alegria", como diz Marie Kondo, é surpreendentemente difícil.

Contudo, precisamos de um lembrete rápido. O Espaço do Unicórnio *não é*:

- ... fazer pilates, spinning ou se aconchegar com um bom livro. Os cuidados pessoais são necessários para o bom funcionamento do cérebro e do corpo e dão um gás mental, mas não contam como Espaço do Unicórnio, exceto se estiverem associados a um objetivo maior que possa ser *dividido com o mundo*, como estudar para ser educador físico ou liderar a roda de leitura na biblioteca local.
- ... desabafar com sua melhor amiga no bar de vinhos mais próximo. Isso faz parte das "amizades adultas", tem muito valor e é essencial para a felicidade, mas está em uma categoria própria.
- ... fazer as unhas ou o cabelo no salão de beleza. A carta "beleza" pode ser um ótimo exemplo de tempo para você que merece um espaço regular na agenda cheia. Porém, tenha cuidado para não confundir os compromissos relacionados à beleza com atividades que tenham *uma ideia mais profunda de propósito*. Adicionar cores novas aos seus cachos pode deixar você mais alegre, mas recomendo pensar em algo maior que o cabelo. Como você quer se definir, em um sentido mais amplo? Como usar o Espaço do Unicórnio para retomar ou descobrir o que faz de você uma pessoa singular *por baixo da superfície?*
- ... maratonar a série mais recente na Netflix, ver competições esportivas ou publicar fotos nas redes sociais. Embora seja um uso divertido do seu tempo, isso não é Espaço do Unicórnio.

- ... o trabalho ou a carreira, a menos que o seu emprego forneça uma tempestade categoria cinco de paixão em sua vida (faça o teste na página 301 para saber.)
- ... só para os ricos.

PRIMEIRA ETAPA: IDENTIFICAR UMA PAIXÃO

Para o que você gostaria de criar mais tempo e espaço físico *hoje*? Fique à vontade: permita-se sonhar. Arranjar tempo para voltar a tocar piano ou pesquisar a ideia de negócio que você deixou em segundo plano há cinco anos pode parecer um conto de fadas, mas reivindicar o Espaço do Unicórnio *vale o seu tempo*. Recomendo deixar de lado quaisquer dúvidas ou preocupações sobre o que é "realista" ou como você realmente vai "achar tempo" para isso. (Esta linha de pensamento provavelmente é o motivo pelo qual você abriu mão do seu Espaço do Unicórnio por tanto tempo.) A fim de mudar isso, permita que o desejo venha à tona novamente e apareça. Ao se deixar sonhar, tudo o que você deseja fazer se tiver tempo vai tomar conta de sua consciência como uma inundação. Se você tiver dificuldade para identificar *aquela* atividade mágica que dá alívio mental e muita disposição, entenda uma coisa: o que anima você hoje provavelmente vai variar ao longo do tempo e à medida que você mudar. Quando isso acontecer, você poderá usar o Espaço do Unicórnio para outra atividade. Agora é preciso identificar uma paixão a ser buscada hoje.

Se você não souber qual é a sua paixão atual ou antiga, faça um *brainstorming* com as seguintes frases:

Eu gostaria de ter mais tempo para ____________.
Ou
Eu gostaria de voltar a ____________.

Ou

Eu sempre quis ______________ (Se você tiver mais de um desejo, escolha apenas um por enquanto.)

Ou

Quando faço ___________ ou penso em fazer ___________, sinto que entro em dois dos estados descritos a seguir:

- Animação
- Alegria
- Realização
- Concentração

Se você ainda não encontrou algo, pense nestas inspirações visuais para criar uma ideia. Você se atrai mais por atividades que usam as *mãos*, que se conectam ao *coração*, geram adrenalina para *acelerar* esse coração, desafiam você a usar a *cabeça* ou alinham você a um propósito *maior*?

Escolha uma categoria que pareça interessante hoje e se aprofunde nela até identificar um ofício, habilidade, esporte, arte, prática ou aula e se comprometa a explorar, desenvolver ou terminar essa atividade nos próximos **seis meses**. Não é para sempre. *Seja qual for a escolha atual, será possível mudar de ideia depois*. Delmi, professora de Educação Física do ensino médio, disse: "Por 30 anos, o trabalho foi o meu Espaço do Unicórnio, mas agora eu quero algo novo."

- **Mãos:** construir, fazer artesanato, cozinhar, desenhar, pintar, fazer jardinagem, design, decoração, fazer scrapbooks, cerâmica, tricô, arranjos de flores.
- **Coração (conexão):** trabalho voluntário, envolvimento com organizações de caridade, engajamento cívico, política, dança,

competição amigável por meio de esportes coletivos ou grupos de treinamento, animais, viagens, música, artes.

- **Coração (acelerar):** esportes radicais, automobilismo, surfe, alpinismo, paraquedismo, esqui, ciclismo.
- **Cabeça:** aprender; fazer cursos ou treinamentos; ensinar; ministrar palestras, escrever; influenciar e ser líder de pensamento; envolver-se em jogos de raciocínio como xadrez, mahjong e cartas.
- **Algo maior:** grupos na igreja, sinagoga ou mesquita, meditação em grupo, ensinamentos e aprendizado espiritual.

Se ainda estiver empacada, reserve mais um tempo para pensar nisso. A ideia vai aparecer, *eu prometo!* Após identificar o seu "algo", anote ou guarde mentalmente. Você e seu parceiro vão trocar ideias e discutir a contribuição de cada um para transformar o Espaço do Unicórnio em realidade para você, mas por enquanto essa consciência é apenas sua.

TESTE
O meu trabalho é o Espaço do Unicórnio?

Se você não tem certeza se o trabalho também é o seu Espaço do Unicórnio, faça este teste.

Pergunte a si mesma: *Eu penso no meu trabalho com alegria e entusiasmo no domingo à noite? Se eu ganhasse na loteria amanhã, continuaria fazendo o mesmo trabalho ou alguma variação dele?*

Se a resposta for "não", então a atividade que fornece um contracheque a você não é o seu Espaço do Unicórnio. Mesmo se o trabalho remunerado for profundamente realizador, se você respondeu "não" a uma das perguntas acima, ele não se qualifica como Espaço do Unicórnio.

Se a resposta é "sim" e você se vê fazendo o mesmo "trabalho" nas horas vagas, então está trabalhando em seu Espaço do Unicórnio! Considere-se sortuda! Quando fiz essa pergunta a Jason, um colecionador de antiguidades que mora em Hudson, Nova York, ele respondeu na mesma hora: "Sem dúvida! Se eu ganhasse na loteria teria *ainda mais tempo* para me dedicar ao meu ofício."

SEGUNDA ETAPA: PLANEJAR PARA DIVIDIR ALGO COM O MUNDO

Quando comecei o processo de perguntar aos indivíduos a paixão que gostariam de retomar ou buscar e explorar pela primeira vez, usei a linguagem de um exercício que li em uma revista de negócios e perguntei: *O que você gostaria que o seu obituário falasse de interessante a seu respeito?*

Minha pergunta caiu pesadamente. Como um corpo em uma cova.

Pedir às pessoas para encarar a própria mortalidade na hora do almoço não inspirava o tipo de resposta decidida que eu estava procurando, então mudei a abordagem e adotei a frase de um cara que organiza colônias de férias inovadoras para crianças e foi convidado para falar com a turma da terceira série de Zach na semana da ciência. Ele perguntou aos jovens inovadores: como você pode *dividir a sua paixão* com o mundo? A frase dele inspirou os alunos de nove anos de idade. Eles arregalaram coletivamente os olhos e levantaram quase todas as mãozinhas. Quando fiz a mesma pergunta aos meus entrevistados adultos, as respostas deles deram uma virada notável de taciturnas e sombrias para animadas, empolgadas e até felizes. "Que pergunta divertida! Eu me conectei com algo maior", exclamou uma mulher. Logo descobri que combinar uma paixão à mentalidade de "dividir com o mundo", estendendo a outras pessoas algo que você faz para si mesmo, deixa tudo mais significativo e gratificante, além de lhe fornecer um propósito.

A professora Darby Saxbe não se surpreendeu com essa descoberta: "Esses entrevistados estão discutindo o 'bem-estar eudemônico', a sensação de realização e de que a vida faz sentido. Esse bem-estar não vem do prazer passivo, como sentar na praia tomando uma margarita, e sim de construir relacionamentos de qualidade e trabalhar para conquistar objetivos que importam. O bem-estar eudemônico está associado aos melhores resultados de saúde a longo prazo e inspira o que se pode chamar de 'alegria'."

» Divida um pouco de si com o mundo

Amy era uma corredora ávida, mas trocou os tênis pelo playground quando o filho nasceu. Depois de reequilibrar a carga de trabalho com o marido em casa, ela voltou a correr. Mas agora, em vez de retomar a prática solitária de dar voltas pela vizinhança, ela começou a treinar para uma maratona, unindo-se imediatamente a uma comunidade de corredores com um objetivo em comum que se ajudavam em cada etapa do caminho até o dia da corrida.

Experimentar na cozinha era a parte mais saborosa do dia de Adam até o macarrão com queijo feito para as crianças virar o prato mais popular do cardápio. Quando se deu permissão para reivindicar o Espaço do Unicórnio, Adam pegou vários livros sobre culinária marroquina na biblioteca do bairro. Os encontros regados a granola de açafrão-da-índia, mel e cardamomo fizeram tanto sucesso com as crianças que ele decidiu *dividir* a paixão ensinando os filhos a cozinhar. Em uma festinha recente na escola, a filha de Adam orgulhosamente apresentou um tradicional bolo de laranja marroquino.

Ana sempre foi apaixonada por ajudar as pessoas. Depois de renegociar com o parceiro a forma mais eficiente de equilibrar o trabalho em casa, ela se inscreveu para ser bombeira voluntária, virou chefe do departamento e criou um currículo utilizado para treinar voluntários em diversos municípios. Ela também virou a querida "mamãe bombeira", que visita a escola dos filhos regularmente para falar de segurança e prevenção a incêndios.

Graham é um guitarrista de formação que parou totalmente de tocar após o nascimento do primeiro filho. Agora, com o apoio do marido, que assumiu a responsabilidade por boa parte das cartas do Fair Play, ele tem praticado 20 minutos por dia e se prepara para se apresentar em um pequeno concerto local diante dos parentes e amigos mais chegados.

Quando os vizinhos tiveram o primeiro filho, Keisha organizou um grupo solidário para fornecer refeições e ajudá-los. Ela achou a experiência tão gratificante que continuou cozinhando para o bem e convidou outras famílias da igreja para continuar esse serviço gratuito. Isso inspirou um esforço comunitário, e, em seis meses, o grupo de fornecimento de refeições de Keisha se expandiu, distribuindo refeições para famílias de baixa renda em todo o município.

Todas essas pessoas e várias outras que entrevistei relataram que algo mágico acontecia quando os outros testemunhavam, observavam, participavam, viviam experiências parecidas ou se beneficiavam positivamente de sua paixão: elas redescobriam um objetivo além do casamento e dos filhos.

P: O que eu faço no Espaço do Unicórnio precisa mesmo ser dividido com o mundo? Por que esse espaço não pode ser apenas para mim?

R: Como eu disse anteriormente, o tempo para você merece um horário regular na sua agenda, mas descobri que o tempo gasto em questões estritamente internas, como cuidados pessoais, não produz tanta felicidade e alegria quanto os objetivos externos, que podem ser divididos com o mundo. Em outras palavras, o Espaço do Unicórnio se transforma em algo maior e muito mais gratificante quando vai além de você. Estudiosos antigos e pensadores modernos acreditam que cada pessoa é singular e tem a responsabilidade de dividir isso com os outros. Alexis Jemal, Ph.D. e professora assistente da Silberman School of Social Work, refletiu: "O valor do que você faz no Espaço do Unicórnio vem de dividir." Dos indivíduos e casais com quem conversei, os que dividem sua paixão com a família, amigos, a comunidade e até com o mundo relatam grande felicidade. Como achei essa descoberta muito interessante, procurei outros estudos para validar minha pesquisa e esbarrei em um manancial de dados obtidos por psicólogos de renome que relataram algo similar: a procura de significado, quando a pessoa forma vínculos e contribui para algo maior que si mesma, e a busca por um propósito, quando o indivíduo se sente guiado e motivado por objetivos que considera importantes, são o verdadeiro caminho para a felicidade.

Se reivindicar tempo e espaço para as paixões que alimentam a sua ideia de sentido e propósito não for um motivo suficientemente forte para reequilibrar a carga de trabalho doméstico em sua casa, então pense nas pesquisas recentes que associam o significado e o propósito na vida a uma série de resultados positivos para a saúde, incluindo dormir melhor, menor risco de ataques cardíacos, derrames, invalidez e demência. De acordo com um estudo sobre envelhecimento e longevidade cognitiva feito no Centro Médico da Universidade Rush em Chicago, os cérebros que funcionam melhor pertencem a pessoas com mais propósito na vida. Segundo os autores, quem tem uma ideia de sentido tende a cumprir metas e se adaptar com facilidade, o que aumenta a força e a eficiência dos sistemas neurais. Em resumo: o Espaço do Unicórnio não só dará mais sentido à vida e aumentará a felicidade como vai manter você saudável e com a mente afiada a longo prazo.

TERCEIRA ETAPA: DEFINIR UM OBJETIVO

Ao identificar uma paixão que possa ser dividida com o mundo, inclua um momento específico no qual ela será revelada aos outros, como: *Vou aprender a tocar "Stairway to Heaven" no ukulele e apresentá-la durante um jantar que farei para os amigos no dia 1º de dezembro.* Depois, comprometa-se com o objetivo ao dizê-lo em voz alta. Em outras palavras, *prepare o jantar e convide as pessoas!*

Quando tive a ideia inspiradora de pegar a lista de "Tudo o que eu faço" e expandi-la para um sistema inspirado nos princípios de administração de empresas que poderia ser utilizado pelos casais que buscam uma solução para reequilibrar a justiça em casa, esbarrei nesta citação do Workshop para Escritores da Hay House: "Um sonho com uma data vira um objetivo. Um objetivo com etapas vira um plano. Um plano com ações vira realidade." Essas palavras de estímulo chegaram fundo na gerente de projetos que há em mim, então imediatamente defini uma data de publicação para *Método Fair Play*, o livro. Na época, o que eu tinha nas mãos era apenas um sonho, mas, quando estabeleci para mim mesma a série de passos que considerava necessários para alcançar meu objetivo final (escrever a proposta de um livro, encontrar um agente literário e me reunir com editoras) e agir (realmente escrevi a proposta, encontrei um agente literário e agendei reuniões com editores), meu sonho começou a virar *realidade*.

Quando chegou a hora de fazer as malas e pegar o avião para Nova York a fim de vender a ideia deste livro, Seth estava ao meu lado (literalmente) me ajudando a escolher as roupas. Eu perguntei:

— Que blazer eu devo usar? O de oncinha ou o azul-royal?

— Definitivamente o azul — ele disse, sem hesitar.

— Jura? Por que você tem tanta certeza?

— Porque ele diz claramente: "Eu estou falando sério."

MOSTRE SERIEDADE

O próximo passo para descobrir e reivindicar seu Espaço do Unicórnio é identificar, planejar e definir um cronograma exequível com um objetivo específico em mente. Essa etapa intencional ajuda a combater a procrastinação e serve como uma espécie de apólice de seguros, garantindo que você vai cumprir o compromisso e realizar o seu sonho.

» Cuidado com os sonhos não realizados

Como eu já disse anteriormente, o estudo que fiz sobre os casais que recuperaram o direito de ser interessantes concluiu: quando você mostrar seriedade ao buscar uma paixão e pedir o Espaço do Unicórnio para isso, muito provavelmente terá o apoio do parceiro.

Por outro lado, se o seu sonho ficar estagnado por muito tempo na fase das ideias, o parceiro terá probabilidade muito menor de apoiar, não cedendo o tempo e espaço necessários para realizá-lo. Minha descoberta foi: **os parceiros reagem mal a sonhos não realizados.** Em muitos casos, eles acham isso insuportável.

— Ela comprou cinco caixas de material de artesanato há vários meses e ainda nem abriu — contou Kyle, que inicialmente apoiou o desejo da mulher de retomar a paixão por fazer joias, mas depois ficou decepcionado quando ela não continuou o projeto. — Ela fica gastando dinheiro com material, acumulando caixas no corredor. A esta altura, acho que o sonho dela não passa de uma fantasia.

Stephanie, moradora de Lafayette, na Louisiana, faz uma reclamação semelhante sobre o marido, que transformou a garagem em uma oficina cheia de ferramentas, pilhas de matérias-primas, rascunhos e planos que nunca eram terminados.

— Estou cansada de ouvir sobre os projetos em madeira que ele "vai" fazer. Se o meu marido não consegue buscar a própria "paixão", como vai me ajudar a fazer as tarefas de casa?

Essa reação agressiva aos sonhos não realizados apareceu de modo consistente entre homens e mulheres em quase todas as entrevistas feitas a respeito do Espaço do Unicórnio, o que me levou à seguinte conclusão: para obter apoio dos parceiros, **precisamos mostrar seriedade, indo além das ideias e adotando medidas práticas que podem ser reconhecidas pelos parceiros.** Quando Clare, moradora de Taos, mostrou ao marido o site onde publicou suas fotografias, ele sentiu um novo apreço pelo lado artístico da parceira. Quando Nathan, de Knoxville, fez um curso intensivo de mountain bike por três dias, sua mulher reconheceu o compromisso real de percorrer as Great Smoky Mountains em duas rodas. E, quando Sara se reuniu com um coach de negócios para ajudá-la a montar uma empresa de personal training e fitness, o marido apoiou *com todo o entusiasmo*, e até ajudou a matricular os alunos na primeira aula coletiva organizada por ela.

» Passe de fase na vida

Se você já jogou videogame, sabe que o objetivo é usar o que aprende pelo caminho para "passar de fase" à medida que vai melhorando. Não importa se você está jogando um clássico ou o último lançamento, as regras continuam basicamente as mesmas. Você não quer morrer na primeira fase! O mesmo vale para o Espaço do Unicórnio. Após identificar o objetivo que precisa dividir com o mundo, avance para a próxima fase. Mostre seriedade ao dar passos concretos para conquistá-lo e avalie o seu progresso no Espaço do Unicórnio de formas visíveis. Faça um *brainstorming* com um amigo confiável, reúna-se com um novo sócio, conte sua trajetória nas redes sociais. Seja qual for o objetivo final, continue progredindo e se permita ter ambição quanto ao sucesso no Espaço do Unicórnio. Desafie-se a mudar o conceito de *ambição*: em vez de uma palavra questionável, usada para explicar por que as mulheres são menos bem-sucedidas do que os homens, use-a como sinônimo de conquistar algo que você valoriza e deseja dividir com o mundo.

QUARTA ETAPA: ENFRENTAR SEUS MEDOS

Após definir sua meta, o medo provavelmente vai surgir em seu caminho. Quando isso acontecer, siga o conselho da minha colega Reshma Saujani, autora de *Brave, Not Perfect* [Valente, não perfeita, em tradução livre]: "Não permita que o medo impeça você de buscar seu objetivo. Não desista antes de tentar."

PARA PENSAR: O CASO DO MEDO DE ENFRENTAR O PALCO

No auge da vida antes do casamento e dos filhos, Carrie era dubladora de sucesso, atriz de Hollywood, além de ter cantado na Broadway. Ela era uma artista muito requisitada que recebia cachês generosos, e, para deixar tudo ainda melhor, o trabalho a inspirava e realizava. Estar diante de uma plateia era o Espaço do Unicórnio dela, mas, depois do nascimento do primeiro filho, Carrie decidiu abandonar os palcos, alegando que colocaria a carreira no entretenimento em uma pausa temporária enquanto se ajustava ao novo papel em casa.

Dez anos depois, Carrie ainda estava no centro do palco, eternamente escalada para o papel de mãe perfeita de três filhos, que evoluiu para uma função em tempo integral como presidente da associação de pais e mestres e dona de casa. Ela admitiu que não se identificava mais com seu passado.

— Eu sentia muita falta de estar no palco, mas não era mais a pessoa que fazia isso — expressou ela, igualmente resignada e arrependida.

Tudo mudou quando, um belo dia, Carrie foi convidada para se apresentar no show de talentos da escola da filha.

— Eu me lembro de ler a carta da escola e entrar em pânico total. Como presidente da associação de pais e mestres, já estava organizando boa parte do espetáculo, e agora ia ter que me *apresentar*? Uma grande parte de mim queria isso, mas fazia tanto tempo. Eu não tinha certeza se conseguiria cantar de novo — relembrou ela.

Há dez anos Carrie vinha sendo um *objeto em repouso* e foi perdendo a confiança em seus talentos e dons naturais ao longo do tempo. Cantar sempre foi fácil, e mesmo assim ela se sentiu paralisada, com medo de voltar aos holofotes e reencontrar uma parte essencial de si.

— Mas você adora cantar, não é, mãe? — perguntou a filha quando ouviu Carrie ligar para a escola e recusar o convite.

Sim. Eu sempre gostei. Carrie repensou, e, com o apoio de vários amigos na associação de pais e mestres, além do marido, que pegou a carta "banho e arrumação (crianças)" e "rotina da hora de dormir", ganhou um total de 90 minutos para praticar à noite. Duas semanas depois, ela subiu no palco do pequeno auditório, "nervosa e cheia de adrenalina", e cantou "Defying Gravity", do musical *Wicked*. Carrie relembrou o que sentiu quando começou a cantar:

— Foi como andar de bicicleta. Não importava quanto tempo tinha se passado, eu estava cantando! E subitamente não me importava com o que a plateia achava da apresentação. Eu entendi que não era uma questão de validação externa, e sim de gratificação interna, então relaxei e deixei rolar. Dei tudo de mim naquele momento.

Carrie disse que se reencontrou no palco.

— Na verdade, eu encontrei a minha *alma*, e foi como um choque elétrico de alegria. Ah, aquela era eu! — explicou.

Renovada e cheia de animação, Carrie tinha um novo objetivo. Alguns dias depois de ter desafiado o medo e redescoberto uma parte significativa de si mesma, outro amigo da escola perguntou se ela gostaria de entrar para um grupo de músicos que faziam apresentações em casas particulares. Ela aceitou, agora sem hesitar.

— Ele trouxe outra mãe da escola para cantar harmonias, um pai que tocava trompete e, quando me dei conta, estava em uma comunidade de músicos que também eram pais. Esses relacionamentos me estimularam a continuar "alimentando meu unicórnio", e eu não parei desde então — conta ela, com um sorriso.

Cuidado com a lacuna de dez anos da paixão

Comparável à diferença salarial que afeta desproporcionalmente as mulheres após o primeiro filho e aumenta junto com a prole, a seguinte tendência surgiu em minhas entrevistas: as mulheres que deixaram de lado seus talentos e interesses singulares para concentrar mais tempo e energia na família sentiram a "diferença de paixão" aumentar a cada filho e a cada ano que passava. Assim como Carrie, as mulheres que abriram mão do Espaço do Unicórnio por mais de dez anos ficaram muito mais reticentes e com medo de redescobri-lo e reivindicá-lo.

» O antídoto para o medo

O medo é um grande paralisador, e é por isso que relacionamentos de apoio mútuo são fundamentais para descobrir ou reencontrar e reivindicar o Espaço do Unicórnio, especialmente se você estiver vivenciando uma "diferença de paixão". Com base na minha experiência pessoal e nas conversas com centenas de pessoas, identifiquei dois tipos de amizades *espirituais* que valem a pena ser cultivadas nesta etapa do jogo. A rabina Jill Zimmerman, minha amiga, explica melhor: "Um amigo espiritual é a pessoa que dá uma sacudida quando você está dormindo no ponto, digamos assim, e lembra quem você realmente é, além de ajudar a enfrentar momentos difíceis, dando força para você se reencontrar."

Primeiro amigo espiritual: divide a jornada. São os amigos com o mesmo Espaço do Unicórnio e que dividem a jornada para um objetivo em comum, como o colega de treinamento para maratona. Jazmin, moradora da Flórida, pediu à melhor amiga que treinasse junto com ela para uma corrida de cinco quilômetros em prol da pesquisa do câncer de pâncreas. "Meu pai morreu dessa doença, então esse era o motivo inicial para treinar, além de perder uns quilinhos indesejados. Depois que minha amiga começou a correr comigo, peguei gosto pelo esporte. Após os primeiros cinco quilômetros, definimos o objetivo de correr dez quilômetros e continuamos até arrecadar mais de dez mil dólares [cerca de 40 mil reais] para a pesquisa do câncer de pâncreas e conseguir a qualificação para a Maratona de Nova York", lembrou Jazmin.

Segundo amigo espiritual: apoia a jornada. É a pessoa que vive a própria vida, mas está presente em todas as etapas do processo, seja com palavras carinhosas de estímulo e conselhos, oferecendo recursos e conexões para ajudar a conquistar seu objetivo ou cedendo uma parte do tempo valioso dela. Embora esse amigo possa não correr a maratona com você, estará na linha de chegada com uma garrafa de isotônico e uma placa dizendo "Você é minha heroína!"

O apoio do parceiro é necessário por permitir que você tenha tempo e espaço para reconquistar o Espaço do Unicórnio, mas as amizades espirituais são uma inspiração a mais. Elas darão o apoio necessário para você se livrar dos tentáculos da dúvida e do medo que podem ameaçar o progresso ou afastá-la das conquistas. Além de fornecer aquela dose de ânimo, os amigos espirituais vão estimular você a dividir seus talentos, dons e desejos com o mundo, pois eles a *conhecem* e sabem do que você é capaz.

Enquanto avançava no processo de escrever este livro, vários amigos me tiraram do sufoco. Tive (e ainda tenho) momentos em que fui tomada pelo medo da vulnerabilidade e do fracasso por escrever um livro tão pessoal. Depois de identificar uma paixão que você possa dividir com o mundo, tenha cuidado com esses momentos de puro medo à medida que a hora de mostrar o seu trabalho para o mundo se aproxima. Apresentar-se para o outro no grande palco da vida pode ser assustador. A fim de se preparar para esses momentos difíceis, indique um amigo espiritual (ou dois, três ou quatro) que vai segurar sua mão em termos literais ou metafóricos e mantê-la emocionalmente estável enquanto passa de fase. Eu sempre serei grata aos amigos que apoiaram a jornada para escrever este livro e me guiaram ao longo do caminho, incluindo minha grande amiga Lori, que adora citar a famosa frase de Eleanor Roosevelt em nossas conversas estimulantes de mulher para mulher: "Lembre-se, Eve. Faça uma atividade por dia que assuste você." Na tarde em que fomos comprar um presente de aniversário para uma amiga em comum, nós rimos juntas quando encontramos uma caneca de café que brincava com a frase original, dizendo: *Faça uma atividade por dia que assuste a sua família.* Compramos uma para cada uma de nós e outra para nossa amiga. Seth me olha meio torto quando uso a caneca, e preciso admitir que gosto disso.

QUINTA ETAPA: OBTER O APOIO DO PARCEIRO E RETRIBUÍ-LO

Nossos parceiros também *precisam* do Espaço do Unicórnio. Você e ele vão discutir exatamente o que o Espaço do Unicórnio de vocês exige e envolve: tempo, dinheiro e ajuda para cuidar das crianças. Lembrem-se: antes de descobrir e reivindicar o Espaço do Unicórnio, vocês provavelmente vão precisar negociar a redistribuição de um número significativo de tarefas relacionadas à casa e aos filhos. Algumas regras básicas para isso:

» Não reivindiquem o mesmo espaço

Nas entrevistas, comecei a notar uma tendência de alguns casais a escolher o mesmo Espaço do Unicórnio em vez de designar um espaço singular para cada um. Eu questionei: isso acontece porque esses casais se uniram por terem uma paixão em comum? Por dividirem a mesma alegria? Ou tem algo mais acontecendo?

— Meu marido, Mike, sempre amou jogar golfe, mas foi abandonando o esporte ao longo dos anos. Hoje em dia, ele quase não joga. Quando expliquei o conceito do Espaço do Unicórnio, ele rapidamente disse: quero mais tempo no campo de golfe! Eu logo pensei: *Por que não aprender o esporte e me juntar a ele?* Assim, eu dou apoio à paixão e nós faremos uma atividade juntos. Todos saem ganhando.

Minhas antenas levantaram quando ouvi isso. Acho que Jacqueline gostou de ficar mais tempo com o marido e longe das crianças, mas não parecia que o golfe era a paixão *dela*. Será que as horas que eles passavam jogando todos os sábados eram gratificantes para ela? Jacqueline realmente queria passar de fase com Mike e competir no torneio local que ele tinha definido como objetivo para dividir com o mundo?

Depois de falar com Jacqueline sozinha, descobri que ela confundiu apoiar o Espaço do Unicórnio do marido com perder o dela. Claro que ela gostou de aprender um esporte novo e até se gabava: "Eu sou boa nisso", mas na verdade o que ela queria mesmo era "entrar em um grupo de tricô".

Aproveitei e disse:

— Você leu *O profeta*, de Khalil Gibran, no ensino médio? Consegue se lembrar da ótima frase "Enchei a taça um do outro, mas não bebais da mesma taça"?

Jacqueline reconheceu vagamente.

— A questão é: você precisa ter um momento *seu*. Abandone o golfe e use o tempo para tricotar.

— E ser o meu unicórnio — reconheceu ela.

» Neste caso, conte pontos

Quando vocês dois tiverem identificado o Espaço do Unicórnio, determinem quantas horas por semana cada um precisará para transformá-lo em realidade e sintam-se à vontade para contar pontos nesta parte do sistema. **Lembrete: esta é a única carta em que se recomenda o gerenciamento de tempo 50/50.** É preciso ser meticuloso, ou o seu Espaço do Unicórnio vai continuar sendo fantasia. Se você reservar três horas semanais para escrever, então o seu parceiro pode reservar três horas por semana para aprender espanhol. Se o seu parceiro gosta de tirar os sábados "de folga" para andar de mountain bike, então você precisa pegar os domingos ou outro dia inteiro durante a semana para você. E é aí que está a dificuldade: se o trabalho do parceiro é o Espaço do Unicórnio, fica mais difícil dividir o tempo igualmente, então tenha cuidado ao abordar o assunto. Com o Espaço do Unicórnio, é preciso negociar o tempo com antecedência, *contando inclusive as horas*. Descobri que não destinar tempo igual para seus respectivos Espaços do Unicórnio gera ressentimento entre o casal. E, como os homens continuam reservando tempo significativamente maior e com mais frequência para lazer, hobbies e outras formas de projetos criativos do que as mulheres, segundo pesquisas e meus estudos, não precisa adivinhar para quem o ressentimento é maior.

» O exagero no Espaço do Unicórnio

— As pessoas sempre ficam impressionadas com as fotos do John no Facebook, treinando para nadar no mar aberto e traiçoeiro, mas o que elas não veem na imagem sou eu sozinha em casa com as crianças, às vezes por dias seguidos e bem longe da câmera — reclamou Patty, moradora de Fremont, na Califórnia.

Falei com muitos homens como John, que, depois de se tornarem pais, assumiram várias empreitadas árduas, longas e muitas vezes perigosas, como escalar o Monte Everest, competir no triatlo Ironman ou construir o Templo no Burning Man. Após apresentá-los ao conceito de Espaço do Unicórnio, todos citaram os esportes radicais como forma de atender à necessidade de tempo e espaço pessoal. Sem dúvida, é importante ter uma válvula de escape, e a ideia do *radicalismo* me fez pensar.

Existe alguma instância em que o Espaço do Unicórnio pode ir *longe demais*? Ao acumular mais dados e estudos, o aumento no número de triatletas indicou um padrão que se mostrou pouco saudável para a maioria das parcerias. Dos vários homens (e algumas mulheres) envolvidos no que eu agora identifico como Exagero no Espaço do Unicórnio, a motivação para escolher esse tipo de atividade grandiosa geralmente cai em um destes dois campos: escapismo e radicalismo.

Escapismo. Quando o filho ainda era recém-nascido, Matt se matriculou por conta própria em um treinamento civil com os SEALS da Marinha dos Estados Unidos. O compromisso era de duas semanas, mas ele acabou atirando na própria virilha por acidente, ficando hospitalizado e imóvel por mais seis semanas.

— Boa parte de mim queria abandoná-lo gemendo de dor no hospital — comentou sua parceira, Dana, sem qualquer remorso. — Ele me convenceu de que o treinamento era "algo que eu precisava fazer por mim mesmo". Bom, atirar no próprio pinto acabou sendo um jeito muito conveniente de fugir da responsabilidade de ter um recém-nascido em casa. — (E talvez de garantir que outro não viesse tão cedo.)

Radicalismo. A segunda leva do Exagero no Espaço do Unicórnio surge em resposta a uma privação extrema. Você se lembra da "diferença de paixão" de que falei anteriormente? Indivíduos que perderam o contato com seus talentos e interesses naturais por um longo período de tempo às vezes resolvem compensar o tempo perdido voltando a se identificar com uma versão radical de si mesmos. Embora a novidade e a surpresa sejam boas para a maioria dos relacionamentos, é importante estabelecer limites. Exemplo: o veterinário Oliver, que mora em Chicago, foi estimulado pela mulher, Elaine, a tirar um tempo para si mesmo fora do hospital. No começo ele rejeitou as sugestões, mas depois finalmente aceitou e resolveu comprar quatro hectares de terra no Oregon.

— Eu pensei bastante e percebi que, além de cuidar dos animais, minha paixão é criá-los, então comprei uma fazenda para nós no Oregon! Posso usar todas as minhas férias e horas vagas para trabalhar nela — contou Oliver, cheio de animação, enquanto eles jantavam lasanha.

Elaine estimulou Oliver a se encontrar, mas virar *fazendeiro*? Em todos os anos de casamento, ela nunca tinha notado a paixão do marido pela criação de cabras. A interpretação radical de Oliver do Espaço do Unicórnio rendeu a ela uma dor de estômago causada por estresse que durou vários meses até exigir que ele vendesse a fazenda.

— Você fica fora de casa por várias semanas na hora em que preciso de ajuda em casa, e o custo para manter a fazenda está acabando com as nossas economias — argumentou ela.

— Mas esse era o meu sonho — rebateu ele.

Um sonho que leva o seu casamento à falência é uma visão errada.

CUIDADO COM OS UNICÓRNIOS DISFARÇADOS

A ideia é descobrir ou reencontrar os interesses que alimentavam sua paixão e a levavam a ser uma pessoa mais realizada, mas não deixe de lado o objetivo principal do Fair Play: ficar juntos e felizes como casal.

Pense bem em sua motivação para buscar o Espaço do Unicórnio e fique longe do escapismo e do radicalismo. Infelizmente, um número considerável de mulheres com quem falei admitiu ter tido casos amorosos como forma de redescoberta. A psicoterapeuta e escritora Esther Perel revelou uma conclusão similar no artigo chamado "Why Happy People Cheat" ["Por que pessoas felizes traem", em tradução livre]: "Enquanto ouço [minha cliente], começo a suspeitar que o caso não está relacionado ao marido e nem ao casamento. A história mostra um tema que surge repetidamente em meu trabalho: casos amorosos como forma de autodescoberta e busca por uma identidade nova (ou perdida). Para essas pessoas, é menos provável que a infidelidade seja um sintoma de um problema e sim uma experiência que envolve crescimento, exploração e transformação."

Se o seu Espaço do Unicórnio oferece um jeito de escapar das responsabilidades em casa ou *insinua* que vai ameaçar o relacionamento, volte ao quadro-negro e pense em outra ideia. Pergunte a si mesma: *O que me atrai nessa experiência radical ou método de escapismo? Como eu posso imitar ou recriar uma sensação semelhante a esta e vivenciá-la em minha casa ou comunidade?* Existe um jeito de transformar sua corrida solitária para o Polo Sul em algo menor ou mais próximo, para que seu parceiro consiga arranjar uma quantidade igual de tempo para ele?

Reivindicar o Espaço do Unicórnio exige pensar com muito cuidado nos riscos envolvidos, além de planejamento estratégico e consulta ao parceiro. Quando uma pessoa exagera e a outra age normalmente, isso não é Fair Play.

SEXTA ETAPA: SER FIEL À AGENDA

Depois de definir que vai reservar tempo para isso, caberá a você colocar o Espaço do Unicórnio na agenda e se manter fiel a ele. Não permita que a culpa, a vergonha ou a "invasão doméstica" levem você a perder o horário que agendou.

⚠

CUIDADO!

Atenção para a invasão doméstica

Pense na seguinte situação:

Você reserva o horário das 14 às 16 para praticar o instrumento musical que pretendia retomar desde que parou de tocar, no primeiro ano da faculdade. Ao olhar para o telefone às 14h45, você pensa: *Mesmo com a creche marcada para depois da escola, eu preciso sair agora para buscar as crianças às 15 horas*, e *puf!* O seu Espaço do Unicórnio e o sonho de voltar a tocar foram embora.

Criar ou começar a imaginar mais espaço criativo em sua vida deixa você extremamente vulnerável às nuvens sombrias da invasão doméstica movidas pelos fortes ventos da culpa e da vergonha que sopram para lembrar de tudo o que você "deveria estar fazendo" a fim de beneficiar sua família ou trazer ordem ao caos doméstico. Resista o máximo possível. Lembre-se: ouvir as mensagens nocivas que dizem para você se sentir mal por reivindicar mais paixão e propósito na vida vai impedi-la de progredir e acabar com o seu Espaço do Unicórnio, no fim das contas. Reconheça que você provavelmente está usando desculpas do tipo: "É melhor eu esvaziar a lava-louças em vez de trabalhar nas minhas aquarelas" como escudo da culpa para evitar críticas e ceder ao medo (consulte a quarta etapa para enfrentar seus medos). E se tudo o que você quiser estiver do *outro lado* do medo?

» Dê permissão a si mesma para ficar indisponível

Os parceiros amam quando nos damos permissão para sermos interessantes. E, reconhecendo a sabedoria universal das avós, eles sempre reagem positivamente quando ficamos *indisponíveis* e reservamos um tempo longe do casamento para nos dedicarmos a ser mais vibrantes.

Vamos voltar a Carrie, presidente da associação de pais e mestres, dona de casa e estrela do rock.

Pouco tempo depois de ter sido convidada para se apresentar com sua nova comunidade de músicos que também são pais, Carrie esbarrou com um velho amigo que procurava uma backing vocal para sua banda que tocava sucessos dos anos 1970.

— Será que você consegue aprender "Gimme Shelter" dos Rolling Stones em dez dias? — desafiou ele.

— É claro que sim! — respondeu Carrie, pensando "Mas eu não quero ser backing vocal. Prefiro o vocal principal".

Ela estava decidida, mas só fechou com a banda depois de sentar à mesa com o marido e eles discutirem juntos o que esse novo objetivo significaria e exigiria (mais horas de ensaio à noite e mais tempo longe da família nos fins de semana de shows). Reivindicar esse tempo muito pessoal seria possível apenas se o marido de Carrie concordasse em se envolver ainda mais na vida familiar, assumindo mais cartas de cuidados com as crianças e tarefas domésticas. Como ela aceitou a participação do marido em um time de basquete do bairro por vários anos, ele imediatamente disse sim. O mais importante: o marido de Carrie *reconheceu a paixão* e o forte *sinal de seriedade*, fazendo questão de ajudar a transformar o sonho dela em realidade. (Não menospreze a alegria de ver alguém reivindicar e progredir em seu Espaço do Unicórnio!)

Ela se lembra com empolgação de uma das primeiras apresentações como vocalista principal em uma casa de shows do bairro.

— Minha filha mais velha, Jane, ficou ao lado do engenheiro de som no fundo do salão e me viu cantar. Em determinado momento nós trocamos olhares e ela fez um coração com as mãos. Depois, Jane disse que estava orgulhosa de mim e que achava o máximo ver a mãe no palco. O Espaço do Unicórnio tirou um pouco do tempo que eu reservava para a família, mas não me sinto culpada em relação a isso, pois sei que sou boa mãe e vejo o efeito positivo do Espaço do Unicórnio em meus filhos, especialmente em Jane, que mostra o desejo de ser cantora, compositora e mãe como eu.

Além de inspirar os filhos a buscar as próprias paixões, Carrie revelou o benefício de estar menos disponível para o marido.

— O sexo fica bem melhor nas noites em que volto do show com minha calça de couro vermelha.

CONCLUSÃO

COMO ROSITA ENCONTROU SEU ESPAÇO DO UNICÓRNIO

Era uma noite de sexta-feira, e Seth e eu estávamos aconchegados no sofá com as crianças vendo um dos filmes favoritos da nossa família: *Sing! Quem canta seus males espanta*. Para quem não viu (e eu recomendo para quando você reconquistar uma parte do seu tempo), a porquinha Rosita era uma excelente cantora, mas, com a passagem do tempo e o nascimento de vários filhotes, ela perdeu o contato com esse hobby. A vida de Rosita era inteiramente consumida pelos papéis de esposa e mãe que desentope banheiros e alimenta muitos leitõezinhos todos os dias. Embora ela fosse dedicada à família, o marido não conseguia *ver* a parceira. Quando teve a coragem de participar de uma competição de canto, Rosita redescobriu sua voz, além da realização pessoal e de um propósito maior. A voz maravilhosa e a apresentação de dança arrasadora no final do filme levaram a plateia e os filhos dela a aplaudir de pé e gritar empolgados, especialmente quando o marido invadiu o palco e beijou Rosita apaixonadamente.

Nesse momento emocionante do filme, meu filho Ben, com 6 anos na época, virou para mim e disse:

— A Rosita achou o Espaço do Unicórnio dela!

Eu me emocionei ainda mais e coloquei a mão no coração, pois meu filho finalmente tinha entendido.

Embora já tivesse visto o filme muitas vezes, depois de me ouvir em incontáveis entrevistas por telefone e várias conversas casuais sobre o Espaço do Unicórnio com amigas como Carrie, a personificação de Rosita na vida real, naquele momento Ben testemunhou a personagem se expressando completamente e entendeu o quanto é valioso reivindicar essa parte essencial de si. No dia seguinte, durante o café da manhã, ele perguntou a mim e a Seth se poderia fazer aulas de canto.

— Eu queria montar uma banda — comentou Ben, inocente.

Olhei para Seth e perguntei, com uma piscadela:

— Esta é uma carta "atividades extracurriculares (não esportivas)". Quer pegar?

— Eu topo. — Ele olhou para Ben e completou: — Filho, você é testemunha de que o papai agora tem 23 cartas e dez redistribuições regulares. Diga para a mamãe colocar isso no livro.

Ben perguntou:

— Mãe, quem é o herói do seu livro?

Desde quando comecei a escrever, Ben perguntava: que tipo de livro é? Em vez de entediá-lo com uma descrição como "crescimento pessoal" ou "estudo de gênero", expliquei de um jeito bem simples: "É sobre a dinâmica que existe entre mães e pais."

Ben interrompeu:

— Igual às batalhas de super-heróis?

— É, mais ou menos isso — respondi.

Essa descrição o tinha deixado satisfeito pelos últimos seis meses, mas agora Ben queria saber quem era o herói.

Olhei para Seth do outro lado da mesa e sorri:

— Nós dois.

Após várias tentativas e erros, envolvendo diálogos constantes, negociações intencionais e redistribuição de cartas, meu marido e eu estamos jogando limpo. E, ao nos ver fazendo isso, nossos filhos aprendem o que significa ter uma parceria equitativa e colaborativa, na qual o tempo individual da mamãe e do papai é respeitado e valorizado, o trabalho doméstico é dividido e todos na família são estimulados a alimentar seus unicórnios.

Todos saíram ganhando.

GLOSSÁRIO DO FAIR PLAY

Armadilhas da duplicidade: os inevitáveis obstáculos quando vocês dois tentam fazer o CPE da mesma carta, sendo o principal deles o tempo perdido. É o oposto da redistribuição. Existem dois tipos: a Separação e a Duplicação.

Cartas: cem tarefas ou cartas organizadas nos seguintes grupos: Vida Doméstica, Vida Exterior, Cuidados, Magia, Furacão e Espaço do Unicórnio.

Combinação de cartas: quando duas cartas no conjunto do Fair Play ficam com a mesma pessoa.

CPE: concepção, planejamento e execução.

Divisão por filho: caso vocês tenham mais de um filho, os dois podem ficar com *a mesma carta* para crianças diferentes, desde que toda a concepção, planejamento e execução de cada evento fiquem inteiramente com uma pessoa.

Duplicação: quando os parceiros "dividem" uma carta, como se fossem dois colegas no trabalho fazendo a mesma tarefa.

Escudo da vergonha: reação defensiva de uma mulher quando antecipa de modo consciente ou inconsciente as críticas ou julgamentos que vai receber por não estar disponível em casa.

Espaço do Unicórnio: tempo e espaço para reivindicar, descobrir e alimentar os dons naturais e interesses que fazem de você uma pessoa singular, alimentando sua paixão e levando você a dividi-la com o mundo. (O Espaço do Unicórnio é diferente dos cuidados pessoais e das amizades adultas.)

Imposto do tempo: o tempo que uma mulher dedica obrigatoriamente ao trabalho de cuidar da casa e crianças, gerando custos significativos para sua carreira, identidade, saúde e casamento.

Invasão doméstica: as tarefas de cuidar da casa e das crianças que invadem o tempo dedicado à vida profissional, aos cuidados pessoais, amizades e Espaço do Unicórnio (do mesmo modo que as nuvens invadem um belo dia de sol).

Luta Diária: cartas do Fair Play que representam tarefas trabalhosas e inegociáveis que geralmente têm horários específicos para serem realizadas.

Mãe que faz tudo: mãe que assume automaticamente a responsabilidade pelas tarefas de manutenção da casa e cuidados com as crianças.

Mensagens nocivas: mensagens verbais ditas *para* mulheres por seus parceiros e sociedade em geral ou *pelas* mulheres a si mesmas, responsáveis por internalizar o conceito de que o tempo do homem é mais valioso que o da mulher.

PMC: padrão mínimo de cuidado.

RATO: Repasse Aleatório de Tarefa Obrigatória. Deve ser evitado.

Redistribuição: a entrega negociada com antecedência e aprovada de uma carta Fair Play a um parceiro que recebe explicitamente todo o CPE. É o oposto da armadilha da duplicidade.

Separação: quando uma pessoa supervisiona a concepção e o planejamento e a outra fica com a execução de determinada tarefa.

Teste da pessoa razoável: conceito jurídico que serve de base para o padrão mínimo de cuidado do Fair Play e vem de uma pergunta simples: *Considerando os padrões aceitos pela comunidade, uma pessoa razoável teria feito isso?*

Trio da felicidade: Amizades, Cuidados Pessoais e Espaço do Unicórnio. Essas três cartas do Trio da Felicidade são vitais para o contentamento individual e a felicidade no casamento. Mesmo assim, a maioria dos casais relata um déficit gritante em pelo menos uma dessas categorias, frequentemente em todas.

100 CARTAS DO FAIR PLAY®

VIDA DOMÉSTICA

- Ajuda para cuidar das crianças
- Faxina
- Louça
- Lavagem de roupas a seco
- Lixo
- Compras de super-mercado
- Cama, mesa e banho
- Bens e suprimentos para a casa
- Manutenção da casa
- Pagamento de prestação de compra/aluguel e seguros para a casa
- Receber/entreter visitas em casa
- Lavar e secar roupas
- Jardim e plantas
- Correspondência
- Refeições (café da manhã durante a semana)
- Refeições (lanches para a escola)
- Refeições (jantar durante a semana)
- Refeições (fins de semana)
- Recordações e fotos
- Administração financeira
- Armazenamento, garagem e itens sazonais
- Arrumação, organização e doações

VIDA EXTERIOR

- Carro
- Festas de aniversário (outras crianças)
- Cuidar da agenda
- Dinheiro e contas
- Caridade, serviço à comunidade e boas ações (adultos)
- Engajamento cívico e enriquecimento cultural
- Equipamentos eletrônicos e tecnologia em geral
- Atividades extracurriculares (não esportivas)
- Atividades extracurriculares (esportivas)
- Primeiros socorros, segurança e emergência
- Arrumar bolsas e mochilas (dia a dia)
- Fazer e desfazer malas (viagens)
- Pontos, milhas e cupons de desconto
- Devoluções e créditos de lojas
- Férias e feriados escolares (durante o ano letivo)
- Férias escolares (fim do ano)
- Comunicação com a escola
- Eventos sociais (casais)
- Transporte (crianças)
- Viagens
- Aulas de reforço e outras atividades
- Eventos sociais no fim de semana (família)

CUIDADOS

- Banho e arrumação (crianças)
- Beleza e vestuário (ela)
- Rotina da hora de dormir
- Controle de natalidade
- Roupas e acessórios (crianças)
- Dentista (crianças)
- Fraldas e ensinar a usar o banheiro
- Planejamento para compra de imóveis e seguro de vida
- Amizades e redes sociais (crianças)
- Beleza e vestuário (ele)
- Plano de saúde
- Lição de casa, projetos e material escolar
- Consultas médicas e vida saudável
- Rotina matinal
- Pais e parentes próximos
- Animais de estimação
- Serviços para a escola
- Mudança de escola
- Cuidados pessoais (ela) ☺
- Cuidados pessoais (ele) ☺
- Necessidades especiais e saúde mental (crianças)
- Comunicação com professores

100 CARTAS DO FAIR PLAY®

MAGIA

Amizades adultas (ela)
Amizades adultas (ele)
Festas de aniversário (filhos)
Disciplina e controle de tempo de telas
Parentes distantes
Diversão e brincadeiras
Gestos de amor (crianças)
Presentes (família)
Presentes (VIPs)
Perguntas difíceis
Cartões de Natal
Natal, Ano-Novo e outras festividades
Educação informal
Seres mágicos
Casamento e romance
Conforto no meio da noite
Ajuda para o parceiro
Estar presente e participar
Espiritualidade
Bilhetes de agradecimento
Valores e boas ações (crianças)
Tomar conta das crianças

FURACÃO

Pai/mãe doente ou envelhecendo
Morte
Primeiro ano da vida do bebê
Falhas na matrix/imprevistos
Reformas em casa
Perda de emprego e problemas financeiros
Mudança de casa
Emprego novo
Gravidez e nascimento do bebê
Doença grave

ESPAÇO DO UNICÓRNIO

ESPAÇO DO UNICÓRNIO

REFERÊNCIAS

Alksnis, Christine, Serge Desmarais e James Curtis. "Workforce Segregation and the Gender Wage Gap: Is 'Women's' Work Valued as Highly as 'Men's'?" *Journal of Applied Social Psychology* 38, n. 6 (2008):1416-1441. https://doi.org/10.1111/j.1559-1816.2008.00354.x.

Altintas, Evrim e Oriel Sullivan. "50 Years of Change Updated: Cross-National Gender Convergence in Housework." *Demographic Research* 35, n. 16 (2016). https://dx.doi.org/10.4054/DemRes.2016.35.16.

Ariely, Dan. *Predictably Irrational*, edição revisada e expandida. Nova York: HarperCollins, 2009.

Baumeister, Roy F. e Mark J. Landau. "Finding the Meaning of Meaning: Emerging Insights on Four Grand Questions." *Review of General Psychology* 22, n. 1 (2018): 1-10. https://doi.org/10.1037%2Fgpr0000145.

Baxter, Janeen, Belinda Hewitt e Michele Haynes. "Life Course Transitions and Housework: Marriage, Parenthood, and Time on Housework." *Journal of Marriage and Family* 70, n. 2 (2008): 259-272. http://dx.doi.org/10.1111/j.1741-3737.2008.00479.x.

Biehle, Susanne N. e Kristin D. Mickelson. "First-Time Parents' Expectations About the Division of Childcare and Play." *Journal of Family Psychology* 26, n. 1 (2012):36. https://doi.org/10.1037/a0026608.

Blachor, Devorah. "How I Solved the Gender Labor Imbalance." *New York Times*, 6 de fevereiro de 2018. https://www.nytimes.com/2018/02/06/well/family/how-i-solved-the-gender-labor-imbalance.html.

Blake, Sherry. *The Single-Married Woman: True Stories of Why Women Feel All Alone in Their Marriages*. Atlanta, GA: Touchstone Psychological Services, 2011.

Borelli, Jessica L., S. Katherine Nelson-Coffey, Laura M. River, Sarah A. Birken e Corinne Moss-Racusin. "Bringing Work Home: Gender and Parenting Correlates of Work-Family Guilt Among Parents of Toddlers." *Journal of Child and Family Studies* 26, n. 6 (2017):1734-1745. https://doi.org/10.1007/s10826-017-0693-9.

Borelli, Jessica L., S. Katherine Nelson, Laura M. River, Sarah A. Birken e Corinne Moss-Racusin. "Gender Differences in Work-Family Guilt in Parents of Young Children." *Sex Roles* 76, n. 5-6 (2017):356-368. https://doi.org/10.1007/s11199-016-0579-0.

Borresen, Kelsey. "What Divorced Women Wish They Had Done Differently in Their Marriages." *Huffington Post*, 9 de outubro de 2018. https://www.huffpost.com/entry/
divorced-women-marriage-regrets_n_5bb4cfd5e4b0876eda9a2de0.

Boyle, Patricia A., Aron S. Buchman, Robert S. Wilson, Lei Yu, Julie A. Schneider e David A. Bennett. "Effect of Purpose in Life on the Relation Between Alzheimer Disease Pathologic Changes on Cognitive Function in Advanced Age." *Archives of General Psychiatry* 69, n. 5 (2012): 499-504. https://dx.doi.org/10.1001%2Farchgenpsychiatry.2011.1487.

Brooks, Kim. *Small Animals: Parenthood in the Age of Fear*. Nova York: Flatiron Books, 2018.

Chesley, Noelle e Sarah Flood. "Signs of Change? At Home and Breadwinner Parents' Housework and Child Care Time." *Journal of Marriage and Family* 79, n. 2 (2017):511-534. https://doi.org/10.1111/jomf.12376.

Ciciolla, Lucia e Suniya S. Luthar. "Invisible Household Labor and Ramifications for Adjustment: Mothers as Captains of Households." *Sex Roles* (2019): 1-20. https://www.researchgate.net/publication/330847401_Invisible_Household_Labor_and_Ramifications_for_Adjustment_Mothers_as_Captains_of_Households.

Corner, Natalie. "Time Parents Spend Getting Their Children Ready for School Amounts to an Extra Day of Work a Week for Busy Mums and Dads." *Daily Mail*, 19 de outubro de 2018. https://www.dailymail.co.uk/femail/article-6293855/British-parents-completing-entire-day-work-week-getting-jobs.html.

Crittenden, Ann. *The Price of Motherhood: Why the Most Important Job in the World Is Still the Least Valued.* Nova York: Metropolitan Books, 2001.

D'Amore, Laura Mattoon. "The Accidental Supermom: Superheroines and Maternal Performativity, 1963-1980." *Journal of Popular Culture* 45, n. 6 (2012):1226-1248. https://doi.org/10.1111/jpcu.12006.

Daniels, Arlene Kaplan. "Invisible Work." *Social Problems* 34, n. 5 (1987):403-415. https://www.jstor.org/stable/800538.

Dey, Claudia. "Mothers as Makers of Death." *Paris Review*, 14 de agosto de 2018.

Donath, Orna. *Mães arrependidas: Uma outra visão da maternidade*. Rio de Janeiro: Civilização Brasileira, 2017.

Drucker, Peter F. *The Practice of Management*. New York: HarperCollins, 2006.

D'Souza, Karen. "Parenting: What You Need to Know About Self-Care for Moms." *The Mercury News*, 23 de janeiro de 2019. https://www.mercurynews.com/2019/01/23/parenting-what-you-need-to-know-about-self-care-for-moms.

Dube, Rebecca. "Moms Confess: Husband Versus Kids, Who Stresses Them Out More?" *Today*. 14 de outubro de 2016. https://www.today.com/parents/moms-confess-husband-versus-kids-who-stresses-them-out-more-1C9884930.

Dufu, Tiffany. *Deixe a prática cair: Como as mulheres conquistam mais quando fazem menos*. Rio de Janeiro: Leya, 2017.

Dush, Claire M. Kamp, Jill E. Yavorsky e Sarah J. Schoppe-Sullivan. "What Are Men Doing While Women Perform Extra Unpaid Labor? Leisure and Specialization at the Transitions to Parenthood." *Sex Roles* 78, n. 11-12 (2018):715-730. https://doi.org/10.1007/s11199-017-0841-0.

Dutil, Caroline, Jeremy J. Walsh, Ryan B. Featherstone, Katie E. Gunnell, Mark S. Tremblay, Reut Gruber, Shelly K. Weiss, Kimberly A. Cote, Margaret Sampson e Jean-Philippe Chaput. "Influence of Sleep on Developing Brain

Functions and Structures in Children and Adolescents: A Systematic Review." *Sleep Medicine Reviews* (2018). https://doi.org/10.1016/j.smrv.2018.08.003.

Fisher, Roger, William Ury e Bruce Patton. *Como chegar ao sim: como negociar acordos sem fazer concessões*. Solomon Editores, 2014.

Giallo, Rebecca, Melissa Dunning, Amanda Cooklin, Monique Seymour, Helen Graessar, Nikki Zerman e Renzo Vittorino. "Acceptability of Wide Awake Parenting: A Psycho-Educational Intervention to Manage Parental Fatigue." *Journal of Reproductive and Infant Psychology* 30, n. 5 (2012):450-460. https://doi.org/10.1080/02646838.2012.742999.

Gibran, Kahlil. *O profeta*. Via Leitura, 2018.

Glover, Emily. "70% of Young Moms Are 'Most Defined' by Motherhood — and There's Nothing Wrong with That." *Motherly*, 22 de maio de 2018. https://www.mother.ly/news/its-okay-to-feel-most-defined-by-motherhood-the-majority-of-mamas-do.

Goldberg, Abbie E. e Maureen Perry-Jenkins. "Division of Labor and Working-Class Women's Well-Being Across the Transition to Parenthood." *Journal of Family Psychology* 18, n. 1 (2004):225. https://dx.doi.org/10.1037%2F0893-3200.18.1.225.

Gough, Margaret e Mary Noonan. "A Review of the Motherhood Wage Penalty in the United States." *Sociology Compass* 7, n. 4 (2013):328-342. https://doi.org/10.1111/soc4.12031.

Grissom, Nicola M. e Teresa M. Reyes. "Let's Call the Whole Thing Off: Evaluating Gender and Sex Differences in Executive Function." *Neuropsychopharmacology* 44 (2019):86-96. https://doi.org/10.1038/s41386-018-0179-5.

Hartley, Gemma. *Fed Up: Emotional Labor, Women, and the Way Forward*. Nova York: HarperCollins, 2018.

Henderson, Amy. "Fatherhood Makes Men Better — at Work and at Home." *Slate*, 15 de junho de 2018. https://slate.com/human-interest/2018/06/fatherhood-makes-men-better-at-work-and-at-home-research-shows.html.

Henderson, Angie, Sandra Harmon e Harmony Newman. "The Price Mothers Pay, Even When They Are Not Buying It: Mental Health Consequences of Idealized Motherhood." *Sex Roles* 74, n. 11-12 (2016):512-526. https://doi.org/10.1007/s11199-015-0534-5.

Hewlett, Sylvia Ann e Carolyn Buck Luce. "Off-Ramps and On-Ramps: Keeping Talented Women on the Road to Success." *Harvard Business Review*, março de 2005. https://hbr.org/2005/03/off-ramps-and-on-ramps-keeping-talented-women-on-the-road-to-success.

Hochschild, Arlie Russell. *The Managed Heart: The Commercialization of Human Feeling*. Berkeley, CA: University of California Press, 1983.

Hochschild, Arlie Russell. *The Time Bind: When Work Becomes Home and Home Becomes Work*. Nova York: Metropolitan Books, 2001.

Hochschild, Arlie e Anne Machung. *The Second Shift: Working Families and the Revolution at Home*. Nova York: Penguin, 2012.

Hook, Jennifer L. "Women's Housework: New Tests of Time and Money." *Journal of Marriage and Family* 79, n. 1 (2017):179-198. https://doi.org/10.1111/jomf.12351.

"How Do Women Spend Their Time?" *Real Simple*. https://www.realsimple.com/work-life/life-strategies/time-management/spend-time?

Ingraham, Christopher. "The World's Richest Countries Guarantee Mothers More Than a Year of Paid Maternity Leave. The U.S. Guarantees Them Nothing." *Washington Post*, 5 de fevereiro de 2018. https://www.washingtonpost.com/news/wonk/wp/2018/02/05/the-worlds-richest-countries-guarantee-mothers-more-than-a-year-of-paid-maternity-leave-the-u-s-guarantees-them-nothing.

Jee, Eunjung, Joya Misra e Marta Murray Close. "Motherhood Penalties in the US, 1986-2014." *Journal of Marriage and Family* (2018). https://doi.org/10.1111/jomf.12543.

Jeffries, DJ. "Intention Is One with Cause and Effect. Intention Determines Outcome. If You're Stuck Check the Thought and Action That Created the Circumstance." *Medium* (blog), 15 de janeiro de 2019. https://medium.com/@TheDJJeffries/intention-is-one-with-cause-and-effect-intention-determines-outcome-if-youre-stuck-try-this-5dbe28c614a3.

Kamo, Yoshinori. "'He Said, She Said': Assessing Discrepancies in Husbands' and Wives' Reports on the Division of Household Labor." *Social Science Research* 29, n. 4 (2000):459-476. https://doi.org/10.1006/ssre.2000.0674.

Katz-Wise, Sabra L., Heather A. Priess e Janet S. Hyde. "Gender-Role Attitudes and Behavior Across the Transition to Parenthood." *Developmental Psychology* 46, n. 1 (2010):18-28. https://psycnet.apa.org/doi/10.1037/a0017820.

Kaufman, Michael. *The Time Has Come: Why Men Must Join the Gender Equality Revolution*. House of Anansi, 2019.

Kelton Global. "Bright Horizons Modern Family Index." Bright Horizons, 2017. https://solutionsatwork.brighthorizons.com/~/media/BH/SAW/PDFs/GeneralAndWellbeing/MFI_2017_Report_v4.ashx.

Killewald, Alexandra e Margaret Gough. "Money Isn't Everything: Wives' Earnings and Housework Time." *Social Science Research* 39, n. 6 (2010):987-1003. https://doi.org/10.1016/j.ssresearch.2010.08.005.

Kitroeff, Natalie e Jessica Silver-Greenberg. "Pregnancy Discrimination Is Rampant Inside America's Biggest Companies." *New York Times*, 8 de fevereiro de 2019. https://www.nytimes.com/interactive/2018/06/15/business/pregnancy-discrimination.html?smid=tw-nytimes&smtyp=cur.

Krueger, Alan B. "Where Have All the Workers Gone? An Inquiry into the Decline of the US Labor Force Participation Rate." *Brookings Papers on Economic Activity* 2017, n. 2 (2017):1. https://dx.doi.org/10.1353%2Feca.2017.0012.

Lachance-Grzela, Mylène e Geneviève Bouchard. "Why Do Women Do the Lion's Share of Housework? A Decade of Research." *Sex Roles* 63, n. 11-12 (2010):767-780. https://doi.org/10.1007/s11199-010-9797-z.

Laney, Elizabeth K., M. Elizabeth Lewis Hall, Tamara L. Anderson e Michele M. Willingham. "Becoming a Mother: The Influence of Motherhood on Women's Identity Development." *Identity* 15, n. 2 (2015):126-145. https://doi.org/10.1080/15283488.2015.1023440.

Laughlin, Lynda Lvonne. "Maternity Leave and Employment Patterns of First-Time Mothers: 1961-2008." US Department of Commerce, Economics and Statistics Administration, US Census Bureau, 2011. https://www2.census.gov/library/publications/2011/demo/p70-128.pdf.

Lawrence, Erika, Alexia D. Rothman, Rebecca J. Cobb, Michael T. Rothman e Thomas N. Bradbury. "Marital Satisfaction Across the Transition to Parenthood." *Journal of Family Psychology* 22, n. 1 (2008):41. https://dx.doi.org/10.1037%2F0893-3200.22.1.41.

Lenz, Lyz. "I'm a Great Cook. Now That I'm Divorced, I'm Never Making Dinner for a Man Again." *Glamour*, 26 de novembro de 2018. https://www.glamour.com/story/now-that-im-divorced-im-never-making-dinner-for-a-man-again.

Lusignan, Kerry. "Love Smarter by Learning When to Take a Break." The Gottman Institute, 22 de setembro de 2017. https://www.gottman.com/blog/love-smarter-learning-take-break.

Malos, Ellen. *The Politics of Housework*. Cheltenham, Reino Unido: New Clarion Press, 1995.

Mansbach, Adam. *Go the F**k to Sleep*. Nova York: Akashic Books, 2011.

Månsdotter, Anna, Lars Lindholm, Michael Lundberg, Anna Winkvist e Ann Öhman. "Parental Share in Public and Domestic Spheres: A Population Study on Gender Equality, Death, and Sickness." *Journal of Epidemiology & Community Health* 60, n. 7 (2006):616-620. https://dx.doi.org/10.1136%2Fjech.2005.041327.

"Marriage and Divorce." American Psychological Association. https://www.apa.org/topics/divorce.

McKeown, Greg. *Essencialismo: a disciplina da busca por menos*. Rio de Janeiro: Sextante, 2015.

Meyer, Joyce. *A mulher confiante: comece hoje a viver corajosamente e sem medo*. Belo Horizonte: Bello Publicações, 2011.

Miller, Claire C. "Men Do More at Home, but Not as Much as They Think." *The New York Times*, 12 de novembro de 2015. https://www.nytimes.com/2015/11/12/upshot/men-do-more-at-home-but-not-as-much-as-they-think-they-do.html.

Murphy, Gillian, John A. Groeger e Ciara M. Greene. "Twenty Years of Load Theory: Where Are We Now, and Where Should We Go Next?" *Psychonomic Bulletin & Review* 23, n. 5 (2016):1316-1340. https://doi.org/10.3758/s13423-015-0982-5.

Nepomnyaschy, Lenna e Jane Waldfogel. "Paternity Leave and Fathers' Involvement with Their Young Children: Evidence from the American ECLS-B." *Community, Work & Family* (2007). https://psycnet.apa.org/doi/10.1080/13668800701575077.

OECD Family Database. "PF2.5. Trends in Leave Entitlements Around Childbirth Since 1970." 16 de março de 2017. https://www.oecd.org/els/family/PF2_5_Trends_in_leave_entitlements_around_childbirth.pdf.

Organization for Economic Co-operation and Development. "Employment: Length of Maternity Leave, Parental Leave, and Paid Father-Specific Leave." https://stats.oecd.org/index.aspx?queryid=54760.

Perel, Esther. "Why Happy People Cheat." *The Atlantic*, outubro de 2017. https://www.theatlantic.com/magazine/archive/2017/10/why-happy-people-cheat/537882.

Petersen, Anne Helen. "How Millennials Became the Burnout Generation." *BuzzFeed News*, 5 de janeiro de 2019. https://www.buzzfeednews.com/article/annehelenpetersen/millennials-burnout-generation-debt-work.

Petersen, Sara. "Mama Bear Knows Best: The Enduring Problem with Children's Picture Books." *Washington Post*, 22 de outubro de 2016. https://www.washingtonpost.com/lifestyle/2018/10/22/mama-bear-knows-best-enduring-problem-with-childrens-picture-books.

Pollitt, Katha. "Day Care for All." *New York Times*, 9 de fevereiro de 2019. https://www.nytimes.com/2019/02/09/opinion/sunday/child-care-daycare-democrats-progressive.html.

Raley, Sara e Suzanne Bianchi. "Sons, Daughters, and Family Processes: Does Gender of Children Matter?" *Annual Review of Sociology* 32 (2006):401-421. https://doi.org/10.1146/annurev.soc.32.061604.123106.

Raley, Sara, Suzanne M. Bianchi e Wendy Wang. "When Do Fathers Care? Mothers' Economic Contribution and Fathers' Involvement in Child Care." *American Journal of Sociology* 117, n. 5 (2012):1422-1459. https://dx.doi.org/10.1086%2F663354.

Remes, Olivia, Carol Brayne, Rianne Van Der Linde e Louise Lafortune. "A Systematic Review of Reviews on the Prevalence of Anxiety Disorders in

Adult Populations." *Brain and Behavior* 6, n. 7 (2016):e00497. https://doi org/10.1002/brb3.497.

Rodkinson, Michael L., ed. *The Babylonian Talmud*. Talmud Society, 1918.

Ryan, Richard M. e Edward L. Deci. "On Happiness and Human Potentials: A Review of Research on Hedonic and Eudaimonic Well-Being." *Annual Review of Psychology* 52, n. 1 (2001):141-166. https://doi.org/10.1146/annurev.psych.52.1.141.

Saujani, Reshma. *Brave, Not Perfect: Fear Less, Fail More, and Live Bolder*. Nova York: Penguin, 2019.

Scarborough, William J., Ray Sin e Barbara Risman. "Attitudes and the Stalled Gender Revolution: Egalitarianism, Traditionalism, and Ambivalence from 1977 Through 2016." *Gender & Society* 33, n. 2 (2019):173-200. https://doi.org/10.1177%2F0891243218809604.

Shulman, Joyce. "Calling All Martyr Moms: You Are Not Doing Anyone Any Favors." *Huffington Post*, 3 de junho de 2015. https://www.huffpost.com/entry/calling-all-martyr-moms-you-are-not-doing-anyone-any-favors_n_6981888.

Simms/Mann Institute & Foundation. http://www.simmsmanninstitute.org.

Sizensky, Vera. "New Survey: Moms Are Putting Their Health Last." *HealthyWomen*. https://www.healthywomen.org/content/article/new-survey-moms-are-putting-their-health-last.

Sobol, Donald J. *Encyclopedia Brown and the Case of the Midnight Visitor*, v. 13. Nova York: Penguin, 2008.

Sorvino, Chloe. "Why the $445 Billion Beauty Industry Is a Gold Mine for Self-Made Women." *Forbes*, 18 de maio de 2017. https://www.forbes.com/sites/chloesorvino/2017/05/18/self-made-women-wealth-beauty-gold-mine/#340434202a3a.

Stack, Megan K. "Women's Work: Paying for Childcare in China and India." *The New Yorker*, 10 de março de 2019. https://www.newyorker.com/culture/personal-history/womens-work.

Stone, Douglas, Sheila Heen e Bruce Patton. *Conversas difíceis: como argumentar sobre questões importantes*. Rio de Janeiro: Campus Elsevier, 2011.

Telford, Taylor. "A Doctor Said the Gender Pay Gap Is Fair Because Women in Medicine 'Don't Work as Hard.' He Apologized." *Washington Post*, 3 de setembro de 2018. https://www.washingtonpost.com/health/2018/09/02/texas-doctor-says-gender-pay-gap-is-fair-because-women-dont-work-hard.

Tilly, Louise A. "Women, Women's History, and the Industrial Revolution." *Social Research* (1994):115-137. https://www.jstor.org/stable/40971024.

UNICEF. "Girls Spend 160 Million More Hours than Boys Doing Household Chores Everyday — UNICEF." Comunicado à imprensa, 7 de outubro de 2016. https://www.unicef.org/media/media_92884.html.

UN Women. "Turning Promises into Actions: Gender Equality in the 2030 Agenda for Sustainable Development." 2018. http://www.unwomen.org/en/digital-library/sdg-report.

US Census Bureau. "Income and Poverty in the United States: 2017." 2018. https://www.census.gov/library/publications/2018/demo/p60-263.html.

US Department of Education. Institute of Education Sciences, National Center for Education Statistics. "Degrees Conferred by Postsecondary Institutions, by Level of Degree and Sex of Student: Selected Years, 1869-70 Through 2027-28", Table 318.10. Dados primários. https://nces.ed.gov/programs/digest/d17/tables/dt17_318.10.asp?referrer=report.

Valenti, Jessica. "Kids Don't Damage Women's Careers — Men Do." *Medium* (blog), 13 de setembro de 2018. https://medium.com/s/jessica-valenti/kids-dont-damage-women-s-careers-men-do-eb07cba689b8.

Van Bavel, Jan, Christine R. Schwartz e Albert Esteve. "The Reversal of the Gender Gap in Education and Its Consequences for Family Life." *Annual Review of Sociology* 44 (2018):341--360. https://doi.org/10.1146/annurev-soc-073117-041215.

Wang, Wendy, Kim C. Parker e Paul Taylor. "Breadwinner Moms: Mothers Are the Sole or Primary Provider in Four-in-Ten Households with Children; Public Conflicted About the Growing Trend." Pew Research Center, 2013. http://www.pewsocialtrends.org/2013/05/29/breadwinner-moms.

Weisshaar, Katherine. "From Opt Out to Blocked Out: The Challenges for Labor Market Re-entry After Family-Related Employment Lapses." *American Sociological Review* 83, n. 1 (2018):34-60. https://doi.org/10.1177%2F0003122417752355.

Wiest, Brianna. "This Is What 'Self-Care' REALLY Means, Because It's Not All Salt Baths and Chocolate Cake." *Thought Catalog*, 8 de junho de 2019. https://thoughtcatalog.com/brianna-wiest/2017/11/this-is-what-self-care-really-means-because-its-not-all-salt-baths-and-chocolate-cake/.

Westervelt, Amy. *Forget Having It All: How America Messed Up Motherhood – and How to Fix It*. Nova York: Seal Press, 2018.

Wharton, Amy S. "The Sociology of Arlie Hochschild." *Work and Occupations* 38, n. 4 (16 de setembro de 2011):459-64. https://doi.org/ 10.1177/ 0730888411418921. Arlie Hochschild é uma das sociólogas mais influentes dos séculos XX e XXI. Entre suas diversas contribuições estão pesquisas sobre emoções e trabalho emocional, divisão de trabalho por gênero em casa, relações entre trabalho e família e as dimensões globais do trabalho de cuidar de outras pessoas. Um aspecto menos visível da carreira de Hochschild envolve o esforço para apoiar, estimular e envolver os que se inspiraram em seu trabalho. Este artigo examina a influência de Hochschild, revelada em um novo livro sobre trabalho e vida familiar editado por duas de suas ex-alunas. O livro fornece um olhar para a "sociologia hochschildiana", praticada pelos que expandiram suas ideias e construíram a partir delas.

Wong, Ali. *Ali Wong: Hard Knock Wife*. Especial da Netflix. 13 de maio de 2018. https://www.netflix.com/title/80186940.

Woolf, Virginia. *Um teto todo seu*. São Paulo: Tordesilhas, 2014.

Yavorsky, Jill E., Claire M. Kamp Dush e Sarah J. Schoppe-Sullivan. "The Production of Inequality: The Gender Division of Labor Across the Transition to Parenthood." *Journal of Marriage and Family* 77, n. 3 (2015):662-679. https://doi.org/10.1111/jomf.12189.

Zimmerman, Erin. "The Identity Transformation of Becoming a Mom." *The Cut*. 25 de maio de 2018. https://www.thecut.com/2018/05/the-identity-transformation-of-becoming-a-mom.html.

AGRADECIMENTOS

Agradeço a Reese Witherspoon, Sarah Harden, Lauren Levy Neustadter e a toda a equipe da Hello Sunshine por acreditarem em mim e trabalharem com tanta dedicação e carinho para defender as mensagens do Fair Play. O melhor lugar para qualquer escritor novato (ou qualquer escritor, na verdade) é ao lado dessa equipe. E quem disse que você não pode ser engraçada e mudar o jogo? Todos ao redor dessas pessoas conseguem fazer o impossível diariamente. Obrigada por ser o lugar onde as mulheres podem contar suas histórias.

Agradeço à minha parceira de escrita e "esposa no trabalho", Samantha Rose. Ter uma união mental com alguém é raro, e aconteceu com você. O seu profissionalismo, estilo de escrita, humor e paciência são inigualáveis. Você é a melhor. Vamos continuar trabalhando juntas para mudar o mundo!

Agradeço a Yfat Reiss Gendell. Este projeto é uma prova da sua crença em mim e no Fair Play. Seu talento sem limites para escrever, fechar contratos, editar, aconselhar e testar o sistema faz de você um unicórnio. E agradeço também a Bradley Gendell, por estar disposto não só a jogar como também a defender o Fair Play.

Muito obrigada à grande equipe da Foundry, incluindo Sara DeNobrega, Sarah Lewis, Mike Nardullo, Claire Harris, Deirdre Smerillo, Jessica Felleman, Melissa Moorehead, Hayley Burdett e Klara Schlotz.

Agradeço aos meus parceiros da maravilhosa equipe da Putnam. Vocês me ganharam logo de cara, desde que entrei na sua sala de reunião com uma proposta de livro e vários fichários repletos de artigos sobre trabalho emocional. Em todas as etapas do caminho vocês fizeram mais do que imaginei ser possível. Sou eternamente grata à minha editora, Michelle Howry, cuja mente organizacional e orientação cuidadosa transformaram o processo de escrever este livro em uma verdadeira alegria. Cada linha de feedback foi extraordinariamente significativa e deixou o manuscrito muito melhor. Também sou extremamente grata à equipe de estrelas composta pela editora-chefe, Sally Kim, o presidente, Ivan Held, e a editora, Christine Ball, além da diretora de publicidade, Alexis Welby, a diretora de marketing, Ashley McClay, e a assessora de imprensa, Ashley Hewlett. Faço um agradecimento especial à chefe do departamento editorial, Meredith Dros, às gerentes editorais, Maija Baldauf e Mia Alberro, à chefe do departamento de vendas, Lauren Monaco, às integrantes da equipe de marketing Emily Mlynek e Jordan Aaronson, à responsável pelo copidesque, Jennifer Eck, à editora de produção, Claire Sullivan, à supervisora de design, Tiffany Estreicher, aos diretores do departamento de arte, Anthony Ramondo e Monica Cordova, à gerente de direitos subsidiários, Bonnie Soodek, à assistente editorial, Gabriella Mongelli, à assistente de publicidade, Sydney Cohen, a Pauline NeuWirth e a Sanny Chiu, pelo sensacional design da capa.

Agradeço a Sarah Rothman, Meredith O'Sullivan Wasson, Anna Bailer e Matthew Avento, da The Lede Company, por todo o trabalho árduo para divulgar as mensagens deste livro.

Muito obrigada a Rebecca Raphael. Este projeto teria continuado no mundo dos sonhos se não tivesse recebido o seu apoio fundamental desde o início. Suas ideias sobre o mercado editorial, as apresentações que fez em meu nome e as contribuições ao manuscrito (especialmente na parte das cartas) foram inestimáveis.

Agradeço também às professoras Alexis Jemal e Darby Saxbe pela consultoria para o Fair Play. Os comentários sobre o manuscrito e as observações feitas com base em seus profundos conhecimentos foram muito valiosos.

Deixo meu agradecimento aos seguintes especialistas, que reservaram um tempo em suas agendas ocupadas com a escrita, o ensino e a vida profissional para falar comigo sobre este livro: professora Mimi Abramovitz, professor Daniel Ariely, professora Orna Donath, professora Caroline Forell, Dra. Tovah Klein, Dr. Pat Levitt, professora Pamela Stone, Dr. Stephen Treat, Jen Waldburger, MSW, e a rabina Jill Zimmerman. O profundo conhecimento profissional de vocês ajudou a construir o Fair Play.

Agradeço a dois outros profissionais incrivelmente criteriosos na área da saúde mental: a psicóloga Phyllis Cohen (minha tia incrível, a usina de força da nossa família) e a psicoterapeuta Marcia Bernstein, LCSW (a madrasta maravilhosa que entrou na minha vida com amor e doces e nunca mais saiu).

Agradeço ao meu irmão Josh Madison, com quem vivi a experiência de uma infância com as dificuldades de uma casa com apenas um dos pais. Quando eu ficava com medo à noite, você e seu boneco Cabbage Patch Kid Tommy Lee sempre me confortavam.

Agradeço ao meu pai, Michael Madison, por uma vida de amor incondicional e por estimular minha paixão pelo aprendizado. Tive a sorte de ter uma ligação profunda com você na vida adulta. Também agradeço a minha avó Thelma Madison (descanse em paz) por me receber com um abraço sexta-feira sim, sexta-feira não quando eu era criança.

Agradeço aos meus sogros maravilhosos, Laurie e Terry Rodsky, por sempre estarem presentes para ajudar Seth e a mim em várias execuções do nosso CPE. O apoio e o estímulo de vocês significam tudo para mim, e o seu amor incondicional por Zach, Ben e Anna é um presente inestimável na vida deles.

Agradeço aos meus cunhados Eli Rodsky e Michal Cohen por sempre estarem presentes na vida de Zach, Ben e Anna.

Também deixo meu agradecimento a nossa babá maravilhosa, Cecilia Interiano, que está vivendo o Fair Play conosco a cada dia.

Agradeço à Dra. Victoria Simms por me ensinar que a forma de criar vínculos influencia quem você é. Seu talento, conhecimento e paixão para mudar o mundo me inspiraram a seguir em frente, não importa o quanto parecesse difícil na época.

Agradeço aos meus amigos espirituais que me apoiaram nesta jornada com as primeiras contribuições, indicando fontes, editando e escrevendo a lista de "Tudo o que eu faço" e o Fair Play: Samantha Engel Azulay, Jessica Berman, Lauren Hammer Breslow, Sarah Hendler, Kristie Macosko Krieger, Elana Kutz, Heather Paulson, Lesley Kallet Rose, Natalie Sarraf, Zoe Schaeffer, Ryan Shadrick e Liz Young. Tenho muita sorte por ter cada um de vocês na minha vida. Todos vocês afetaram significativamente esse processo.

Deixo meus agradecimentos aos seguintes amigos e colegas por todas as contribuições, conexões e pelo apoio especial: Hilary Angelo, Ami Aronson, Carol Auerbach, Rachel Bendit, Rachel Kravitz Boyle, Jennifer Brown, Natalie Silver e Micah Burch, Julie Buxbaum, Tait Chatmon, Peter Chung, Jason Clark, Dolores Concepcion, Kara Corwin, Kim Davis, Morgan Des Groseillers, Georgia e Breck Eisner, Samantha Ettus, Maisa Fernandez, Monica Leed e Jeff Fierson, Nan Bernstein e Paul Freed, Jenny Galluzzo, Lauren Gershell, Amy Glover, Jessica Goldin, Kirsten Green, Kathleen Harris, Andrew Heyman, Monica Mange Johnson, Jamie Kantrowitz, Gina Katz, Melanie Kraut, Sari Lehrer, David Lee, Ellen Lee, Carol Leif, David Lengel, Bianca Levin, Kadar Lewis, Hannah Linkenhoker, Jenny Louchheim, Emily Love, Sean McDonald, Heather Schlachter McGill, Megan Needleman, Rebecca Nelken, Kim Shapira Ochacher, Helen O'Reilly, Zibby Owens, Merritt Paulson, Laurie Puhn, Avia e Doug Rosen, Jonathan Schaeffer, Dr. Andrew Schroeder, Amanda Schumacher, Gina Gagliardi e Todd

Schwartz, Stacey Sibley, Jackie Smith, Hilary Thomas, Jim Toth, Gabi Tudin, Tracy e Justin Ward, Sheila Warren, Dara Weeden, Norah e Brian Weinstein, Jackie e Adam Winnick, Melissa Wood e Court Young.

Agradeço a Sharna Goldseker e à equipe da 21/64 por me ensinarem a importância das cartas como ferramenta para mudar a vida das famílias.

Agradeço também ao meu estagiário maravilhoso, Ian Nel, que pesquisou com profundidade e dedicação a literatura acadêmica para confirmar e verificar as estatísticas e estudos citados neste livro — e por muito mais.

E aos mais de 500 homens e mulheres que reservaram um tempo para falar comigo pessoalmente, pela internet ou por mensagens diretas, em aviões, táxis, no metrô, no playground, durante os jogos de campeonatos infantis, nas filas de supermercado etc., por fornecerem feedback e testarem os conceitos do Fair Play. A verdade é sempre mais interessante (e, sim, às vezes ainda mais estranha que a ficção). Muito obrigada pelas suas histórias.

Este livro foi composto na tipografia
Archer, em corpo 11/16, e impresso em
papel off-white no Sistema Cameron da
Divisão Gráfica da Distribuidora Record.